Research on the International Business Operation
Model of European Zhejiang Merchants in the
Context of the Belt and Road Initiative

# "一带一路"倡议背景下
# 欧洲浙商国际化经营行为
# 模式研究

肖余春 著

浙江工商大学出版社
ZHEJIANG GONGSHANG UNIVERSITY PRESS　杭州

**图书在版编目(CIP)数据**

"一带一路"倡议背景下欧洲浙商国际化经营行为模式研究 / 肖余春著. —杭州:浙江工商大学出版社，2018.12
ISBN 978-7-5178-3082-5

Ⅰ. ①一… Ⅱ. ①肖… Ⅲ. ①"一带一路"—关系—企业经营管理—国际合作—研究—浙江、欧洲 Ⅳ. ①F279.275.5

中国版本图书馆 CIP 数据核字(2018)第 284964 号

"一带一路"倡议背景下欧洲浙商国际化经营行为模式研究

"YIDAIYILU" CHANGYI BEIJING XIA OUZHOU ZHESHANG
GUOJIHUA JINGYINGXINGWEIMOSHI YANJIU

肖余春 著

| | |
|---|---|
| 责任编辑 | 唐慧慧　谭娟娟 |
| 封面设计 | 林朦朦 |
| 责任印制 | 包建辉 |
| 出版发行 | 浙江工商大学出版社 |
| | （杭州市教工路198号　邮政编码310012） |
| | （E-mail：zjgsupress@163.com） |
| | （网址：http://www.zjgsupress.com） |
| | 电话：0571-88904980,88831806（传真） |
| 排　版 | 杭州朝曦图文设计有限公司 |
| 印　刷 | 虎彩印艺股份有限公司 |
| 开　本 | 710mm×1000mm　1/16 |
| 印　张 | 16.5 |
| 字　数 | 253千 |
| 版印次 | 2018年12月第1版　2018年12月第1次印刷 |
| 书　号 | ISBN 978-7-5178-3082-5 |
| 定　价 | 49.00元 |

**版权所有　翻印必究　印装差错　负责调换**

浙江工商大学出版社营销部邮购电话　0571-88904980

# 序 言

　　浙商在欧洲的国际化经营是浙商在世界范围内国际化经营的一个缩影,也是观察研究浙商的代表性样本。

　　已有的研究主要从两类视角对企业国际化进行界定:一是过程视角。Johanson et al.认为,企业国际化是企业由国内市场向国际市场渐进发展演化的过程。Welch et al.提出,企业国际化是企业不断增加国际经营投资的过程。鲁桐则认为,国际化包括内向国际化和外向国际化两方面,企业国际化经营是企业积极参与国际分工与合作,由国内企业发展为跨国公司的过程。这类视角注重从整体看国际化经营,强调企业向外扩展时作为一个整体的演化经历。二是行为视角。Robinson认为,企业有意识地追求国际市场的行为就是国际化经营。Pierce提出了企业国际化行为的判断标准,即企业是否有来自国外的营业收入。Stephen Young认为,企业对外经营的所有方式即是国际化经营。从这类视角出发,国际化行为被分解为包含了出口、许可证转让、对外直接投资等进入模式选择、目标市场及进入时间选择等多项内容。然而多数研究者认为,出口、许可证转让等进入模式并不能真正算进入国际化阶段,只有在不同国家或者经济体系中建立商业存在并从事经营活动的,才算是具有国际化经营的企业(杨丽华,2012)。

本书关注浙商在欧洲经营的具体行为。浙商国际化,是指富有创新精神的浙江籍人士,通过新建投资、兼并收购在国外建立商业存在并从事经营活动。

作者对浙商及其国际化经营行为的观察主要分两个阶段:

第一阶段起于2004年。当年浙江省成立浙商研究会,作为发起单位之一,浙江工商大学时任校长胡祖光教授担任了第一任会长,时任管理学院院长吕福新教授担任常务副会长,作者则被邀请担任过几年副秘书长。因为参加会议或到企业调研,认识了很多浙商企业家,当时就对浙商走出中国特别关注。

第二阶段源于2013年。2013年正是党的十八大以后我国"一带一路"倡议提出之时,我有机会到欧洲的"十字路口"比利时西弗兰德大学担任浙江工商大学设在该校的孔子学院首任中方院长,直到2018年。西弗兰德省是比利时经济最发达的省,浙江省是中国民营经济最具活力的省,两省还是友好省的关系。在孔子学院工作期间,我有机会参加欧洲国家间举办的各种商务会议,也有机会直接服务比利时与中国间的一些商务交流,为近距离观察两省乃至中国和比利时及欧洲商务经济与文化的往来,尤其是为观察浙商在欧洲的国际化经营行为提供了条件。

欧盟统计局2016年9月报告,欧盟总人口占全球比重6.9%,15个G20非欧盟成员国人口占比57%;欧盟GDP已占全球比重23.8%。欧洲在制造业、基础设施和国际贸易与投资合作方面经济增长潜力仍很大,但近年来先后遇到的债务危机、难民危机、恐怖主义袭击、英国脱欧等重大事件,减缓了其经济增长速度。当前,中国也正处于经济发展转型升级的关键期,双方都面临着很多困难和挑战,唯有加强合作才是根本出路。

自2013年我国推出"一带一路"倡议以来,得到了欧洲各国的积极响应,例如2015年3月,继英国之后,法国、德国、意大利和奥地利等欧盟国家均已同意加入中国主导的亚洲基础设施投资银行;2016年5月,布鲁塞尔宣告成立欧中"一带一路"文化旅游委员会;2017年4月10日,英国启动了首列前往中国义乌的货运列车。在历史上自古就有浙江青田等地到欧洲经商的传统,现今欧洲既是自中国出发"一带一路"的终点站,也是今日浙江企业国际化和海外并购与投资的主要区域,欧洲市场潜力较大,企业科技水平和管理水平较强,为浙商资本与产能输出提供了发展空间,对于增强浙江企业创新能力,促进企业转型升级,化解过剩产能,提高浙商国际化程度有重要意义。

本研究为浙江省社科规划专项课题(项目批准号:18MYZX10YB)、浙江省人文社科研究基地"公司创业维度、过程和效应研究"项目、浙江省一流学科A类浙江工商大学工商管理学科2017年度立项课题(项目批准号:JYTgs20171109)研究成果,是作者带领硕、博研究生团队共同研究的结果。研究团队成员有肖余春、张雅维、刘淑伟、柴璐莹、杨斌、张弛、叶苏扬、罗仕文、郑红岗。

感谢中国驻比利时大使馆教育处和比利时西弗兰德大学孔子学院的支持!感谢比利时及欧洲部分中国商会的支持!感谢浙江工商大学校长兼浙商研究院院长陈寿灿教授在我校驻比利时大学孔子学院访问期间对本研究的关心与指导!感谢浙江工商大学工商管理学院院长金杨华教授对研究的大力支持!感谢浙江工商大学工商管理学院副院长兼浙商研究院副院长吴波教授的大力支持!感谢温州市人大常委会民侨工委办公室主任包雪梅女士的支持!感谢浙江工商大学出版社副总编郑建和唐慧慧、谭娟娟编辑对研究与出版工作的支持和帮助!

浙江工商大学工商管理学院　浙商研究院　肖余春

2018年10月12日

# |目录|
## Content

◆ **第1章　"一带一路"倡议与欧洲浙商的发展**

1.1　"一带一路"倡议在欧洲 / 001

1.2　欧洲浙商的经营规模 / 009

1.3　欧洲浙商的发展成就 / 016

1.4　欧洲浙商回归 / 022

◆ **第2章　欧洲浙商的经营行为模式研究**

2.1　浙商在欧洲移民模式 / 029

2.2　浙商在欧洲开店、办厂模式 / 038

2.3　浙商在欧洲贸易模式 / 044

◆ **第3章　浙江上市公司在欧洲**

3.1　浙江上市公司在欧经营动因 / 058

3.2　浙江上市公司在欧洲的经营基本特点 / 060

3.3　浙江上市公司国际化经营问题 / 067

3.4　提高浙江上市企业国际化经营水平的对策建议 / 070

◆ **第4章　浙商在欧洲的案例研究**

4.1　浙商在中欧 / 082

4.2 浙商在北欧 / 097

4.3 浙商在西欧 / 101

4.4 浙商在南欧 / 109

4.5 浙商在东欧 / 119

◆ **第5章 浙商国际化主要影响因素分析**

5.1 影响因子模型构建 / 126

5.2 浙商国际化主要因素分析 / 139

◆ **第6章 浙商新征程**

6.1 浙商源流 / 153

6.2 浙商文化:浙商全球化的战略根基 / 158

6.3 浙商精神:浙商全球化的战略支柱 / 165

6.4 浙商崛起:浙商全球化的战略目标 / 173

◆ **第7章 浙商欧洲国际化典型案例**

7.1 "温籍"新温商第一代在欧洲创业的典型代表和案例 / 184

7.2 在国内创业成功,逐步发展欧洲市场的"温地"温商 / 196

7.3 在欧"温籍"新温商(第二代侨胞企业家)的典型代表和案例 / 204

◆ **第8章 "一带一路"与温商欧洲国际化启示**

8.1 温商参与"一带一路"建设的基本情况 / 218

8.2 温商在欧洲的发展情况 / 222

8.3 温商在欧洲生存和投资的特点 / 227

8.4 温商欧洲国际化的原因 / 230

8.5 温商欧洲国际化成功的启示 / 235

# 第1章

# "一带一路"倡议与欧洲浙商的发展

## 1.1 "一带一路"倡议在欧洲

### 1.1.1 "一带一路"的提出与发展

"一带一路"是"丝绸之路经济带"和"21世纪海上丝绸之路"的简称,旨在借用古代丝绸之路的历史符号,借鉴历史,在理论和政策上进行突破和创新。"一带一路"的建设秉持和平合作、开放包容、互学互鉴、互利共赢的理念,希望能传承发展这一丝绸之路精神,并充分借助中国和相关国家已有的区域合作平台,积极发展与沿线国家的经济合作伙伴关系,共同打造政治互信、经济融合、文化包容的利益共同体、命运共同体和责任共同体。①

2013年9月7日,习近平在哈萨克斯坦纳扎尔巴耶夫大学发表"弘扬人民友谊 共创美好未来"的重要演讲,首次提出共建"丝绸之路经济带"的倡议,强调要以点带面,从线到片,逐步形成区域间的合作;②同年10月3日,习近平在印度尼西亚国会发表题为"携手建设中国—东盟命运共同体"的重要演讲,首次提出共同建设"21世纪海上丝绸之路"的倡议。"丝绸之路经济带"和"21世纪海上丝绸之路"两个倡议的先后被提出,代表着"一带一路"倡议初步显现。

自"一带一路"的初步提出,国内外对这一倡议就有着广泛的讨论,而大家对其的看法也存在较大的差异。尽管如此,"一带一路"构想正逐步被列入国家发展战略的规划之中,2013年12月,中央经济工作会议把"一带一路"确定为优化经济发展格局的三大战略之一。[3]2015年3月,国家发展改革委、外交部、商务部联合发布了《推动共建丝绸之路经济带和21世纪海上丝绸之路的愿景与行动》,标志着"一带一路"建设全面展开,已从构想阶段进入有具体指导的操作阶段。[1]

经过一系列的顶层设计和国际推动工作,"一带一路"实现了从倡议阶段到实践阶段的转变,从布点到拓面的发展。由"一带一路"的提出及发展的过程可见,其战略规划并非部署好的政策,其发展和实施经历了不断完善和深入的过程。[2]从最初的战略萌芽到越来越多的丝绸之路沿线国家支持"一带一路"建设,这也充分说明了"一带一路"倡议的提出适应地区和世界经济发展的新形势,其所带来的利益惠及所有参与国家。加快"一带一路"建设,有利于促进沿线各国经济繁荣与区域经济合作,加强不同文明交流互鉴,促进世界和平发展,是一项造福世界各国人民的伟大事业。③

### 1.1.2 "一带一路"的主要内容

《推动共建丝绸之路经济带和21世纪海上丝绸之路的愿景与行动》提出了"一带一路"国家合作的主要内容:政策沟通、设施联通、贸易畅通、资金融通和民心相通。联合国经济与社会事务部发展政策与分析司司长洪平凡指

①③ 国家发展改革委、外交部、商务部:《推动共建丝绸之路经济带和21世纪海上丝绸之路的愿景与行动》,外交出版社2015年版。
② 新华社:《"一带一路"大事记》,《人民论坛》2015年第9期,第30页。

出："全球金融危机爆发8年之久，世界经济至今仍然没有摆脱低增长困境，中国'一带一路'倡议可以为振兴世界经济做出重要贡献。"①"一带一路"沿线国家以"五通"内容为合作建设的重点领域，主要体现在投资和贸易的合作上，这一倡议赋予了古丝绸之路新的内涵，连接中外，顺应了和平、发展、合作、共赢的时代潮流。习近平总书记在党的十九大报告中指出，要以"一带一路"建设为重点，坚持引进来和走出去并重，遵循共商共建共享原则，加强创新能力开放合作，形成陆海内外联动、东西双向互济的开放格局。由此可见，"一带一路"倡议是全球化的倡议，具有丰富的内涵，涉及范围广泛，且是一个包容性强的发展平台。[3]

"一带一路"的建设深化了国内外开放。"一带一路"是国家开放的大战略，体现了新的开放理念，即国内外统筹开放。[4]整条线贯穿亚欧非大陆，涉及国内和国外区域全方位对外经济开放新格局。为了积极响应并推进"一带一路"的建设，中国明确了国内沿线地区的定位，充分发挥国内沿线地区的优势，以更加主动的态度实行对外开放策略。同时，"一带一路"倡议的顺利实施也取决于各沿线国家的共同努力。"丝绸之路经济带"包含了3条通道：第一条畅通中国经中亚、俄罗斯至欧洲（波罗的海）；第二条畅通中国经中亚、西亚至波斯湾、地中海；第三条畅通中国至东南亚、南亚、印度洋。3条线路包括了内陆地区和沿线地区的国内大部分区域的参与，有助于缩小国内沿海和内陆地区开放程度的差距，同时也进一步扩大了国内沿线地区对外的开放水平。

"一带一路"的建设促进了海陆一体化格局的形成。"一带一路"既涉及陆上通道又涉及海上通道，将亚欧非大陆以及附近的海域连通起来，使得沿线各国形成一个全方位、多层次、复合型的网络，加强了各国之间的合作与发展。"一带一路"的陆路建设主要依托国际大通道，以沿线中心城市为支撑，重点经贸产业为合作平台；海上运输通道的建设则以重点港口为节点。②丝绸之路经济带和21世纪海上丝绸之路的统筹发展，实现了海陆连接双向平衡，

---

① 康逸、何瑛：《全球连线：更多获得感彰显共商共建共享原则》，新华社，2016年8月18日，http://www.xinhuanet.com/world/2016-08/18/c_1119416078.htm。
② 国家发展改革委、外交部、商务部：《推动共建丝绸之路经济带和21世纪海上丝绸之路的愿景与行动》，外交出版社2015年版。

陆权和海权分立的局面被打破,推动了海陆一体化格局的形成。[3]

共建"一带一路"体现了我国一以贯之地坚持对外开放的策略,推进"一带一路"的建设既是我国进一步深化改革开放的需要,也是加强各国之间合作共赢的需要。目前,我国经济与世界经济紧密相连,"一带一路"建设以发展为导向,注重经济的发展,中国在这一发展的过程中会积极参与建设,与各国共同发展。

### 1.1.3 "一带一路"与欧洲

"一带一路"贯穿亚欧非大陆,一头是活跃的东亚经济圈,一头是发达的欧洲经济圈,中间广大腹地国家经济发展潜力巨大。由"一带一路"路线的走向可以看出,欧洲为路线终端,涉及中欧、东欧、西欧的众多国家和地区。欧洲是"一带一路"建设的重要部分,各项目的开展需要欧洲地区积极参与。中欧之间的经济合作必定为全球的经济发展提供强有力的推动力。而欧洲各国对"一带一路"内涵理解的差异,为"一带一路"建设的顺利开展带来了一定的挑战。欧洲各国对"一带一路"倡议呈现出复杂的局面,从不同的利益角度出发,各国眼中的"一带一路"仍然存在多面性,褒贬不一。

#### 1.1.3.1 中东欧国家眼中的"一带一路"

自"16+1合作"框架推进以来,中国与中东欧国家之间的合作发展迅速,而"一带一路"倡议的提出给"16+1合作"带来了更多机遇,更进一步促进了双方的合作。在"一带一路"倡议被提出之初,总体来说,中东欧大部分国家响应比较积极,但由于各国自身情况以及利益诉求不尽相同,不同国家对"一带一路"倡议持有不同的观点,[5]从而给"一带一路"倡议带来机遇的同时也带来了挑战。对"一带一路"倡议持积极观点的国家认为,"一带一路"倡议成为中国与中东欧国家合作的新纽带,促进双方的合作与发展,"一带一路"倡议的顺利建设将成为地区一体化与互联互通成功的典例,并为沿线各国的增长方式提供借鉴;而持中立观点的中东欧国家则认为,实施"一带一路"倡议之前,中国应需要处理好与主要地缘政治角逐者之间的关系,增强"一带一路"倡议的政治和军事保障力度。中东欧地区的地缘政治格局复杂,怎么处理好复杂的地缘政治关系,能否应对可能发生的冲突是在中东欧地区实施"一带一路"倡议需要考虑和明确的问题;除此之外,有一部分中东欧国家对"一带一路"建设的进展与成果表现出失望的态度,认为其并没有达到所期望的高度。

由此可见,中东欧国家对"一带一路"倡议积极附和的同时,也不乏对其的负面评论。中东欧智库的学者认为,中东欧国家在语言、文化、宗教、经济发展、政治制度、自我认知方面都存在差异,这就要求我们在与各中东欧国家合作时,要正确看待每个国家的优势和劣势。[6]因此,在与不同国家进行政策沟通时,我国无法使用同一战略与其对接,这也可能使得对方国家对"一带一路"倡议产生怀疑的态度,甚至出现负面评论。

### 1.1.3.2 欧盟眼中的"一带一路"

欧盟机构和成员国对"一带一路"倡议所反馈出的态度也不一致。欧盟层面在最初对这一倡议持观望怀疑态度,而其成员国根据自身的利益诉求,东部国家对倡议积极响应,西部国家却表现得不积极。虽然此时的欧盟对"一带一路"倡议没有做出积极的响应,在重大会议上也未重点强调或突出,但正对其进行逐步的了解。2015年6月中欧峰会上,中欧双方提出"一带一路"倡议与投资计划对接、中欧建立互联互通平台等一系列举措,欧盟对待"一带一路"倡议的态度从观望向尝试参与进行转变,双方的合作也被提上日程。从2015年初,英国首先宣布加入"亚投行"之后,法、德、意等欧洲国家纷纷随之宣布加入。而2015年第十七次中欧领导人会议发布的《第十七次中国欧盟领导人会晤联合声明》决定,支持"一带一路"倡议与欧洲投资计划进行对接,指示同年9月举行的中欧经贸高层对话探讨互利合作的具体方式,包括建立中欧共同投资基金。①这一声明标志着中欧"一带一路"合作的正式开启,促进了欧洲一些核心国家对"一带一路"倡议的合作兴趣,各国响应得更加积极。

总体而言,在对待"一带一路"倡议的态度上,不管是欧盟机构还是各欧洲国家,都经历了一个复杂的转变过程,从最初的怀疑警惕到之后的支持态

---

① 《第十七次中国欧盟领导人会晤联合声明》(全文),新华网,2015年6月30日,http://www.xinhua-net.com/world/2015-06/30/c_1115774915.htm。

度。这一态度的转变也预示着,在"一带一路"倡议的背景下,中欧双方有着很大的合作空间和发展可能性。"一带一路"是开放包容的倡议,欧洲作为"一带一路"的终点,必然是不可或缺的一部分。对于中国而言,欧洲的参与有助于中国利用"一带一路"的发展与欧洲连接起来,并借此机会整合沿线的资源,发展新的经济中心。[7]而对于欧洲而言,欧洲在债务危机过后,其经济复苏依然脆弱。在此情况下,欧洲如果能借助"一带一路"的东风,在政策沟通、设施联通、贸易畅通、资金融通、民心相通五大领域与中方积极合作,一定会在促进中欧关系发展的同时,欧洲各地区也能得到较好的发展,双方的合作也会硕果累累。

### 1.1.4 中欧"一带一路"成果

欧洲是发达国家最集中的地区,其地位在"一带一路"建设的过程中不言而喻。欧洲各国对"一带一路"倡议的态度和响应程度对建设成果起着至关重要的作用。2016年12月,欧洲对华智库网发布了题为《欧洲和中国的新丝绸之路》的研究报告,报告汇集了欧盟各成员国看待中国"一带一路"倡议的态度和回应,并梳理了在"一带一路"背景下中国和欧盟的一些相关活动。从研究报告中可以看出,在欧盟国家,"一带一路"的建设主要集中于对铁路和港口项目的运行。①如表1-1所示。

表1-1　智库报告中欧盟国家与"一带一路"的正式项目活动

| 国家 | 既存项目 | 计划中的项目 |
|---|---|---|
| 捷克 | 无 | 多瑙河—奥得河—易北河三河跨国运河项目 |
| 法国 | 汉欧货运 | 马赛商贸城项目 |
| 德国 | 5个中德铁路运行项目 | 更多的铁路项目 |
| 希腊 | 比雷埃夫斯港项目 | 塞萨洛尼基港口私有化项目 |

① 欧亚、夏玥:《欧盟国家对"一带一路"的认知与评价:基于ETNC智库报告的分析》,《公共外交季刊》2017年第2期,第85—91页.

| 国家 | 既存项目 | 计划中的项目 |
|---|---|---|
| 匈牙利 | 匈塞铁路、中国—中东欧国家旅游协调中心项目 | 无 |
| 意大利 | 无 | 5个港口联盟项目 |
| 荷兰 | 蓉欧快铁 | 无 |
| 波兰 | 蓉欧快铁、苏满欧 | 罗兹多式联运枢纽、融资高铁机场、建立工业园区等 |
| 葡萄牙 | 无 | 锡尼什港 |
| 斯洛伐克 | 无 | 东部边界向西造一条宽铁路(未获中国足够的支持) |
| 西班牙 | 义新欧铁路、巴伦西亚加入丝绸之路旅游计划 | 中国在巴塞罗那南方航空公司的投资扩大、巴伦西亚第四个终端招标 |
| 瑞典 | 无 | 高速铁路建设、风车项目(以中国为主) |
| 英国 | 加入AIIB | 无 |

资料来源:欧亚、夏玥:《欧盟国家对"一带一路"的认知与评价:基于ETNC智库报告的分析》。

希腊的比雷埃夫斯港项目是"一带一路"港口项目中最具代表性的项目。中远海运于2008年11月与希腊政府签订了比雷埃夫斯港35年的特许经营权。2017年,比雷埃夫斯港的吞吐量已从2010年的88万标准箱突破至400万标准箱,港口经营所得利润已从中远海运刚接手时的312万欧元上升至2017年的4800万欧元。[1]比雷埃夫斯港作为希腊最大的港口,是中欧陆海快线的海陆连接处,逐渐为"一带一路"建设发挥重要的作用,成为"21世纪海上丝绸之路"建设中的一颗明珠,推动着中欧之间的合作发展。

匈塞铁路是"一带一路"建设中最具代表性的铁路项目。铁路全长350千米,连接了匈牙利首都布达佩斯和塞尔维亚首都贝尔格莱德。作为中

---

[1] 《比雷埃夫斯港首迎2万标准箱级集装箱船》,新华社,2018年2月28日,http://news.163.com/18/0228/16/DB0BI3DG00018A0R.html。

国—中东欧双方合作的标志性项目,匈塞铁路的建设满足了双方的利益需求。这一项目的推进和落实有助于其相关国家基础设施的转型升级,同时也有助于解决中国产能过剩问题。匈塞铁路和中欧海陆快线的建设为中欧双方的贸易开辟了新的通道,促进了双方的经济发展,推进了交通的便利化,提升了各地区的互联互通水平,最终达到互利共赢的目标。

"一带一路"倡议有助于实现亚欧大陆的互联互通,促进欧洲经济的发展。随着"一带一路"项目的深入开展,其所带来的成果越来越丰盛。欧洲议会欧中友好小组主席内杰·德瓦说道:"如今,欧洲人开始读懂'一带一路'倡议,理解这一倡议的宏大规模和重要意义。"[1]原先持谨慎观望态度的部分欧洲国家也逐渐加入"一带一路"的建设中来,越来越多的中欧合作项目得以落地开展。

除了智库报告中所提及的项目外,中国与欧洲各国在通航、中欧班列、经贸、投资、旅游等人文交流领域不断开展新的项目进行合作。英国是西方国家中对"一带一路"倡议做出响应最早的国家之一,是第一个申请加入亚洲基础设施投资银行的西方大国,并在2017年的"一带一路"国际合作高峰论坛上率先签署《"一带一路"融资指导原则》。英国驻华大使吴百纳表示,英国对"一带一路"倡议具有极大的兴趣,希望英国的企业能够与中方企业进行合作,参与到"一带一路"倡议的实际项目中。[2]2018年1月31日至2月2日,英国首相特蕾莎·梅时隔4年正式访华,英方表示希望深化中英的经济贸易关系。在此期间,英国企业将中国电商作为两国之间贸易合作的重要内容之一,与中国企业签署了超过90亿英镑的合作协议,双方在经贸合作方面取得了极大的成功。[3]2017年,浙江印发《"一带一路"捷克站建设推进方案》,"一带一路"捷克站是深入贯彻"一带一路"国际合作高峰论坛实践的体现,包含了中欧班列、物流分拨、生产加工、展示交流、人文合作以及跨境电商等多种功能。捷克站的建设旨在充分发挥捷克的地理区位优势以及产业

---

① 张伟等:《欧洲议员:欧洲人开始读懂"一带一路"》,新华社,2017年2月27日,https://www.yid-aiyilu.gov.cn/ghsl/hwksl/21118.htm。
② 冯迪凡:《英国首相时隔4年正式访华 希望参与一带一路实际项目》,第一财经日报,2018年1月30日,http://economy.caijing.com.cn/20180130/4401188.shtm。
③ 《英首相访华签署800亿大单 电商成为扩大贸易重要内容之一》,商务部网站,2018年2月5日,https://www.yidaiyilu.gov.cn/xwzx/gnxw/47047.htm。

优势,以开放综合体形式带动浙江和捷克以及周边国家和地区投资的增长。①

在"一带一路"建设展现出更多的成果时,越来越多的人对其内涵有了深一步的理解。越来越多的国家在"一带一路"倡议下,以更加积极主动的态度参与到其合作项目建设中,抓住"一带一路"所带来的机遇,以期达到互利共赢的发展。对于企业而言,"一带一路"的推进和实施为交通运输业、基础设施建设行业、文化、旅游、国际贸易以及金融等产业的发展带来了大量机会,国内企业应及时抓住机会,整合资源,寻求进一步的发展。

## 1.2 欧洲浙商的经营规模

"一带一路"倡议的提出,对全球的贸易格局、投资格局以及生产格局都将可能会产生颠覆性的影响,为中国企业和资本"走出去"和"引进来"提供了难得的机遇,[8]同时也让海外华商与世界有了更紧密的联系,为其进一步发展开辟了新的道路。华商被称为中国经济的第二种力量,对中国的经济增长和转型升级以及引进外资方面都发挥了非常重要的作用。未来,在"一带一路"倡议的推进下,由中国企业和海外华商形成的华人经济圈必然对世界的经济发展产生深刻的影响。欧洲作为"一带一路"建设推进的重要一环,对在欧华商发展的了解和研究有助于在欧华商分析眼前的机遇和挑战,为下一步的转型发展及投资寻找更好的方向。

### 1.2.1 华商在欧洲(人数和主要从事行业大概数据)

《世界华商发展报告(2017)》指出,华人在欧洲的发展主要经历了5个阶段的移民潮。从17世纪开始,中国人就已开始向欧洲移民,并且浙江人和广东人在欧洲华侨占主导地位。"二战"后,欧洲华侨华人数量的增长主要是由于来自中国香港、澳门、台湾地区以及东南亚国家的华侨再移民。20世纪

---

① 廖式映:《浙江计划用5年时间完成"一带一路"捷克站建设》,中新网,2018年1月23日,http://union.china.com.cn/qyjj/txt/2018-01/23/content_40199220.htm。

70年代中期,印支半岛国家发生动荡,东南亚华裔凭借自身的语言优势,在欧洲快速发展。在这一时期,欧洲的华侨还是处于规模小、层次低的局面,主要从事餐馆业、手工业以及小商业。在1978年改革开放之后,出入境政策的放开促使了新一波的移民潮,中国的新移民开始进入一些欧盟国家。1990年以后,在中国"国际化"进程和欧洲"一体化"战略的机遇下,欧洲华侨华人规模迅速扩大,形成了"移民热"的现象。

虽然欧洲华侨华人分布总体上呈现全覆盖、大集中、小分散的特点,但对其具体数据的统计仍然是一份艰巨的工作,每年华裔新生代人数、留学生人数以及一些其他移民人数的变化,使得统计结果存在着一定的偏差。2013年国务院侨办联合外交部共同发函至驻外机构广泛开展调研侨情,根据收回的材料进行的数据统计,欧洲华侨华人约有255万,与2008年《对欧洲华人社会状况的调研报告》公布的在欧华侨华人总数250万相比具有一定数量上的增长。在欧洲国家中,在英国和法国的华侨华人所占比例最大,分别为27%和24%,人数约为70万和60万。其次为俄罗斯、意大利、西班牙以及德国、荷兰,人数分别为32.5万、30万、20万、16万、12万。[①]数据显示,欧洲华侨华人主要聚集在欧洲各国首都及其周边一些发达、繁荣的地方。在英国、法国、俄罗斯、意大利、西班牙、德国和荷兰的在欧华侨华人占据了在欧华侨华人总人数的80%以上。如图1-1所示。

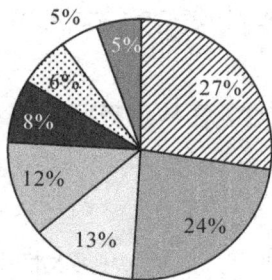

图1-1　欧洲侨胞主分布占比图

注:根据相关资料整理。

---

① 王辉耀、康荣平:《世界华商发展报告(2017)》,中国华侨出版社2017年版。

在东欧和北欧的一些国家,华人也占据了一部分。东欧、北欧国家的华商主要是中国改革开放之后过去的新移民,主要以餐饮业和进出口贸易为主营行业,同时还涉及物流、房地产、旅游等产业。其一些国家的华商人数以及主营行业如表1-2所示。从表1-2中可以看出,相比较英法等地,东欧和北欧华商人数占比相对较小,从事的行业也主要集中在餐饮业、进出口贸易等小商业。

表1-2 东欧、北欧华商概况表

| 国家 | 人数(人) | 主营行业 |
|---|---|---|
| 罗马尼亚 | 6205 | 超市、餐饮、中医诊所、小商品批发中心等 |
| 匈牙利 | 20000 | 餐饮、商品批发贸易等 |
| 捷克 | 5540 | 传统贸易、餐饮业、物流、地产、旅游、酒店、建材等 |
| 斯洛伐克 | 3000 | 服装进出口贸易、餐饮、房地产、旅游、保健等 |
| 乌克兰 | 18000 | 进出口贸易、餐饮、旅游、教育等 |
| 奥地利 | 21101 | 超市、餐饮、中医诊所等 |
| 波兰 | 3174 | 超市、餐饮、中医诊所等 |
| 瑞典 | 30000 | 餐馆、食品杂货零售、进出口贸易等 |
| 芬兰 | 2000 | 餐饮、贸易等 |
| 丹麦 | 7000 | 餐饮、旅馆、零售、进出口贸易等 |
| 挪威 | 9025 | 餐饮、贸易、杂货、旅行社等 |
| 冰岛 | 400 | 餐馆、房地产等 |

数据来源:作者根据相关资料整理。

## 1.2.2 浙商在欧洲分布(发展及数据)

海外华侨华人经商人数占约70%甚至更高。由此可见,华商群体在欧洲华侨华人中占据了相当可观的一部分。而在海外的华商中,浙商是不可或缺的一部分。

浙商一般指的是浙江籍的商人,欧洲人称浙江人为"东方犹太人"。据统计,800万在外浙商每年创造的财富总值和浙江省全年GDP相仿。①自历史以来,浙商就在中国经济的发展中占据了重要地位,是一股强大的推动力量。在20世纪70年代之前,海外浙商主要以宁波、湖州籍为主,这一部分浙商资本雄厚,大多以个体形式投资商业贸易活动,并没有成为海外浙商的主体部分。而近代主要以从事小型商业活动的一部分浙商占据了主体地位,这部分浙商主要包括浙江青田和温州地区的小商贩,通过贩卖小商品获利。[9]以小型商贩活动谋生的这一部分浙商,在具备一定的经济实力后,逐渐转向餐饮业、皮革业以及纺织业等,并在这些行业中形成浙商自身的一定优势。改革开放后,浙江人也加入移民欧洲的热潮之中,以继承祖辈产业或自己创业的形式成为在欧浙商,进一步巩固了原先的优势产业,同时也朝着多元化产业方向发展,使得欧洲浙商快速发展,资产迅速增长。

据不完全统计,在欧洲多达17个国家的浙江籍侨胞占据了欧洲侨胞的50%。虽然浙商分布较为集中,但对其具体数据的统计仍然是一个复杂艰巨的过程,对许多国家浙商的分布依然得不到具体的数据,尤其对于一些浙商人数较少的国家。通过收集相关资料,表1-3所示数据可供参考。

在法国的华人在20世纪70年代之后从东南亚各地移民的人数占了40%左右,而浙江籍人数占了约50%以上,主要是80年代后来到法国。②法国的浙商主要集中于从事餐饮、皮革以及服装业。法国的中餐馆主要以潮州菜、温州菜和粤菜为主。皮革业和服装业的批发进口主要以温州人为主,占据了法国这一行业的大部分市场。

表1-3　浙商分布概况表

| 国家 | 人数(人) | 主营行业 | 浙商占比(%) |
|------|---------|---------|-----------|
| 法国 | 600000 | 餐饮、皮革、家具、制衣、食品杂货、进出口贸易等 | 50以上 |
| 西班牙 | 200000 | 酒吧业、零售业、批发业等 | 61.72 |
| 德国 | 160000 | 餐饮、中医以及旅游业等 | 40 |

---

① 浙商,百度百科,https://baike.baidu.com/item/%E6%B5%99%E5%95%86/11000721?fr=aladdin。
② Sugar:《在欧洲各国的华人比较》,知乎,2018年2月7日,https://zhuanlan.zhihu.com/p/33654421。

| 国家 | 人数(人) | 主营行业 | 浙商占比(%) |
| --- | --- | --- | --- |
| 葡萄牙 | 50000 | 中餐业、百货批发零售业等 | 80 |
| 瑞典 | 30000 | 餐馆、进出口贸易等 | 20 |
| 比利时 | 30000 | 中餐馆、杂货店、进出口贸易等 | 30 |
| 奥地利 | 21101 | 超市、餐饮、中医诊所等 | 70以上 |

注:作者根据相关资料整理。

在西班牙的浙商占据了华人数的61.72%,而在其中,浙江青田人所占的比例最高,达65%。[1]西班牙的浙商大多是改革开放之后的新浙商,主要从事酒吧业、零售业、批发业等。此外,随着资本的增长及浙商规模的不断扩大,所涉及的行业也不断向多元化发展,如旅游业、制造业等不断兴起。

德国的华侨华人人数达到了16万人,主要居住在原西德地区且居住较分散。德国浙商人数占了其华人总数的40%左右,其从事行业主要集中在餐饮业、中医以及旅游业。大部分浙商在德从事餐饮业,主要原因是德国政府早期只允许华人经营餐馆。德国是欧洲的中医中心,有几百家医院设有中医门诊部门,可见中医的影响力之大。

在比利时的华侨人数在中国改革开放之后呈现急速增长的模式,比利时的华侨华人大约有3万人,其中浙商占了30%左右,主要来自浙江温州和青田,大多浙商从事中餐馆、杂货店以及进出口贸易等。[2]

葡萄牙华侨华人达到5万人,葡萄牙浙商是世界浙商的重要一部分。在葡萄牙华商中,浙商人数最多,比例高达80%以上。[3]而在葡萄牙的浙江籍商人中,青田人和温州人为多数,主要从事餐饮业和百货批发零售业。

瑞典是北欧华侨华人的主要聚集国家,其人数大约有3万人,大多为改革开放后的新移民。[4]其中浙江青田籍商人约占瑞典华商的20%,主要从事

① 李明欢:《西班牙华人社会剖析》,《华侨华人历史研究》2016年第2期,第10—21页。
② 国务院侨办侨务干部学校:《华侨华人概述》,九州出版社2005年版。
③ 《浙商博物馆与两家葡萄牙主流侨团缔结"浙商文化共建"关系》,http://www.zsbwg.org/27553-2779/53584_37357.html。
④ 《华人经济年鉴》编委会:《华人经济年鉴》,中国华侨出版社2010年版。

餐饮、进出口贸易等行业,以中小企业为主。

奥地利有2万多名华侨华人,多数为中国改革开放后移民到奥地利的,其中大部分为浙江籍华人,浙江青田的人数就占了华人总数的70%以上。

表1-3虽未列全各欧洲国家浙商的具体分布情况,但从所列国家的浙商分布情况可以看出,浙商在海外华商中占据非常重要的地位。在西班牙20万的华商中,浙商占比半数以上,浙商在欧洲的规模之庞大可见一斑。欧洲新移民多数是在改革开放后进入欧洲,其中约有65万为浙江籍。海外浙商利用规模大的优势,采取抱团合作的形式进行创业,形成了独有的浙商精神。[9]海外浙商通过"商会"的形式为彼此提供帮助,依靠内部自身的力量发展优势产业,构建商业互助体系,极大地促进了海外浙商的发展,并且带动了更多的浙江人向海外发展,形成了借助亲朋好友关系建立起来的经济互助形式。[10]

### 1.2.3　浙商主要从事行业

欧洲浙商早期主要从事餐饮业、手工业以及小商业,而由于浙商群体主要是借助互助形式发展起来的群体,其从事的主要行业基本相同,且行业聚集,使得群体内部形成了一定的竞争,同时也在集中行业形成了浙商自身的行业优势。但从整体上而言,虽然浙商的群体规模相对较大,但整体的经济实力较弱,从事的行业也主要集中在较低层次的餐饮业、手工业以及小商业等。而后,浙商凭借自身求真务实的创业精神,并在海外创业的过程中互相抱团,互帮互助,从而得到了较好的发展并积累了一定的资本。低层次经营的中餐馆规模不断扩大,许多浙商也不断加入一些其他行业,并形成了自身的行业优势。

#### 1.2.3.1　中餐馆

餐饮业是海外浙商从事的最集中的产业之一,早期从事中餐馆行业的浙商,因资本积累不足,所经营的餐馆多以小规模形式为主。"二战"之后,在欧洲,浙商利用原先积累的资本,继续发展在欧洲占有优势的中餐业,且早期一些从事小商业活动的浙商也转以合资或独资方式投资中餐馆。

分布在欧洲各国的中餐馆总数量约有5万家。华人中餐馆主要聚集在英国、法国、德国等国家,其中英国的华人中餐馆将近9000家,法国有约8000家,德国大约有7000家。[①]在其他的一些欧洲国家,如西班牙、意大利、荷兰、比利时等,从事中餐馆的人数也占据了欧洲华商总数的相当大部分。中餐馆在欧分布的大概情况如图1-2所示。

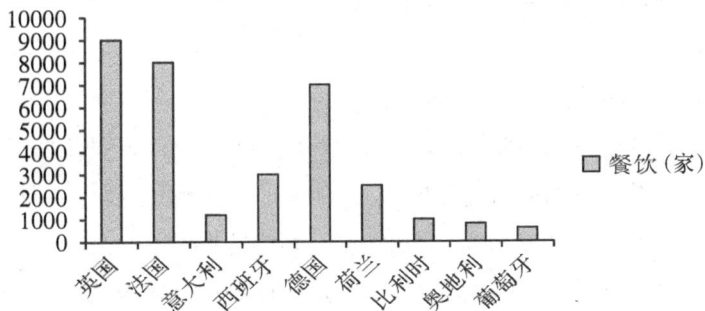

图1-2 欧洲中餐馆分布图

### 1.2.3.2 皮革业

早在20世纪50年代初,一部分浙商开始经营皮革厂,主要以温州商人为主。初期的皮革工厂主要通过手工生产皮带、背包以及皮夹等物品,并采取自产自销的形式获取利润。[9]"二战"结束之后,原先经营皮革厂的浙商凭借已有的创业基础,从事皮具的生产加工,进一步巩固了在皮革业领域的优势,尤其在意大利和法国两个国家。法国的皮革业基本被浙商所垄断,且以温州商人为主,主要从事皮革产品的进口。

### 1.2.3.3 批发和进出口贸易

法国巴黎的欧贝维利耶是法国最大、设备和管理最完备的华商批发中心,同时也是欧洲最大的中国商品批发中心,包含了法国和欧洲服装、皮革、首饰、家具、眼镜等商品的批发。[②]在法国的华商中,以浙江籍和东北籍商人为主,浙江籍商人主要来自浙南的温州以及丽水青田。

意大利的30万华侨,浙商占据了很大部分,主要来自温州和丽水青田,

---

① 《2007年世界华商发展报告》,http://www.china.com.cn/news/txt/2008-01/16/content_9539742.htm,2008年1月16日。
② 王耀辉、康荣平:《世界浙商发展报告(2017)》,中国华侨出版社2017年版。

聚居在意大利的中部,主要经营服装贸易以及服装加工等行业;其中普拉托的浙商占了其总人口的三分之一,还有其余部分浙商主要集中在罗马和米兰。[①]初期意大利的浙商主要从事服装加工行业。随着服装贸易行业的不断兴起,意大利浙商在罗马形成了欧洲的服装批发中心,并在20世纪90年代末以及21世纪初期达到顶峰时期。

#### 1.2.3.4 其他行业

随着海外浙商经济实力以及中国竞争力的不断增强,欧洲浙商在餐饮业、进出口贸易等优势行业不断发展的同时,也纷纷投身于其他行业。部分浙商转向教育、房地产、旅游、跨境电商、酒店等行业。

近年来,中国经济的快速发展带动了国人外出旅游的趋势,欧洲华人旅游业也应时而生。2014年,由来自欧洲16个国家的百余家华人旅行社在巴黎宣告欧洲华人旅游业联合总会成立。该联合会是欧洲华人旅游界以旅行社为主题的最大行业组织。由此可见,欧洲华人旅游业的发展势不可挡。

在当前推进各国互联互通、扩大经贸往来的时势之下,跨境电商的快速发展成为必然的趋势。浙江省侨联副主席、浙江省侨联青年总会会长张维仁认为,全球华侨华人尤其是海外浙商可以在跨境电商行业发挥巨大的作用。[11]浙江作为全国重点侨务大省,海外浙江人遍布全球各地从事各行各业,他们凭借所积累的人脉与资源,成为跨境电商领域的一支重要生力军。

## 1.3 欧洲浙商的发展成就

### 1.3.1 欧洲浙商产业发展

欧洲浙商从最初餐饮业、手工业以及小商业进行创业,通过自身资本的不断积累以及在欧洲从事行业的不断拓展,已从当初的小规模商业发展成为欧洲商业不可或缺的一部分。欧洲华商经济的四大主要产业为餐饮、皮

---

① 谢庆:《首发浙商海外商业地理,一站式玩转跨境电商》,世界浙商网,2015年12月25日,http://www.zjsr.com/zshw/201512/t20151225_152162.shtml。

革、服装业、贸易业,其中浙商群体在各产业中都取得了相当的成就。中餐业作为海外浙商发展的标志性产业,其发展规模和势头都不可小觑。

据中国社科院《中国餐饮产业发展报告(2015)》显示,在超过40万家的海外中餐馆中,浙江籍商人经营的餐馆大约有5万家。许多欧洲浙商把中餐业作为自己立足欧洲的支柱性产业,不少浙商也建立了自己的餐饮品牌。在罗马有着"中餐业常青树"之称的金冠军来自浙江青田,1982年离开浙江到意大利打拼,并自创了WOK餐厅。[1]WOK餐厅是自助餐式餐饮品牌,金冠军通过结合意大利当地的饮食习惯,将中餐改良成为意大利式中餐,使其更受当地人的欢迎。除此之外,在餐厅中还有西餐、日本菜等菜系,不仅仅局限于中餐。金冠军通过这一多样化的经营理念适应社会的发展,在意大利共开了8家餐馆,占地面积3000多平方米,成功将餐厅经营为意大利最大的中餐馆。[2]但是随着中餐业市场饱和度的不断增加,且行业之间的竞争日益激烈,如何能在这一行业中脱颖而出并持续发展是大多数浙商所需要考虑的问题。不少浙商希望通过走高端的餐饮路线进行改变和创新,进而实现对海外中餐馆这一传统行业的转型。金冠军也坚持自己的品牌要走高端路线,并认为菜品上的不断创新,以及餐馆的装饰环境和服务态度,都是自己的品牌能否持续发展下去的关键因素。

2014年,国务院侨务办公室推出"中餐繁荣计划",旨在推动中华饮食走出去,支持海外侨胞的中餐事业发展并提升海外的中餐业水平。[3]"中餐繁荣计划"的提出,表明海外中餐的转型升级刻不容缓,我们要致力于打造中餐品牌,积极提升中餐层次。为了响应国侨办倡导的"中餐繁荣计划",欧洲中餐业的浙商互相之间积极学习和交流。2016年6月,欧洲中餐业的从业精英在比利时、荷兰进行了为期3天的交流和研讨。[4]来自欧洲的各地代表参观了比利时和荷兰的具有特点的餐馆,了解其独特的装饰风格以及经营

① 谢庆:《闯荡欧洲"江湖" 浙商升级不局限于修炼"中餐"》,世界浙商网,http://www.wzs.org.cn/sh/201509/t20150929_135423.shtml。
② 《金冠军 在意大利传播中华文化》,中国共产党新闻网,2014年12月8日,http://news.youth.cn/jsxw/201412/t20141208_6196322.htm。
③ 孙少锋、李亚楠:《中餐繁荣计划:以"食"力提升"软实力"》,人民日报海外版,2016年1月20日,http://www.chinanews.com/hr/2016/01-20/7724067.shtml。
④ 张淼、西蒙:《海外浙商齐聚欧洲探讨中餐业转型升级》,世界浙商网,http://www.wzs.org.cn/sh/201511/t20151116_144574.shtml。

模式。各浙商代表通过相互之间的学习和交流,结合欧洲当地的中餐业现状,对中餐业的发展提出了自己的看法和建议,为海外中餐业的转型发展提供了一个很好的交流平台。

随着移动互联网的快速发展,海外的中餐利用这一机遇也得到了发展。2016年6月,浙江省侨联主办了"吃遍全球"App上线暨浙江侨界中餐业交流合作促进会授牌仪式,活动面向全球进行了直播。①"吃遍全球"App通过"互联网+"的思想将全球的中餐馆汇集至同一平台,以手机App、团购网站、在线订餐、在线支付等方式推广中华美食文化。这一活动吸引了众多海外浙商的参与,入驻"吃遍全球"App的客户在第一时间就达到了3万多家,包括了意大利、法国等在欧从事中餐业的浙商。这一举措将中餐馆这一传统海外产业与时代趋势相结合,为中餐馆的转型提供了良好的机遇。

### 1.3.2 "一带一路"上的浙商勋章

随着"一带一路"倡议的提出,在"一带一路"沿线国家的浙商备受关注。改革开放以后,浙商们走出去引进来,为世界各地贡献着自身的力量,许多浙商通过自己的实际行动得到了当地国家的认可。欧洲作为"一带一路"的终端国家,对浙商在欧洲所取得的各方面成就和贡献的关注成为不可或缺的一部分。

2005年,荷兰女王向吴洪刚先生颁发了荷兰皇家骑士勋章,以表彰吴洪刚先生在推动中荷文化交流合作上所做的贡献。吴洪刚系浙江青田人,在20世纪80年代初来到荷兰,以中餐馆为事业的起点,先后在荷兰开设3家高级亚洲风味餐馆,同时,他还积极带领荷兰浙商在中餐业上的改革创新。如今,吴洪刚已经在海内外拥有十余家控股企业,其中涵盖了房地产、商业贸易、餐饮以及旅游等产业,而他所创办的荷兰你好集团已是欧洲最大的华人跨国综合企业之一。②

2008年2月,葡萄牙总统卡瓦科·席尔瓦授予了老华侨周洪泽先生国家

---

① 谢庆:《以食会友,全球首个浙籍中餐APP上线》,世界浙商网,http://www.wzs.org.cn/sh/201606/t20160629_190611.shtml。
② 《为什么荷兰女王特别为餐饮起家的吴洪刚颁发荷兰皇家骑士勋章?》,世界浙商网,2017年9月22日,http://www.wzs.org.cn/zsyp/201709/t20170922_276451.shtmlhttp://www.wzs.org.cn/zsyp/201709/t20170922_276451.shtml。

荣誉功绩勋章,周洪泽因此成为第一个获得葡萄牙国家荣誉的旅葡华人,这一荣誉是为表彰周洪泽先生在经济发展、文化教育以及推动葡中的交流合作方面所做的贡献。周洪泽祖籍浙江青田,于1958年奔赴葡萄牙进行创业。周洪泽先生以中餐业开始自己的创业生涯,积累了一定的成就之后,他所从事的行业向贸易等行业拓展。在葡萄牙60年来,周洪泽先生用自己所获得的成就一直支持着旅葡华侨华人的建设和发展活动,积极推动中葡两国贸易人员的往来。2017年,周洪泽先生获得了当地忠义奖殊荣,这是对其贡献和成就的极大认可。

2011年,菲利普王子代表比利时阿尔贝二世国王为吉利集团董事长李书福颁发了"利奥波德骑士勋章",代表了比利时皇室最高荣誉,以表彰其为比利时汽车工业的发展以及经济社会发展所做出的贡献。吉利收购沃尔沃后,沃尔沃2016年总收入为1806.72亿瑞典克朗,同比增长10%,其利润达到了110.14亿瑞典克朗,增长66.37%。沃尔沃在比利时得到了很大的发展空间,对李书福授予的勋章,不仅代表了对沃尔沃的认可,也推动了中比经济的友好发展。

2013年,法国国家荣誉军团骑士勋章颁发给了《欧洲时报》前总编梁源法,以表彰其任职《欧洲时报》期间,为推动媒体建设、促进中法的交流所做出的贡献。梁源法为浙江黄岩人,于1976年移民法国。在1983年,梁源法加盟创建《欧洲时报》。30多年来,《欧洲时报》以"搭建文化平台,服务侨胞侨社,展现中国新貌,促进欧中友谊"的办报宗旨,以真实客观的态度在欧洲吸引了大批忠实读者,并在国内也积累了一定的号召力和影响力。《欧洲时报》的不断发展,从侧面反映了华侨华人在欧洲的影响力越来越大。

2014年,奥地利总统海因茨·菲舍尔决定授予卧龙控股集团董事长陈建成先生"奥地利共和国银质荣誉勋章",以表彰他为奥地利共和国所做出的贡献。2011年,卧龙集团收购了奥地利的ATB集团,并致力于推进绍兴和奥地利在政治、经济以及文化上的合作与发展,并不断促进双方进行更加深入和全面的合作。

2015年5月30日,西班牙人道勋章协会将"西班牙人道大十字勋章"颁授给了浙商支秀芳先生,其成为获此殊荣的第一位中国籍西班牙企业家。支秀芳祖籍浙江温州,他在西班牙创办了远大国际集团有限公司,在当地华人圈内也小有名气。在发展自己的事业之余,支秀芳积极参与公益事业,多次对教育事业进行资助,得到联合国教科文组织的认可,成为海外华侨华人的楷模,为促进中华文化的传播和宣扬做出了极大的贡献。

2016年9月,法国圣皮埃市长专程赶到浙江丽水市,将塞纳州议员勋章授予詹永平。2017年12月,詹永平获得全球公益联盟银质勋章。詹永平来自浙江青田,在1990年辞去青田县电控二厂工作去法国创业,成为首家福来居餐馆开办人,法国福来居集团和福来居商业房地产公司董事长,现任欧洲浙江华人联谊会会长。两枚勋章的授予是对詹永平在海外所取得成就的一种认可,以表彰他在欧洲促进华人融入、推动中法文化交流等方面做出的杰出贡献。

2017年2月12日,法国吉尼市市长为温籍浙商王荣弟颁发了法国荣誉市民特殊贡献勋章。吉尼市市长认为,华裔在法国的多元化建设过程中起着重要的作用,而王荣弟先生在推动经济建设的同时也促进了中法两国的文化交流,并致力于公益事业,是华裔不断融入法国的楷模。王荣弟来自浙江省的瓯海丽岙;在中国加入世界贸易组织之后,他开始做中法两国之间的服装批发生意。在法国将近30年,王荣弟不断积累资本,自建零售渠道,从刚到法国时的一无所有到现在成为法国知名服装品牌的生产和经销商。从事服装行业至今,王荣弟的服装企业已在法国建立了300多家连锁店,共有员工4000多人。王荣弟除了将自己的服装企业打理得有声有色之外,也担任着法国华侨华人副主席、法国中国和平促进会常务会长、中国丽岙侨联主席等职位,并长期致力于慈善公益事业和中法两国的教育事业,为海外中华文化的宣扬和中法两国的文化交流做出了自己的贡献。

2017年2月,来自浙江浦江的侨领张磊获得了法国参议院颁发的"参议院金质荣誉勋章",肯定了他在中法两国的文化交流以及对社会所做出的贡献。张磊在法国已有13年,主要从事外贸行业,现任法国金华商会会长。法国金华商会成立于2015年9月,是金华籍商人在欧洲成立的第一个协会组织。张磊作为金华商会的首任会长,时刻不忘在各个场合推广自己家乡的经济文化,得到了众多侨胞的认可和肯定。

欧洲各国的浙商通过自己的努力奋斗创造出了自己的成绩,促进了当地的经济发展,其经营成就不可小觑,备受世人瞩目。同时,各海外浙商主动投身公益事业,并积极融入当地的文化之中,宣扬中国传统文化,极大地促进了中欧文化的交流与合作,浙商也成为连接中欧两地的重要纽带。

### 1.3.3 "一带一路"倡议下的浙商机遇

党的十九大报告指出:中国开放的大门不会关闭,只会越开越大。要以"一带一路"建设为重点,坚持"引进来"和"走出去"并重,遵循共商共建共享原则,加强创新能力开放合作,形成陆海内外联动、东西双向互济的开放格局。"一带一路"的倡议对海外浙商以及国内浙商的发展都是一个机遇。

西班牙浙江总商会首任会长周志文通过在西班牙十几年的奋斗,在巴塞罗那建立了有口皆碑、深受华人以及本地居民欢迎的品牌。凭借不懈努力和辛勤付出,周志文在中西两国经贸往来中架起了一座交流合作的桥梁。在接受采访时周志文说,"过去的侨团通常只是以地缘为纽带,比如各地的同乡会。随着华人华侨在海外的发展,现在更注重'业缘',这对侨胞在就业、创业方面发挥了很大作用。"周志文表示,浙江总商会将引导西班牙华商合法经营、诚信经营,帮助华人企业提高经营管理水平和市场竞争力;就商业事宜与当地政府、企业和民间进行沟通与协调,为会员企业排忧解难,维护和争取会员企业的合法权益;在宏观上,积极响应"一带一路"倡议,在驻西班牙使领馆的指导下,发挥桥梁和纽带作用,为促进中西两国经贸交流与合作、助力两国经济建设、增进两国政府和人民之间的友谊贡献力量;与此同时,主动承担社会责任,打造相关平台帮助旅西华人华侨实现不同层次的就业、创业,为提升旅西华商的整体形象和社会影响力做出重要贡献。[1]海外众多浙商应该利用"一带一路"倡议所带来的优势,积极整合浙商的独特资源和优势,积极把握海外浙商产业走向,促进中外的经贸合作。

国内浙商在这一机遇下也蓄势待发。作为"一带一路"和"网上丝绸之路"重要枢纽城市,杭州正进一步贯彻落实党的十九大精神,积极推进与"一带一路"沿线国家的合作交流,积极"打造海外杭州平台","开拓国际市场、稳定外贸增长",推动更多杭州企业"走出去"。 据杭州市商务委统计,2017

---

[1] 《"一带一路"倡议对海外浙商来说是机遇》,世界浙商网,2017年9月20日,http://www.zjsr.com/sh/201709/t20170920_276342.shtml。

年前三季度,全市实现境外企业总投资额29.86亿美元,境外企业中方投资额19.83亿美元,已完成年度目标的99.15%,实现国外经济技术合作营业额14.78亿美元,同比增长58.58%。①同时,越来越多的海外商机,正沿着"一带一路"穿梭在浙江的各大城市与欧洲之间。

经济的高速增长暗示着处处藏着发展的机遇,越来越多的浙商企业也对加入"一带一路"进程跃跃欲试,为加速浙江经济转型增添动力。

## 1.4 欧洲浙商回归

2005年3月21日,《浙江日报》"之江新语"栏目发表了习近平同志的"跳出浙江发展浙江"一文,文中指出,"跳出浙江发展浙江"要求我们要以战略的思维、开阔的视野、务实的态度去鼓励浙江人走出浙江省进行投资创业;与此同时,浙江省要积极创造一个良好的投资发展环境,吸引国内外企业来省内投资。在"跳出浙江发展浙江"的过程中,广大浙商为国家统筹区域发展做出了巨大贡献,同时在很大程度上延伸了浙江省的产业链,缓解了省内发展的资源压力。

2012年,基于需要帮助浙江省各地度过产业转型时期的时代背景,浙江省政府提出"浙商回归",希望通过这一工程成功进行产业升级,为浙江的经济转型注入新活力。浙商回归,既泛指全国各地的浙商和全世界各地的浙商回到浙江、投资助力浙江的经济发展,也特指杭商回到杭州、嘉商回到嘉兴、湖商回到湖州、甬商回到宁波、婺商回到金华等回乡投资。[12]习近平提出,要鼓励和引导浙商结合省外投资创业和回乡反哺发展,形成"走出去"和"引进来"的双向互动格局。"一带一路"建设,为浙江省的企业提供了走向国际的新通道,更大程度上推动了浙商"走出去"格局的形成。与此同时,海外浙商深度参与"一带一路"的建设,也面临着"浙商回归"的更多新机遇。

自2012年"浙商回归"正式提出之后,广大浙商回归浙江发展已是一种

---

① 程鹏宇:《"一带一路"中的"杭州机遇"》,杭州网,2017年12月7日,http://biz.zjol.com.cn/zjjjbd/hgyw/201712/t20171207_5981446.shtml。

风尚。浙江省委书记李强对所有浙商表示："无论你是在海外还是省内省外发展,都要根系浙江,希望海外和省外的浙商能够动员总部回归、项目回归、资金回归,扎根浙江。"如今,浙江的经济发展面临转型的关键,800万浙商在其中起着非常重要的作用,如何以更好的方式回归创业助力浙江发展是关键。许多海外浙商抓住"浙商回归"的机遇,将投资视线转移回国内,由政府主导、华商抱团发展成为海外浙商回归的新常态。[①]从中餐馆到进出口贸易行业、以及跨境电商等行业,在"浙商回归"的号召下,走出去发展的浙商在各行各业为家乡带回了更好的资源和技术,许多在欧浙商已是"浙商回归"的先行者。

## 1.4.1 浙商回归先行者

### 1.4.1.1 精准投资,反哺家乡

傅旭敏为浙江青田人,是最早回归家乡的浙商之一。与大多数的海外浙商一样,傅旭敏于1989年3月旅居荷兰,以餐饮业开始自己的创业之路,后陆续涉及进出口贸易、工业以及房地产等行业。在19年前,他在荷兰创建了荷兰得力浦集团公司,主营工作是将中国的各种电子产品和工艺品出口到荷兰。

1999年,借着参加浙洽会的机会,傅旭敏发现了宁波良好的区位优势以及投资环境,随后立即在宁波投资成立了第一家公司——宁波得力信电器有限公司。凭借自己投资的敏锐性,傅旭敏不仅在荷兰创造了自己的成就,同时也在国内逐步扩大投资,在宁波的投资累计已超过2700万美元,涉及制造业、贸易、总部经济等多方面领域。[②]2016年6月,位于宁波南部商务区的欧洲华商大厦正式开业。欧洲华商大厦是宁波市"侨资回归、总部经济"的重点项目,是傅旭敏联合欧洲华商会的浙商共同打造的宁波总部经济大楼,大楼总投资3亿元,建筑面积达5万平方米,主要集中在跨境电商行业。

---

① 《海外浙商回归成经济新常态》,世界浙商网,2015年10月12日,http://n.cztv.com/news2014/1099205.html。
② 《访荷兰华商傅旭敏:参加了一次浙洽会 从此扎根宁波18年》,凤凰网,2017年2月15日,http://zj.ifeng.com/a/20170221/5403973_0.shtml。

欧洲华商大厦也为中欧跨境电商产业园,为入驻产业园的小微电商提供了全面的服务,对其发展起到了至关重要的作用。宁波正在全力建设国家跨境电子商务综合实验区,傅旭敏抓住了这一趋势所带来的时代机遇,积极投身于跨境电商行业,助力了宁波的经济发展,为浙商打造了一张有力的名片。

傅旭敏积极推动欧洲华商会的注册成立,并担任欧洲华商会会长,希望能利用自己身份的优势帮助更多的中小企业向欧洲市场拓展,这是浙商回归家乡,反哺家乡的最好例子。面对海外浙商转型的良好时机,海外浙商要积极发挥浙商勇于创新、敢于拼搏的精神,抓住机遇,将自己的优势产业做大做强,同时,积极带动家乡企业走向海外市场。

### 1.4.1.2 发现商机,逆而行之

季冠福来自浙江青田,在小学时就跟随父母去意大利。早在上学期间,季冠福就已经开始自己经商,趁着学习的空闲时间,在摊上卖中国制造的各种商品。2009年,季冠福在回国期间发现,国内的国际一线品牌女装以及箱包的市场做得很大且相对成熟,而国际一线品牌的男装市场却很少有人投入。因此,在"浙商回归"工程的号召下,季冠福离开了从小生活的意大利,回国开始自己的"二次创业"。[①]

青田县有30多万人在世界各地,为了发挥这一海外优势,青田旨在建设"国际名品集散中心",打造了侨乡国际进口商品城。侨乡国际进口商品城是青田县的一张"金名片",被称为青田城里的"欧洲城",有138家来自60多个国家的侨资企业入驻,商品种类有4万多种。季冠福现已是青田米兰皇柜进出口有限公司董事长,是侨乡国际进口商品城第一批入驻的商家之一。他的店铺处于商城的黄金地段,为店铺的发展提供了良好的地理条件。米兰皇柜专做国际一线品牌男装,补充了不成熟的国际男装市场,吸引了大批各地而来的客户。

季冠福发现市场中对国际一线品牌的男装需求很大,善于从中抓住商机,敢于冒险,逆向而行,成为浙商回归成功的又一名片。

①《从意大利到浙江 他把国际一线品牌带回了家乡》,世界浙商网,2017年9月1日,http://n.cztv.com/news/12656253.html。

### 1.4.1.3 打破格局,重返家乡

陈坚是众多选择回乡创业的海外浙商之一。1992年,29岁的陈坚带着"总有一天要把国货摆上欧洲货架,不给外国人留下中国人只会开餐馆的印象"的决心,毅然前往葡萄牙开始自己的海外创业生涯。陈坚发现葡萄牙的大多数华人都聚集在餐饮业,而进出口贸易行业却无华人问津。因此,在1993年,陈坚成立了第一家中国人在葡萄牙的进出口贸易公司,将中国的商品销往南欧。①2000年,他在里斯本建了第一座中国小商品城,这是葡萄牙第一家由中国人经营的集中式专业批发市场。用了8年时间,陈坚凭借自己的力量打破了印度人垄断市场的局面,改变了葡萄牙商业格局,促使中葡双边贸易差距急速拉大。随着经济形势的发展,陈坚发现欧洲的经济在下滑,进出口贸易行业的经营难度不断增加,相比而言,国内则有着无限的发展空间。于是2003年,陈坚决定回国创业。经过6年的考察,嘉兴平湖以良好的区位优势吸引了陈坚最终将企业扎根于此,在平湖建立了亚洲最大的专业进口商品批发市场。

陈坚创办了平湖进口商品城,得到了当地政府的大力支持,陈坚的创业投资已是收获的时候,企业已经连续两年成为平湖市新埭镇的纳税冠军。20多年前,在葡萄牙建立第一个中国小商品城,20多年后,在嘉兴平湖建立了中国贸易新地标;从将"中国制造"商品销往欧洲,到将进口商品带回国内,陈坚成为浙商回归成功的典例,助力了浙江经济的发展,为浙商转型发展提供了强有力的经验。家乡欣欣向荣的发展趋势,让陈坚更加确定了自己回归家乡创业是正确的选择,也坚定了未来在国内、省内发展的信心。

## 1.4.2 "一带一路",共谱新篇

从最初的"跳出浙江发展浙江"到现在提倡的"浙商回归",这两者并不矛盾,其方式方法都在不断深化,[11]怎样从走出去以及回归的方式方法中寻找有助于发展的道路是所有浙商所需关注的。随着"一带一路"倡议的提出

---

① 黄智翀:《陈坚—平湖国际进口商品城董事长》,嘉兴在线,2016年8月18日,http://www.cnjxol.com/video/content/2016-08/18/content_3732976.htm。

与建设的进行,中国企业的"走出去"和"引进来"面临着新一轮的机遇。"一带一路"中的浙江积极推动建设的进行,以更开放包容的态度为浙江企业打开了参与国际经济合作的通道,让更多的浙江民营企业在世界的大舞台上找准了自己的位置。[8]同时,浙江省要积极倡导本省企业通过并购、合作等方式吸收先进技术,鼓励省外、海外浙商充分利用积累的资源和技术回归浙江,提高自主创新能力。

"一带一路"的提出把"跳出浙江发展浙江"和"浙商回归"很好地统一了起来,"一带一路"是一条一以贯之的主线,有助于优化配置全国、全球范围内的资源,统筹利用省内省外、国内国际两个市场两种资源,推动各地区、各国互利合作,共同发展。①在经济全球化深入发展的今天,我们必须要以更加主动的姿态参与经济全球化,跳出国内谋发展,统筹运用国内国际两个市场两种资源。"一带一路"倡议的实施为中国企业"走出去"和"引进来",实现要素和资源的全球流动和全球配置提供了更多的选择和更大的自由度,同时也为各国搭乘中国经济发展的快车提供了更为便捷的道路。"一带一路"是一条合作共赢之路,我们坚信,只要沿线各国彼此尊重、和衷共济、相互合作,就一定能够谱写建设丝绸之路经济带和21世纪海上丝绸之路的新篇章。

## 附录

### "一带一路"倡议的发展时间轴

2013年9月7日,习近平在哈萨克斯坦纳扎尔巴耶夫大学发表《弘扬人民友谊 共创美好未来》的重要演讲,首次提出共建"丝绸之路经济带"的倡议;同年10月3日,习近平在印度尼西亚国会发表题为《携手建设中国—东盟命运共同体》的重要演讲,首次提出共同建设"21世纪海上丝绸之路"的倡议。

2013年12月的中央经济工作会议上,习近平提出2014年经济工作的

---

① 《从跳出浙江到"一带一路"》,浙江在线,2017年8月7日,http://difang.gmw.cn/roll2/2017-08/07/content_119362125.htm。

主要任务之一就是要不断提高对外开放水平,推进"丝绸之路经济带"和"21世纪海上丝绸之路"建设,加强基础设施和海上通道互联互通建设,拉紧相互利益纽带。

2014年11月8日,在加强互联互通伙伴关系对话会上,习近平宣布中国出资400亿美元成立丝路基金。丝路基金的成立,可以有效地为"一带一路"倡议的实行提供融资支持。

2015年3月28日,国家发展改革委、外交部、商务部联合发布了《推动共建丝绸之路经济带和21世纪海上丝绸之路的愿景与行动》。文件中指出,加快"一带一路"建设,有利于促进沿线各国经济繁荣和各区域之间的经济合作,加强不同文明交流互鉴,促进世界和平发展。

2015年12月25日,《亚洲基础设施投资银行协定》的正式生效,标志着亚投行在法律上正式成立。亚投行是全球首个由中国倡议、57国共同筹建设立的多边金融机构。亚投行成为实施"一带一路"倡议的金融基础,有效地推动了"一带一路"的建设,有利于沿线各国贸易投资合作与经济发展。

2016年8月17日,在推进"一带一路"建设工作座谈会上,国家主席习近平强调,总结经验、坚定信心、扎实推进,聚焦政策沟通、设施联通、贸易畅通、资金融通、民心相通,聚焦构建互利合作网络、新型合作模式、多元合作平台,聚焦携手打造绿色丝绸之路、健康丝绸之路、智力丝绸之路、和平丝绸之路,以钉子精神抓下去,一步一步把"一带一路"建设推向前进,让"一带一路"建设造福沿线各国人民。

2017年3月17日,联合国安理会决议呼吁各国推进"一带一路"建设,联合国安理会以15票赞成,一致通过关于阿富汗问题第2344号决议,呼吁国际社会凝聚援助阿富汗共识,通过"一带一路"建设等加强区域经济合作,敦促各方为"一带一路"建设提供安全保障环境、加强发展政策战略对接、推进互联互通务实合作等。决议强调,应本着合作共赢精神推进地区合作,以有效促进阿富汗及地区安全、稳定和发展,构建人类命运共同体。

## 参考文献

[1]陈楠枰,汪场,崔丽媛."一带一路"串联世界新梦想[J].交通建设与管理,2015(7):22-23.

[2]曹颖."一带一路"倡议下中欧合作的前景与障碍分析[D].北京:外交学院,2017.

[3]陈耀."一带一路"战略的核心内涵与推进思路[J].中国发展观察,2015(1):53-55.

[4]刘华芹."一带一路"战略与新时期我国的对外开放[J].服务外包,2015(12):24-27.

[5]刘作奎.欧洲和"一带一路"倡议:回应与风险[M].北京:中国社会科学出版社,2015.

[6]富卓,薛晶晶.欧洲与"一带一路"的回应与风险[J].经贸实践,2016(23):30-31.

[7]周弘."一带一路"与中欧关系[J].南开学报(哲学社会科学版),2017(3):14-19.

[8]陈抗,蔡筱梦,张名豪.浙江民企:踏入"一带一路"新征程[J].浙商,2017(20):50-54.

[9]徐淑华.基于海外闽商比较视角下的海外浙商发展路径研究[J].商业经济与管理,2013(10):32-39.

[10]王春光.流动中的社会网络:温州人在巴黎和北京的行动方式[J].社会学研究,2000(3):111-125.

[11]谢庆.海外浙商与跨境电商可以无缝对接[J].浙商,2017(2):44.

[12]钱津.为何要浙商回归[J].中共宁波市委党校学报,2014,36(3):115-120.

————— 第2章 —————

# 欧洲浙商的经营行为模式研究

## 2.1 浙商在欧洲移民模式

### 2.1.1 浙南地区移民历史

浙南地区多山陵,与浙北大平原相比,浙南只有一些零星的小平原,有"八山一水一分田"之说。自然条件恶劣,且土地资源相对贫乏。地理环境的恶劣造就了当地民众塑造出一种要"走出去"的决心,虽然地理环境不适用于解释一切人类历史发展,但在理解浙南跨国移民历史传统方面,地理环境是一个重要的因素。

谈到浙南跨国移民,乃至近代中国跨国移民潮的兴起,通常要追溯到"青田石"输出的历史,这也与浙南地区的地理环境有关。浙南地区有着丰富的矿产资源。青田地区出产一种特色矿产叶腊石,其中尤以山口叶蜡石矿规模最大,并且是世界闻名的大型叶蜡石矿床。山口叶腊石是一种质地优良的工艺雕刻石料,因地得名而有"青田石"之称。青田石的开采和使用,有着悠久的传统。光绪《青田县志》载:"枫(封)门洞,岩穴深广,可容百余人。"作为浙南地区海外移民最早、规模最大的青田人,正是得益于青田山口叶腊石矿的开发利用和大量外销。

一般认为,浙南地区移民群体的产生肇始于青田县,而青田跨国移民的风行就是受出洋"贩卖青田石致富"传说的影响。青田人具体是何时开始移民海外以贩卖青田石为生,已难考证。据民国二十四年英文版《中国年鉴》所载:"在17、18世纪年间,就有少数人循陆路经西伯利亚前往欧洲大陆从商,初期前往者,以浙江青田籍人为多,贩卖青田石制品。"清道光末期(1842年左右),即有青田方山乡人到俄国的圣彼得堡、明斯克贩卖石雕。同治三年(1864),青田方山乡邵山村杨灿勋绕道好望角到英国经销石雕。这些都是比较具体的有关青田人携"青田石"出国谋生的记录。

显然,青田人携"青田石"出国谋生并非偶然现象,青田石与浙南跨国移民之间当有密切关系。1927年9月,陈里特先生曾在莫斯科就此做过调查。一位早期靠贩卖青田石辗转赴欧的青田老华侨陈元丰向他口述了其亲身经历:"……我们3人从马赛到了巴黎,还到了瑞士,3年一共赚了不少钱。回国后,家乡都听到了这个消息,许多人都照着我们的办法去做。这样青田人去欧洲经商的络绎不绝,最多的时候,青田人在欧洲的达三万几千人。"

从青田地区发端的携石出洋贩卖的风气,后来影响到邻近的温州地区,尤其是直接与青田毗邻的文成县。据文献记载,清光绪三十一年(1905),有东头乡黄河村胡国恒,随其青田县汤乡山炮村舅父,先从上海渡洋赴西欧贩卖石雕,再从欧洲辗转至南美洲,并在阿根廷侨居了10多年。携石出洋贩卖的风气也进一步辐射影响了文成县的玉壶,瑞安县的丽岙、白门、桂峰,永嘉县的瓯北等地。在20世纪30年代中期,文成县及其周边地区先后形成了出洋热潮。可见,浙南早期移民潮正是围绕着青田县为中心辐射展开,青田人携石出洋谋生获利的传闻对其周边地区起到了推动作用。[1]

早期青田移民潮的兴起是第一次世界大战以后,1917年,北京国民政府宣布参加第一次世界大战,英、法等国在中国招募大批劳工赴欧洲参加战地服务。当时,青田县政府开始招募工作,凡是报名的人都会被录取,共招募到2000多人，战后大多定居欧洲，其中在法国就有1000多人。这2000多名青田赴欧洲华工是一次出国的最大批量，使海外青田华侨人数急剧增大。早期陆续赴欧洲行销青田石的商人与"一战"赴欧华工为青田人早期移民潮奠定了基础。继而在20世纪二三十年代形成了青田人赴欧洲移民潮，约有2.5万名青田华侨在这个时期生活在欧洲。青田华侨集中欧洲的格局也由此形成。

青田方山乡龙现村、阜成乡周宅村，在20世纪20年代就有大批人被带到海外，成为著名的华侨村。这与中国人浓厚的家族观念有关。在中国人的传统观念中，亲缘关系和地缘关系占有极其重要的地位。所以，青田移民往往是亲带亲、故帮故，一个人出国了，全家相继移民海外；一个家庭出国后，又以同胞、同宗和联姻关系，将另一个家庭成员进而整个家族带出国，形成了这个地区特有的移民网络，推动了移民潮的发展。

青田早期移民依靠冒险精神为后续的移民打下了基础，家乡的潜在移民在移民的帮助下陆续迁移，逐渐编织移民网络。

中华人民共和国成立后，青田的移民网络经历了几近断裂、逐渐恢复和重新活跃的不同阶段。其间，国内外政治、经济形势发生了巨大变化，青田人的国际移民也经历了从低潮到逐渐兴起、迅速高涨的时期。20世纪五六十年代时，受诸多因素的影响，中国大陆采取了极其严格的出境管理规定，从法律上将出国的合法途径限制到最小。这一时期，无论是移居海外，还是回乡探亲，都出现人数少、规模小的现象，华侨与侨乡的联络几乎隔绝。这段时期，青田的移民网络几近断裂，但是青田移民海外的涓涓细流并没有完全停止。"二战"后，欧洲政治相对稳定，经济随之好转，有利于华侨创业发展，早期移居欧洲的老华侨在艰辛创业中发展，已取得不同程度的成就，但他们的事业面临人手短缺的问题，急需亲人继承、发展产业，但是却难以从位于中国大陆的家乡"带人出来"。老移民想方设法利用一切可能从家乡带来至亲，如荷兰的青田华侨以拥戴社会主义祖国者居多。因此，返乡时他们即以"爱国华侨"的身份，争取家乡父母官对其身份认可，进而提出"父子团聚""事业发展需要帮手以便日后更好支持家乡建设"等合情合理的要求，使家乡有关部门对其网开一面。但是，随着出国审批制度的日益严格，侨乡出国一度比其他地区更难。从1950—1959年，全县批准出国152人，1960—

1965年,全县正式批准出国124人,1966—1976年,批准出国91人。①

随着1971年中华人民共和国恢复在联合国的合法席位,西欧各国相继与中国建立了正式大使级外交关系,在西欧的老华侨纷纷以"家庭团聚"为由,向所在国政府申请自己在中国家庭的亲人移民入境。老华侨与家乡恢复了联系和互动,家乡人如果想出国谋生,必然会找到同乡或同宗族在海外已立足的兄弟帮忙,而后者也认为有义务为对方提供从移居到谋生的支持。20世纪70年代后较早从侨乡出国者,几乎都在国外有"十分过硬"的亲缘关系,他们抵达移居地后都有人接待,有人帮忙安排食宿并直接提供或帮忙寻找工作机会,新来乍到者往往很快就可以进入打工赚钱的新生活。而新移民传回的信息,更令圈外人羡慕不已,在移民网络外的人就会绞尽脑汁进入这个圈子,由于"侨眷"在获得出国护照及出入境签证上都占有优势,因此,在青田就出现了有亲靠亲、无亲"找"亲的风气。于是,人们通过传统的子女联姻、儿女过继"建立"起人为的亲缘纽带。

1978年改革开放后,国家出入境政策放宽,青田人移民网络重新活跃并走向成熟,出国人数激增,形成了青田移民海外的新高潮,并延续至今。据青田县2015年调查结果表明,青田县共有海外华侨、华人、港澳同胞等329296人,其中华侨279646人,华人48262人,港澳同胞839人,其他涉侨人员549人,华侨占总人数的84.92%,分布在世界上121个国家(地区);另外,青田县侨联对温州市青田籍归侨侨眷联谊会、杭州市青田籍归侨侨眷联谊会以及丽水、上海、北京等地的青田华侨做大致统计,发现有5.4万名青田籍华侨以这些国内城市为主要联系地,他们在国外参加的仍是青田同乡会,并一直自称为青田华侨,但是在青田本地已无法具体统计在内;再加上调查存在的漏报率,在国外的青田华侨二、三代和整个家族以及旁系全部移民国外而无法调查的对象,所有这些人全部计算在内的话,青田县估计共有在外华侨22.2万人。20世纪70年代末迄今出国的青田人为目前国外青田人的主体,新移民大都是与移入国老移民有某些联系的人,利用先辈在欧洲业已奠定的移民网络基础,以连锁迁移为途径,通过"家庭团聚""继承财产""餐馆劳工"等方式,大量移民海外。潜在移民与早期移民的联系构成了一个不

---

① 陈慕榕:《青田县志》,杭州:浙江人民出版社,1990年,第642—643页。

断延伸的跨国移民网络,中国人的亲缘关系与宗亲观念是维系网络的纽带,社会网络在提供移民信息、就业机会、创业商机等方面,发挥了无可替代的重要作用,已有网络会促成新网络的产生,而迁移本身也不断促进社会网络的延伸,这是动态变化的过程。任何涉及移民的社会信息一旦进入网络内的信息圈,就会迅速传播。每一个已经出国的乡人都可能是新移民链的起点,由此如滚雪球般引带出一批后续的移民。这样的现象很普遍,以"郑氏家族侨谱"中郑氏家族的连锁移民为例。1936 年,郑氏家族的第一代郑严银先生,率次子和侄儿赴法国谋生,靠沿街叫卖糊口,生活极度困苦。历经几代人 60 年漫长的艰苦奋斗,终于在事业上获得发展,具有一定的财力,家族出国人数也大为增多,如今已多达 153 人。移民网络的扩大,为青田人在海外的发展创造了更多的机会与空间,这也是青田移民潮持续高涨的重要原因。[2]

在中国,无论是在农村还是在城市,都体现了深厚的传统文化背景,如因血缘、地缘、业缘等因素而构成的关系网络等,目前在中国随处可见和亲属、朋友或同乡外出的人。可见,侨乡移民的形成是以已有的社会关系为基础的,具体有两个特点:其一,人们之间的社会关系是已经存在并天然形成的;其二,这种关系原本是非功利性的,但是在移民过程中进行了工具性的使用,诸如血缘关系的利用、姻缘亲属关系的利用、同乡与同学关系的利用等。家族宗族、亲属关系、邻里等社会关系构成了侨乡移民的基础,家庭单位是移民网络的重要组成部分,家族和家庭都是家庭单位的代表元素,家庭单位是支持单位,有着自己的结构特征,即移民的倾向和模式。浙江人的移民出国大都是一人先行,站稳脚跟、略有积蓄后,再将家庭成员一一带走,继而带走整个家族中的人,这样若干代后就在海外形成数十至数百人的大家庭。

## 2.1.2 浙江在欧移民的主要几种形式

浙江在欧移民最先是传统的"亲带亲""邻带邻"移民,其次就是采用"偷渡"的模式出国,后来随着我国海关和国外海关的严查,这种模式逐渐地被淘汰了。2008 年全球金融危机以来,欧洲一些国家如法国、英国,特别是深受债务危机影响的葡萄牙、希腊和塞浦路斯等国家相继颁布和实施了政策宽松的投资移民政策,于是便吸引了众多浙江的投资移民。[3]这种移民模式是各发达国家所欢迎的移民类型,也是可以较为便捷和快速地获取移民身份的新途径。20世纪80年代至今的数十万留学人员中也有一大部分人是来自浙江省,有一部分人学成后,获得居留和就业许可,进入欧洲国家的高等院校任教或从事科研工作,或者进入欧洲国家的大公司技术和管理层,从事技术和管理工作。[4]这也是一种获得移民身份的有效途径。

### 2.1.2.1 "亲带亲""邻带邻"移民

浙江华侨前往欧洲主要有3种形式:一种是上文提及的家庭成员、亲戚之间的相互帮助,即所谓的"亲带亲"。这种模式通常包括两个步骤:合全家乃至全家族之力,筹出一笔资金资助一人先行出国;先出国的人在国外立足之后,要努力工作、省吃俭用,以便尽快积累资金,资助其他亲人出国。二是乡亲父老之间的相互帮助,即所谓的"邻带邻",也是一种常见的出国模式,它多以提供信息的形式出现,这种模式更有利于形成规模效应。三是通过寻找"蛇头"安排自己或者是家人一起出国。早期的浙江沿海民众,因为看见乡亲邻里纷纷出国,但是自己家庭没有好的出国途径,只有通过寻找"蛇头"这种方式出国。早在20世纪80年代中期,就已经有浙江人远赴意大利淘金,最先去打拼的人来自浙江南部的温州及周边。这一地区三面环山,地形崎岖,交通不便,人均耕地面积不到全国平均的1/3,近半数人处于赤贫状态。1985年,浙江这些地方农村人均收入只有118元。

### 2.1.2.2 偷渡移民

同一时期,偷渡"蛇头"开始出现在这些农村。他们告诉村民,在意大利一个月就能挣到2500元人民币,而且政策松,运气好遇到"大赦"就能有合法身份。渴望摆脱贫穷的年轻人禁不住诱惑,向蛇头借高利贷凑够15万元,踏上偷渡货船。若是遇到边关查得严就要绕道,从奥地利徒手攀越−20℃的阿尔卑斯山进入意大利。看着一起来的同乡冻死在山上,也只能继续向前走。初到异乡,这些浙江人在米兰华侨开的中餐馆或服装厂里打工。每天或重复揉搓盘子的动作13小时,或踩18小时缝纫机。这些浙江人每月平均能拿到300欧元,住地下室的房租要扣掉200欧元。最开始的一两年,拿到工资就要转给蛇头,用来还债。①

当时西欧国家的有关部门曾经强调一旦发现非法移民将予以遣送回国,雇主也将被重罚。与此同时,一些国家却又在一定时期一定范围内,对已经入境的非法移民实行有选择、有限度的"大赦"政策,给予非法移民一定的合法机会。20世纪八九十年代西欧对非法移民曾经实施大赦政策的国家主要有法国、意大利、西班牙和葡萄牙等。西欧国家的这种政策,使非法移民产生了一种心理期待,并且吸引非法移民继续涌入这些国家。许多早期浙江前往欧洲经商的移民,通过家庭团聚的正规途径移民欧洲的同时,也有相当数量是通过非法入境移民欧洲,等待这样的一种机遇,由此获取当地合法身份。但是现如今这样的一种"大赦"政策也在变得越来越少,非法移民寻求通过这种方式获得合法新身份的也正变得越来越难了。

### 2.1.2.3 投资移民

在全球流动性日益增强的当代,国际移民已成为普遍的社会现象,传统的那些移民方式也为人们所熟知。伴随着全球经济危机的席卷和欧洲经济的衰退,目前欧洲的一些国家也纷纷出台通过吸纳外资和引进人才来获得持续竞争的优势,避免国家进一步衰落。

投资移民主要包括几个方面的具体要求:①资金要求:包括资产要求和投资资金要求。移入国对个人所应投资的金额做出规定或者考察投资人可能对移入国家所做的投资贡献。②语言要求:移入国会对申请者的语言进行要求。③居住时间:申请者须每年在移入国居住一定时间。

浙江的海外投资移民是中国海外投资移民的主要人群,其中浙江部分海外投资移民会选择前往欧洲大陆,原因是他们的祖辈曾经在历史上前往上述地区生活过,或者是在该地有一些早期通过各种方式已经移民到当地的亲朋好友等关系;其次欧洲是资本主义发源地,市场机制社会法制较为健全和协调。完备的制度和健全的社会机制是其政治稳定的基石,投资欧洲风险度较低;同时欧洲环境质量指数高,空气好,多数欧盟国家被评为世界

---

① 杜绍斐:《统治米兰的温州人》,搜狐网,2017年11月28日,http://www.sohu.com/a/207071733_355996。

最适宜养老的国家,生活品质极高。因此他们对欧洲大陆产生了一种较为特殊的情愫,同时他们在国内也拥有充足财富,这就催生了投资移民这种方式。

投资移民有两种理解方式,一种为投资是移民的一种手段和方式,通过投资移民国所指定的移民项目、为移民国提供创业资金等方式,并且遵循移民国家投资移民的法定程序,即可获得移民身份;第二种理解,投资伴随着移民。中产阶级在积累了一定存蓄资金的基础上,会选择一种可靠的投资方式去实现自己的保值和增值,而一些国家在提供投资方案的同时,设想也是出于这方面的考虑,规定相应投资资金在几年内投资人可以获得相应的利润回报,最终投资成功可以得到移民身份。[6]

表2-1是笔者根据相关资料①汇总编辑而来,其中整理出了浙商选择欧洲作为主要移民目的地国家的优劣势对比情况表。不同的浙商会因自身条件和目的地情况的不同而做出不同的移民选择,表2-1所列的部分欧洲国家的情况,都会成为他们在选择投资移民时考虑的重要因素。

**表2-1 浙商选择投资移民国优势对比表**

| 国家 | 爱尔兰 | 英国 | 西班牙 | 葡萄牙 | 马耳他 |
|------|--------|------|--------|--------|--------|
| 投资金额 | 100万欧元 | 200万英镑(250万欧元) | 50万欧元 | 50万欧元 | 25万欧元(国债)+3万欧元(捐赠)+35万欧元(房产) |
| 国家环境 | 英语国家 | 面临脱欧局势,经济较动荡,投资风险较大 | 非英语国家,生活难度提高 | 非英语国家,生活难度提高 | 非英语国家,生活难度提高 |
| 居住要求 | 每年一天 | 平均每年至少90天 | 须每2年登陆一次更新居留卡 | 第一年住满7天,之后每两年住14天 | 停留最少183天 |
| 入籍时间 | 5年 | 5年 | 10年 | 6年 | 7年 |
| 申请条件 | 无年龄、来源、学历、语言要求 | 有入籍语言考试 | 无资产、来源、学历要求 | 有入籍语言考试 | 无资产来源、语言、学历要求 |

---

① 《欧洲各国投资移民优势对比》,搜狐网,2017年7月21日,http://www.sohu.com/a/158783135_776177。

| 国家 | 爱尔兰 | 英国 | 西班牙 | 葡萄牙 | 马耳他 |
|---|---|---|---|---|---|
| 投资风险 | 欧洲硅谷,投资项目发展前景大,风险低 | 若脱欧,社会、经济较为动荡,投资风险较大 | 以房地产为主 | 以房地产为主 | 分为捐赠、房产和国债三部分,回报率低 |
| 免签国家 | 172个 | 175个,共脱欧,将需要申请欧洲签证 | 170个 | 172个 | 168个 |
| 优势 | 食品安全居欧洲第一;中立国,欧洲最安全稳定的国家之一;连续3年,经济增长欧洲第一 | 老牌资本主义国家,历史悠久,文化灿烂 | 阳光和沙滩、美食等吸引着无数的游客 | 交通便利发达,自然环境优越 | 拥有多个美丽海滩,适合养老 |
| 劣势 | 投资移民项目多种,需仔细甄别其中安全稳定的项目 | 需较多资金,居住要求较高,若脱欧,社会不太稳定 | 国家经济尚未恢复元气,投资风险大 | 工业基础薄弱,农业比重较高,人民生活水平较低 | 国土面积很小,人口密度较高。自然资源匮乏,以服务业、旅游业为主 |

### 2.1.2.4　技术移民

通过知识、技术移民到欧的浙江人,他们没有语言和社会交往障碍,有着广阔的国际视野,基本可以融入欧洲当地的主流社会,他们在国内大多受过良好的高等教育,有着较强的语言沟通能力和社会交往能力,尽管其社交网络依然主要是华人移民网络,但在其工作领域,也拥有了一定数量的欧洲客户关系网络。同时,这种移民政策在短期内效果显著,迅速提高了移民国经济与科技创新能力。作为传统的、典型的欧洲民族国家,德国、英国和法国降低技术人才的标准、缩短技术移民的居留审批期限,给予配偶及其子女以同样的居留期限并获得工作许可的技术移民政策,这样吸引了大批的来自浙江的技术人才。[6]

"一带一路"是中国在新常态下,走向世界,助推世界和平发展合作的重要发展理念。从北京经莫斯科到北欧、从北京经中亚到欧洲大陆,从东南沿海经东南亚、南亚到非洲大陆,"一带一路"贯穿整个亚欧非。从历史上中国移民的走向来看,"一带一路"正是华人走向世界的"路线图",两千多年前中国人从长安出发经中亚走向欧洲,走出了"陆上丝绸之路";从东南沿海冲破重重巨浪"下南洋、走西洋",开辟了"海上丝绸之路"。浙江自古就是海上丝绸之路的重要组成部分,在新的时代,承担着更多的国家复兴和发展的重任,在未来也将会有更多的浙商继续投身于移民的大潮之中。

来自浙江的新华侨华人从业更加多元化,经济科技实力有了很大的提升,而且逐步融入当地主流社会,政治社会地位有所提高,这部分人才的素质和特点决定了他们对于中国软硬实力的转化具有独特的作用。他们既是国家"硬实力"的载体,如投资经商、创新创业等经济活动;也是国家"软实力"的载体,如传承和传播中华文化。他们在促进新兴产业发展、引导外资进入、帮助浙江企业"走出去"实现国际化,推动中外科技、文化交流,讲述中国故事,传播中国声音和开展公共外交等方面发挥了重要作用。[①]

## 2.2 浙商在欧洲开店、办厂模式

第一代从青田出发移民欧洲的人没有多少文化,而且大多是依靠偷渡或者是以"打洋工"的方式出国,他们通过打苦工积累自己的第一桶金。工作非常辛苦,每天要工作18个小时,吃住都在拥挤肮脏的工厂,有人累死在车间。随着他们资本和经验的不断积累,很多人选择自己经商,从而远离血汗工厂。在20世纪90年代中期,他们刚好赶上中国廉价商品制造潮,很多人转而代销国内出口商品,从服装鞋帽到电子产品,价格优势的中国商品迅速占领了当地市场。

在欧洲的青田人留在西班牙的很多,除了"亲带亲""邻带邻"之外,另一个能让他们留下来的原因就是宽松的移民政策。从1986—2005年,西班牙有过6次大赦。1992年巴塞罗那奥运会前夕的大赦,赦免了境内300万非法移民,其中约有10万中国人。2005年底,又约100万非法移民申请大赦,中国人大约为5.6万,通过率为60%。华人在西班牙的职业构成中,30%

---

① 王耀辉:《国际人才蓝皮书中国移民报告(2015)》,社会科学文献出版社2015年版。

做餐饮,30%开食品店和糖果店,20%开服装店和百元店,20%从事进出口贸易。还有部分灰色行业在运转,比如色情业和黑帮。[①]

浙江人在欧洲特别聪明能干、特别勤奋、特别善于钻营。近一二十年来,欧洲国家随着科学技术的发展,劳动生产率大为提高,工人劳动时间大为减少,每周工作时间一般都在30小时左右,有的甚至低于25小时,闲暇空余时间增多了。在高速公路上,在马路边,到处都是旅游、喝咖啡晒太阳的人(德国人除外),亚洲人(包括日本、韩国、中国人)都觉得欧洲人变得越来越懒惰了。但浙江人在欧洲非常勤奋。他们每天的工作时间多达14—15个小时。这么长的工作时间,不要说在西方根本不可能,在国内也是少有的。而且这种做法在西方国家是严令禁止的,如被发现,要被处以巨额罚款。在欧洲的中国酒店,中国老板为了省钱,照样跑堂。

西方国家是高税收、高福利的国家。像法国,所得税高达52%。如果按照法规法令执行,欧洲人也赚不到钱,但浙江人却赚到了钱。浙江人逃税,欧洲人也逃税,不过浙江人逃得更巧妙,更不容易被人发现。浙江人赚钱的另一个诀窍是赚工人的钱。在法国雇用一个工人,月薪需上万法郎,此外老板还要给工人支付一笔数额不小的所得税、保险金等。但浙江老板就不同。前些年,一大批浙江人(主要是温州人)非法出境到欧洲,这批人既没有居留证,又不懂外语,根本不可能到外国企业去做工,绝大部分是被浙江人自己雇用的。这部分人,老板一般每月仅支付6000元(人民币)左右的工资(这些在欧洲来说是最廉价的劳动力),而且因为是"黑人",工人的所得税、保险金也都不必交,劳动强度又大,这些多余的钱当然就都归老板了。

温州人移民欧洲以巴黎为起点,移民欧洲的历史可追溯至1914年第一次世界大战,浙江沿海居民受雇到英法当后勤佣兵。战争结束后,绝大多数乘船回国,留在法国人数相当少。数十年来,各自谋生,虽部分集中在巴黎第3区的几条批发街,却如"隐身"市区,法国社会几乎没感觉到这个移民团体的存在。

从20世纪80年代下半期中国加快开放步伐以来,温州地区移向海外的

---

① 《浙江山区大穷县一半人偷渡移民欧洲,当地村民违规致富多多》,天涯社区,2016年9月12日,http://bbs.tianya.cn/post-worldlook-1735275-1.shtml。

人数剧增,创造了偷渡集团"繁荣"商机。到了20世纪90年代,温州地区可以用"人去楼空"来形容,因为大家都想到欧洲去了。

每个温州老板白手起家的背后都有一段辛苦的奋斗过程。有的人在年轻时来到法国,先住在亲戚家,来了之后就是学手艺,每天坐在机器前十六七个钟头,累了就睡在机器旁,醒来继续干活。在拼了七八年后,开始做代工,替人赶货,每天推着超市的手推车取货送货,暗无天日地赶工,直到拿了居留证。①

有了居留证立刻开店,早期只有一个小店面,后来越做越大。由于买商铺要几十万欧元,所以他们通常会在当地找同乡借钱,温州人之间互通有无,以民间标会取代银行的融资借贷,民间标会有纯粹协助无分毫利息的"干会"。

现在浙江人在欧洲,从经济上来看,大多经营饮食业和服装、皮革业,而且规模都不大,还很少有人经营重工业、金融等一些重要的产业,更没有产业、金融巨头。[7]

随着时代的不断变迁,有相当一部分浙商对过去的原始经营模式不太认可,目前也正在寻求转型。从20世纪八九十年代的出国潮至今,来海外打拼多年的浙商积累了几十年的经验。企业转型也表现出了四大特征:从家庭企业向家族企业转型;从一人扛向团队合作转型,团队力量不断加强;聘请职业经理人,专业素养得到提升;商品采购不再单纯依靠中国产品,而是聚集多国商品,推广并销往世界各地。

### 2.2.1 服装和皮革加工行业

行业现状:作为欧洲浙商传统产业之一,服装加工和皮革制品行业应该是欧洲浙商的重要产业。在南欧,尤其是意大利、西班牙和法国等国,服装加工和皮革业在浙商经济中占有重要地位,同时这些产业在浙江省内也是优势产业,这些在国外的浙商可以根据自己在家乡学习到的经营理念和先进的生产工艺流程带到欧洲。如,意大利服装和皮革加工厂集中在佛罗伦

---

① 《亚洲周刊:温州人欧洲白手起家》,中国网,2007年11月13日,http://www.china.com.cn/international/txt/2007-11/13/content_9220064.htm。

萨和普拉托,仅普拉托一地,就有许多浙商经营的制衣厂、纺织厂、皮革厂等,浙商的制衣业已成为当地经济支柱之一。佛罗伦萨和普拉托工业区也是浙商皮革加工的中心,为意大利名牌产品进行加工。而在法国巴黎,由华人浙商开办的制衣厂就有很多家。仅第11区就聚集了4条著名的服装街,其中多为浙商华侨华人经营。

欧洲浙商经营的服装和皮革加工业,经营模式大致雷同,即由欧洲当地进行设计,这样可以很好地吸收借鉴欧洲时尚的设计视角,同时也会符合欧洲当地人的审美,然后将这些设计产品送到浙江省内进行生产、加工,借助浙江省内发达的制造产业集群,可以充分地降低生产所需成本和利用国内劳动力廉价且丰富的优势。这样的模式使得浙商经营的服装和皮革既具有欧洲最为流行的设计,又具有价格上的优惠,深受欧洲的民众所喜欢。在销售上,浙商多以批发为主,部分浙商帮助欧洲一些服装、皮革设计企业做代加工服务,产品定位多是中低端市场,浙商在将这些商品带回国内生产加工的同时,也将这些产品深深地打上了浙江的烙印,为更好地宣传我国的"一带一路"政策打下坚实基础。

### 2.2.2　浙商需面对的问题

浙商的制衣和皮革加工行业面临着许多复杂的外部发展环境,由于浙商在欧的服装和皮革行业发展不断扩大,对所在国当地会造成不小的冲击,原当地同行业人的利益分配均衡状态就受到挑战甚至遭到破坏。当地的同行就会对浙商企业产生敌视和报复,而且当地政府、行业协会也会保护当地企业,对于浙商企业的限制和打压也就在所难免。当年的西班牙埃切尔烧鞋事件让人印象深刻,青田籍商人陈九松总计16个集装箱、1.2万箱温州鞋被付之一炬,直接经济损失约800万元人民币。[①]

在欧浙商主要生产、贩卖低端市场的产品对行业今后发展壮大不利。目前欧洲浙商华侨华人制衣和皮革加工业的产品主要定位于低端市场,这样定位对企业前期资本积累有所帮助,但很容易使欧洲人形成"中国货就是

---

① 《西班牙烧鞋事件》,百度百科,https://baike.baidu.com / item/% E8%A5%BF% E7%8F% AD% E7%89%99%E7%83%A7%E9%9E%8B%E4%BA%8B%E4%BB%B6/2874104?fr=aladdin。

低档货"的意识,对于今后浙商以及海外华侨华人制衣和皮革加工企业发展壮大,创立产品品牌,改变产品定位相当不利。

中西文化的差异也使浙商企业的发展受到一定制约,例如浙商企业和工厂在周末进行加班工作、超时经营是常事,以及很多浙商企业选择经营扎堆,他们从当地人手中买下店铺后,进行"单一行业"经营,走国内浙江省发展产业集群"老路"。但是这对周围居民生活产生了影响,使得当地居民对当地浙商企业产生抵触情绪。例如,巴黎第11区区政府曾于2004年发动罢工,抗议所谓的"单一行业"——温州人将这一带的店铺买下后,全数经营服装批发,街区失去生活机能,严重影响当地居民的日常生活,当地居民要买面包得走30分钟,心中的怨气可想而知。在意大利米兰也发生过类似现象,米兰市华人街一带的居民对温州批发商的观感、当地市政机构与警察所采取的对策,与巴黎第11区类似。

从法国、意大利、西班牙到葡萄牙,欧洲大陆总有一些不大不小的"反华集团"。究其原因,除了生活习惯差异、语言隔阂、与华人大量"入侵"所形成的威胁外,温州人在商业上的爆发力使当地同行在惨烈竞争后节节败退,也是很重要的原因。

行业发展趋势:服装和皮革加工行业属于高利润行业,而且产品间的差异性很小,浙商华侨华人企业的成本优势和价格优势将在较长的一段时期内继续存在。但随着经济全球化的发展,欧洲众多制衣和皮革加工企业也逐渐开始将制造、加工等劳动密集型工种向拥有丰富廉价劳动力的泰国、印度、菲律宾等国转移,华侨华人服装和皮革加工行业所拥有的成本优势空间将日益受到挤压,企业的生存发展将面临困境。因此,激烈的商业市场竞争将会淘汰实力和经营较差的企业,而拥有较强经济实力和完善管理的欧洲浙商华侨华人制衣和皮革加工企业将得以生存并进一步发展,它们将调整产品和品牌定位,改变低价竞争模式,加强技术改良和创新,以良好的品质和精巧工艺进入中高端市场,树立若干知名华人企业品牌。以这些企业和产品品牌为依托,整个华侨华人制衣和皮革加工行业的形象将得以提升。

### 2.2.3 在欧浙商推行"义乌模式"

义乌中国小商品城被誉为"全球最大的小商品批发市场",为了响应国家"一带一路"倡议,推动义乌市场"走出去",义乌抢抓机遇,充分发挥市场和改革优势,着力打造"一带一路"倡议支点城市,义乌开通了横跨中亚欧洲大陆的"义新欧"中欧班列,已成为推动中国与欧洲贸易的重要平台,同时积极推进义乌市场"走出去",以"义乌中国小商品城"为纽带,加强质量监管、管理服务等方面合作,共同推进市场联动发展。①

2014年12月,义乌始发的首趟货运班列到达马德里时,很多华侨自发地前往火车站欢迎,在现场有不少老华侨流下了激动的眼泪。从义乌开往马德里货运班列的双向常态化运行,为义乌小商品打开欧洲市场提供了更为便捷、实惠和快速的物流通道。在此基础上,义乌小商品市场也将尝试开辟更多义乌通向欧洲、中东城市的班列。

2017年1月1日,从义乌至英国伦敦的中欧班列始发。至此,品类众多的义乌小商品和英国保健品、奶粉等通过该班列往返于中英之间。2017年8月4日,捷克布拉格至义乌的中欧班列首发,这是第一条从欧洲首发的义乌系中欧班列,2017年9月9日,义乌至布拉格的中欧班列首发。至此,有9条义乌系的中欧班列成功开行。据统计,2017年1—9月,义乌系中欧班列往返运行112次,运送9876标箱,同比增长105.4%。义乌与"义新欧"沿线国家进出口增势明显,2014年进出口总额为207.52亿元,2015年为251.41亿元(增幅21.15%),2016年为273.83亿元(增幅8.92%)。

"义新欧"仅仅是义乌抢抓"一带一路"发展机遇的一个缩影。近年义乌市与"一带一路"沿线国家进出口增长明显,2012年为247.59亿元,到2016年增长为1139.9亿元。截至2016年底,义乌经备案在"一路一带"沿线国家投资项目39个,境外中方投资额8478万美元,遍布西班牙、葡萄牙、英国、俄罗斯、捷克等国,涉及服装加工、物流和海外仓等领域。②

---

① 洪昱:《"义乌中国小商品城"首个海外分市场落户波兰华沙》,人民网浙江频道,2016年3月13日,http://biz.zjol.com.cn/system/2016/03/13/021063330.shtml。
② 澎湃新闻(上海):《"义新欧"中欧班列运营千天:线路增至9条,辐射34个国家》,网易新闻,2017年10月18日,http://news.163.com/17/1018/16/D11SN0HA000187VE.html。

　　"一带一路"的实施,通过与陆路和海上沿线国家的合作,不但贸易壁垒等会减少甚至消除,通关更加便捷,通关成本也会明显下降。以前义乌制造、浙江制造的许多产品都是通过别人走出去,将来我们的产品自己走出去更为便利,无论是产品价值还是品牌价值都将得到快速的提升。①

　　近年来,随着杭州作为国务院批准设立的中国首个跨境电子商务试验区,使得杭州在跨境电子商务中所能探索和应用的领域更加灵活和多样。跨境电商通过互联网连接生产商与消费者,实现"买全球、卖全球",相当于搭建了一条网上丝绸之路。②发展跨境电商有利于促进中国与"一带一路"沿线国家经贸交流与合作,同时这种新的政策也是广大浙商在欧洲开店办厂经营的新模式。"一带一路"对浙商来说是难得的第二次"走出去"历史性机遇,以前"走出去"的方式是产品输出,通过外贸方式将大量的浙江制造输出海外。③如今新一代的浙商必须要具有国际化视野,实施国际化的战略和发展布局,组建国际化运行团队,打造国际化品牌,积极融入"一带一路",走向西部,走向海洋,走向世界。

　　"一带一路"倡议的实施,也为浙商再次进入欧洲市场提供了政策支持。浙江要发挥跨境电商的发展优势,打造线上线下融合发展的"网上丝绸之路",构建"一带一路"新格局,从而开拓出浙商在欧洲经营开店、办厂新模式。

## 2.3　浙商在欧洲贸易模式

### 2.3.1　中国对欧投资一览

　　近年来,中国对欧洲地区投资总体呈上升趋势。2016年,中国对欧盟投资增长迅速,中国企业在欧并购积极性较高,大型并购项目不断涌现。投资

---

① 《对外投资+贸易:"一带一路"战略下浙商"走出去"的新机遇》,中国贸易金融网,2015年4月19日,http://www.sinotf.com/GB/News/1001/2015-04-09/zOMDAwMDE4ODYzOA.html。
② 张汉东、江于夫:《发挥浙江跨境电商优势　加快推动一带一路建设》,浙江在线,2017年5月15日,http://zjnews.zjol.com.cn/zjnews/zjxw/201705/t20170515_3895995.shtml。
③ 鲍志成:《浙江深入融入"一带一路"的四大优势和六条路径》,人民论坛网,2017年12月7日,http://www.rmlt.com.cn/2017/1207/505279.shtml。

行业日益多元化,涉及采矿业、制造业、金融业、批发和零售业、租赁和商务服务业等多个领域。对欧承包工程业务略有收缩。

2016年,中国对欧洲地区直接投资流量106.9亿美元,同比增长50.2%,占当年直接投资流量的5.4%。其中,中国对欧盟的投资快速增长,流量金额99.9亿美元,同比增长82.4%,占对欧洲投资流量的93.5%。如图2-1所示。

（亿美元）

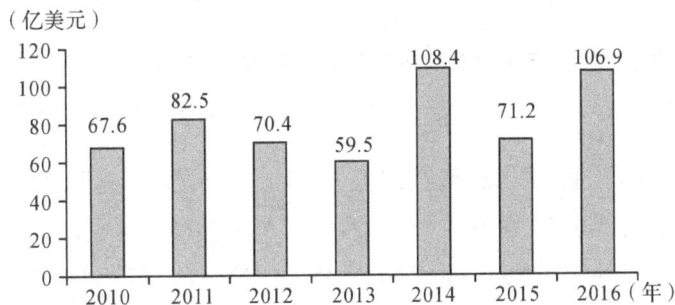

图2-1 2010—2016年中国对欧洲直接投资流量图

数据来源:商务部、国家统计局、国家外汇管理局《2016年度中国对外直接投资统计公报》。

截至2016年底,中国在欧洲地区投资存量为814亿美元,占中国对外直接投资存量的6.4%,主要分布在荷兰、英国、俄罗斯、卢森堡、德国、法国、瑞典、挪威、意大利等国家。

从投资流量上看,2016年,中国对欧洲地区投资在10亿美元以上的国家依次为:德国(23.8亿美元)、卢森堡(16.0亿美元)、法国(16.0亿美元)、英国(14.8亿美元)、俄罗斯(12.9亿美元)、荷兰(11.7亿美元)。以上6国占中国对欧洲投资总额的88.2%。截至2016年底,中国企业在欧洲43个国家和地区设立了境外机构,覆盖率达87.8%,仅次于亚洲。在欧洲设立的境外企业4100多家,占境外企业总数的11.3%,主要分布在俄罗斯、德国、英国、荷兰、法国、意大利等国家。如图2-2所示。

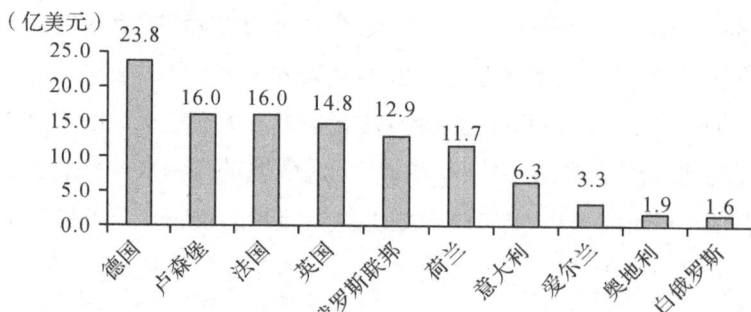

**图2-2　2016年中国对欧洲直接投资流量国别和地区分布前10位图**

数据来源：商务部、国家统计局、国家外汇管理局《2016年度中国对外直接投资统计公报》。

中国对欧洲地区投资行业日趋多元化，涉及近20个行业领域。从投资存量上看，主要分布在5个行业领域，依次为采矿业（27.3%）、制造业（20.1%）、金融业（16.6%）、批发和零售业（9%），以及租赁和商务服务业（8.1%）。上述5个行业投资存量合计707.6亿美元，占中国对欧洲投资存量的81.1%。如图2-3所示。

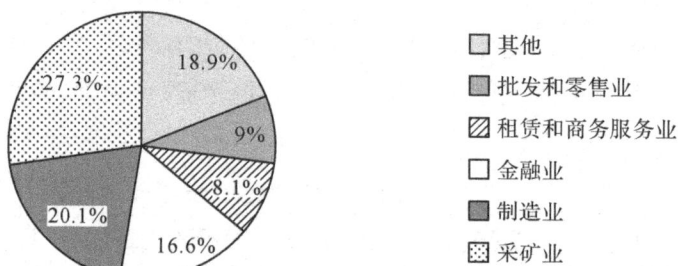

**图2-3　2016年末中国对欧洲直接投资存量行业分布比重图**

数据来源：商务部、国家统计局、国家外汇管理局《2016年度中国对外直接投资统计公报》。

从投资存量上看，中国对欧盟投资的主要行业领域依次为：制造业160.7亿美元（23%），主要分布在英国、德国、瑞典、荷兰等；采矿业153.4亿美元（22%），主要分布在荷兰、卢森堡、法国、比利时等；金融业140.5亿美元（20.1%），主要分布在英国、卢森堡、法国、德国等；批发和零售业72.6亿美元（10.4%），主要分布在荷兰、法国、英国、德国、卢森堡等；租赁和商务服务业55.8亿美元（8%），主要分布在英国、卢森堡、荷兰、德国等。中国对俄罗斯投资的主要行业领域依次为采矿业61.8亿美元（47.6%）、农/林/牧/渔业30.1

亿美元(23.2%)、制造业11.6亿美元(8.9%)、租赁和商务服务业11.2亿美元
(8.6%)、批发和零售业4.1亿美元(3.1%)。

欧洲地区是中国企业并购的主要目的地。从实际并购金额上看,2016
年,中国企业对外投资项目分布的前10个国家和地区中,4个属于欧洲地
区,依次为德国、芬兰、法国、英国。主要并购项目包括:腾讯控股有限公司
等41亿美元收购芬兰Supercell公司84.3%股权;北京控股集团有限公司
16亿美元收购德国垃圾焚烧发电厂运营商EEW公司;三峡集团15亿美元
收购德国稳达公司(WindMW)80%股份等。

2016年,中国对欧洲承包工程业务略有收缩,新签合同额和完成营业额
均有所下降。新签合同额101.2亿美元,同比下降17.2%;完成营业额79.9
亿美元,同比下降9.1%;分别占当年中国对外新签合同额和完成营业额总额
的4.1%和5%。

按照新签合同总额排序,主要国别市场分别为俄罗斯(14.9亿美元)、
法国(13.6亿美元)、白俄罗斯(11.0亿美元)、英国(7.2亿美元)、德国(6.0
亿美元)。

中国企业对欧洲承包工程新签合同额的行业分布中,通信工程建设项
目占48.4%,一般建筑项目占14%,电力工程建设项目占10.1%,石油化工项
目占8.3%。

浙江在"一带一路"沿线国家的境外经贸合作区建设走在全国前列。浙
江在"一带一路"沿线国家有5个境外经贸合作区,其中4个为国家级园区,
分布在泰国、越南、俄罗斯、乌兹别克斯坦、塞尔维亚5个国家。园区基础设
施总投资约为6.07亿美元,共带动249家企业入园投资20.07亿美元,吸引
入区企业269家,投资金额约25亿美元,其中浙江企业65家,投资达到了约
8亿美元,境外经贸合作区充分利用浙江产业配套良好的优势,加强产业
集聚。[1]

从浙江在海外的投资规模来看,亚洲占57.17%、欧洲占27.34%、北美洲
占8.53%、大洋洲占2.96%、南美洲占2.5%、非洲占1.36%。

---

[1] 潘晓亮:《中国在"一带一路"沿线的境外经贸合作区已达23个》,中国经济网,2016年,5月6日,http://finance.huanqiu.com/roll/2016-05/8868231.html。

从项目数来看,美国、德国、印度尼西亚、澳大利亚、意大利、缅甸、印度等国家和地区是企业境外投资项目的青睐之地。

值得一提的是,本次调查涉及"一带一路"沿线国家的项目有47个,分别分布在22个国家和地区,占总项目数的29.01%。从投资规模来看,除去3个投资预算未做的项目,其余19个项目投资规模为37.79亿美元,占全省总额的53.41%。22个国家中,投资金额排前4位的为印度尼西亚、缅甸、印度和柬埔寨,分别占全省"一带一路"沿线国家意向投资总额的48.19%、15.37%、7.99%和7.22%。而单从项目数量来看,印度尼西亚、缅甸、泰国、新加坡成为企业"一带一路"沿线投资热衷目的国。[1]

### 2.3.2 浙商在欧投资模式

意大利华侨华人333986人,具有欧盟永久居留达154473人,占总人数的一半左右,但初中文凭的人数高达66%。这充分说明了一个问题,我们意大利华侨华人的成人再教育在居住国是被边缘化的。

意大利华商企业2008年为46500家,2016年已经超过7万家。也就是说,欧洲华商经济在欧债危机当中从数量上普遍逆势增长了50%;欧洲华侨华人250万人,华商企业25万家,一家按3—4口人计算,是75万—100万人,25万家每家雇用3—4个员工,也是75万—100万人,两者相加150万—200万人。也就是说,我们欧洲华侨华人的60%—80%就业是在欧洲华商经济内解决的。[2]米兰有1.9万名中国人。这其中,80%是浙江人,每5个人里就有1个商人[3]。截至2015年,浙江人在意大利经营66050家企业,仅2015年一年,他们就为意大利创造了约60亿欧元产值。如果没有这些产值,意大利经济增长率将被削掉30%。

在欧洲各国,自20世纪80年代中期以来,以浙商为主建立的以经销"中国制造"商品为主的大型商品批发市场就不下数十家。在法国巴黎,巴黎第

---

① 《浙商境外投资热情不减"一带一路"沿线国增长明显》,青年时报,2017年5月5日,http://zjnews.zjol.com.cn/zjnews/hznews/201705/t20170505_3564827.shtml。
② 韩载:《传统贸易起家 在意华人投身欧洲华社教育》,欧洲时报,2017年12月30日,http://www.oushinet.com/qj/qjnews/20171230/281207.html。
③ 东方视线:《浙江老板娘成了Gucci大片里最火的模特,勤劳的浙江人"统治"了米兰!》,搜狐网,2017年12月1日,http://m.sohu.com/a/207791094_526872。

3区、第11区、第12区、第13区、美丽城等地,则形成了诸多海外浙商聚堆经营的商业街,每条街道主营一种或数种商品,以群体的合力来增强商品的竞争力。近20多年来,海外浙商在意大利普拉托经营的纺织业的迅速崛起便是明证。作为欧洲著名纺织品集散地的普拉托,95%的纺织批发企业已被华人并购,其中大部分是温商。[8]

### 2.3.3　浙江省对"一带一路"欧洲方向投资合作

浙江对外直接投资主要集中在亚洲、北美、欧洲等市场。其中,跨国并购项目主要集中在欧、美、日等发达国家和地区;国际产能合作项目主要集中在"一带一路"沿线的亚洲国家。目的地有美国、瑞典、德国、越南、墨西哥、阿联酋、新加坡等国家和地区。

浙江工程承包市场主要集中在亚非国家,亚非两大洲市场占比在7成左右。非洲市场和亚洲市场基本对等,目前非洲处于萎缩过程,亚洲市场则增长较快。在亚非传统市场仍为主流的同时,拉美、北美等新兴市场也取得了稳定增长,浙江境外工程承包市场得到了较大的改善。占比较大的国家有阿尔及利亚、澳大利亚、阿根廷、秘鲁、越南、埃塞俄比亚、委内瑞拉、尼日利亚等。[9]

以项目为抓手,务实推进"一带一路"工作。首批梳理64个沿线国家重点企业重点项目50余项,并进行重点跟踪和服务。联合国开行浙江省分行、中国进出口银行浙江省分行、中信保浙江分公司在京主办"浙江省丝路沿线合作项目对接交流会",力争协同推进企业、项目获得国家政策性基金支持。重点推动"义新欧"常态化运行,加强对义乌市政府和"义新欧"营运商的指导,争取省财政资金专项支持,并积极向省委、省政府以及商务部获得支持。继续推动《加快浙江省国际营销网络建设三年行动方案》《加快浙江省对外承包工程发展三年行动方案》《进一步做好境外投资合作工作,加快培育浙江本土跨国公司实施意见》的组织实施。贯彻落实推进国际产能和装备制造合作指导意见精神,研究制订《关于组织推进承包工程"联盟拓市"行动方案》,并抓紧组织实施,巩固浙江传统市场份额和优势领域,通过企业间成立联盟实现市场和领域的新突破。

建立政银定期沟通协商机制,共享项目信息,为需求企业提供精准融资服务。针对企业融资难问题，商务厅联合省财政厅、中国进出口银行浙江省分行、中信保浙江分公司印发《浙江省"走出去"融资与担保服务平台管理办法》，成立专项工作协调小组，已确定首批进入平台项目7个，融资金额超过1亿美元。先后与丝路基金、中投集团、建银国际合作，研究筹备设立省国际投资合作产业基金。

建立了对外投资合作安全监测、风险评估机制。根据中央有关部委的统一部署，浙江省商务厅会同省外办等有关单位建立了对外投资合作境外安全风险监测和预警机制，定期向对外投资合作企业通报境外安全信息，及时发布安全预警。指导对外投资合作企业根据所在国家或地区的安全状况，制订安全防范措施和应急预案，要求企业明确专门人员负责安全防范工作，落实保护人身和财产安全所需的经费。

加强公共服务平台的打造，充实完善境外投资数据库和应用系统的支撑工作。研究制订96357平台境外投资合作板块的管理办法，签署商务厅机关、境外投资企业协会和96357平台的合作协议，推进有关项目对接、专业机构网络、团队建设、管理应用、服务推广等工作。发挥浙江省对外承包工程商会、浙江省境外投资企业协会服务作用，搭建"走出去"企业经验、教训交流的分享平台，政策咨询、信息共享的服务平台，协助组织企业参加各有关经贸活动。

市场是投资的先导，浙江作为一般贸易出口大省，决定了浙江企业必须积极"走出去"进行全球投资布局，开展跨国经营，才能不断巩固和扩大国际市场占有率。目前全球经济仍未走出金融危机后的低迷，专利技术、高端品牌等优质资产价格仍处于历史低位，也吸引着浙江企业寻找相关标的，加以收购。国内产能过剩也倒逼企业"走出去"进行国际产能合作，承揽工程。可以预见，今后一个时期浙江境外直接投资仍将处于快速增长期。工程方面，传统市场受到油价下跌影响，新市场开拓仍有待加强，未来一到两年形势不容乐观。

浙江对外投资合作的下一步工作思路是要与国家战略实施、省内产业升级、拓市场稳增长等紧密结合，加快浙江产业和企业在技术研发、加工制造、市场渠道、资源保障在全球的布局。培育一批跨国经营的行业内领军企业，成为浙江参与全球经济合作竞争的骨干力量。打造一批国家级海外投资合作平台,成为浙江在海外经济交往、开展合作的战略节点。[①]抓好跨国投资,推进国际产能合作。抓好对外承包工程,推进集成联盟。

中东欧国家经济基础扎实,自然资源禀赋好,科技教育水平高;同时浙江也是我国的经济大省,工业尤其是装备制造业体系完备,资金充足。双方将实现优势互补,产业对接,共同发展。近年来,通过举办历届中国—中东欧博览会,浙江已经形成一批国字号的平台和实实在在的合作成果,而宁波更在全国率先成立了中东欧合作促进领导小组、宁波中东欧国家合作研究院,并推出一系列相关政策措施,在抢抓与中东欧国家的合作发展机遇中,浙江下了先手棋。浙江已成为中国与中东欧合作发展中的排头兵。

论贸易往来,2016年浙江与中东欧国家实现贸易额84亿美元,比上年增长8.5%,占全国份额已超过14.3%,远大于2016年浙江进出口额占全国比重9.1%这一数字。可见,中东欧国家已成为浙江外贸的重要市场,浙江对这一市场的挖掘走在全国前列。

论双向投资,中东欧国家在汽车制造、造船、航空等方面有着全球领先的生产能力,在需求上与正在转型升级中的浙江十分契合,同时中东欧国家以中小企业居多,在企业结构上更与浙江"门当户对"。近年来,国贸新能源、宁波东方日升新能源、温州外贸工业品等浙江企业已在罗马尼亚、保加利亚等中东欧国家投资兴业。

2017年,在政策沟通,数据显示,浙江与中东欧16国的40多个城市建立了友好关系。而中国已与中东欧国家建立149对友好城市,浙江在其中占到了近3成。

### 2.3.4 浙商海外投资并购案例

#### 2.3.4.1 杭州机床集团收购德国abaz&b磨床有限公司案例

**(1)案例描述**

杭州机床集团(下文简称"杭州机床")于2001年经改制成立,其前身是创建于1951年的著名磨床研究制造企业——杭州机床厂,现已发展成为国

---

① 陈佳莹、段琼蕾等:《中东欧劲吹浙江风》,《浙江日报》2017年6月11日第3版。

内大型精密数控机床装备制造商,浙江省龙头骨干企业。杭州机床同德国abaz&b磨床有限公司(下文简称"德国磨床")通过长达一年多的沟通洽谈以后,最终在2006年斥资600万欧元收购德国磨床60%股权,德国磨床是欧洲四大磨床制造企业之一,始建于1898年,在德国阿沙劳堡、劳特林根和美国南卡洛里那分别建有3个工厂,总资产达2400万欧元。多年来,该公司致力于拓展亚洲特别是中国市场,但因股东之间矛盾分化而陷入经营困境。这一收购预示着浙江公司海外收购的最大一桩交易完成,同时这也是浙江企业海外并购第一例。

**(2)杭州机床并购德国磨床的过程**

杭州机床自2001年整体变革成民营企业以来,它的生产效益以年均约40%的增加速度快速发展,已跻身于中国机床领域前十强。2004年,杭州机床制订3年滚动发展计划时,确立了"进入国际著名机床公司第一方阵、创建百年杭机"的集团经营目标。杭州机床想要利用寻找国外合作伙伴来完成这一经营目标,同时对许多境外企业实施了考察、商谈,虽具合作倾向,但对方要求必须于合作中控股,指出杭州机床合资后不允许再生产同合资企业相似的磨床产品,只可以以机床功能零件生产公司的身份为其配套。然而杭州机床实行国际化目标、向国外拓展有自身的原则,即不可以由于国外拓展而失去经几代人创建的"杭州"平磨品牌,于是同许多外方的商谈从此作罢。

2005年1月,大连机床企业举办了直线导轨磨床世界招投标会,其中德国磨床与法利图等4家境外企业同杭州机床参与了投标。在招投标会上,德国磨床与杭州机床均互相注意了对方。同年4月,于北京世界机床展会双方又一次碰面,同时实施了初步商谈。然后,双方互相进行了多番考察、商谈,杭州机床还特地邀请境内高级机床专家梁训碹共去德国考察,对德国磨床具备了相对深层的了解。

同年7月,杭州机床在同德方做了深一层互相了解的条件下,签署了《相互理解备忘录》。接着,双方进行了《战略合作伙伴关系实践性调查报告》,探究了两个企业的优劣长短与合作前途以及对接融合等一些内容。

2006年4月8日,德国磨床CEO豪尼切克等人特地赴中国杭州签署《战略合作意向书》,合作的大致框架初步建成。杭州机床通过董事会、股东大会积极讨论与审议,通过了并购德国磨床60%的股权、构建战略合作的决议。随后,杭州机床高层领导又去德国,同德国磨床对股权收购、战略合作和融合对接等问题的部分细节进行了深入磋商,同时拟签了协议。

2006年6月9日,杭州机床同德国磨床终于正式签订了《股权收购合同》,杭州机床出资600万欧元并购德国磨床60%的股权。

**(3)杭州机床收购德国磨床的意义**

对于杭州机床来说,通过此次海外收购将受益匪浅:第一,能够吸纳德国磨床的高端技术,增强产品研发水平。第二,拓展市场份额。杭州机床根据这次跨国合作,会更迅速地创建全球营销网络,开发国外市场,增加产品的市场数量与质量。第三,缩减生产成本。杭州机床同德国磨床联盟之后,准备共建国际采供系统,实施采购、生产等方面的对接与分工,把德方擅长的配套采购同中方的生产成本优势结合,将很大程度上缩减产品成本,提升产品竞争力。第四,杭州机床利用这次海外收购能够创建一支了解国际化运营规则、精通国际化技术的多方面人才团队,借此提升企业的形象与水平,极大缩减了进入国际著名机床公司第一方阵的进程。[10]

杭州机床这次海外并购,在浙江公司实行海外并购中也将达到模范带领的作用。杭州机床同境内外的知名机床企业相比,尚有一定差距,然而面对剧烈的竞争,杭州机床努力走出国门,面向世界,参加海外并购,展示了莫大的勇气与战略目光。这对一些即将实行跨国并购或是正决定实行跨国并购的浙江公司是非常大的鼓励。杭州机床的这一举动,无疑为浙江企业走出去开了一个好头。

### 2.3.4.2 吉利收购沃尔沃案例

**(1)项目介绍**

浙江吉利控股集团始建于1986年,从生产电冰箱零件起步,发展到生产电冰箱、电冰柜、建筑装潢材料和摩托车,1997年进入汽车行业,一直专注实业,专注技术创新和人才培养。现资产总值超过2000亿元,员工总数超过7万人,连续6年进入世界500强。

自2008年美国金融危机以来,中国汽车制造企业抓住机遇,积极拓展国际市场并参与国际并购,促进本国汽车工业生产水平的进步。2012年,我国企业累计出口汽车1056091辆,同比增长29.70%,首次实现百万辆汽车出口的目标,其中奇瑞、吉利和长城这3家自主品牌车企位列2012年出口前3名。特别是吉利在2010年3月28日宣布与福特公司签署最终股权收购协议,以18亿美元收购沃尔沃汽车公司100%的股权以及相关资产,不但开创了中国车企并购世界知名汽车品牌的先例,还奠定了跨越式发展的技术基础。[11]

吉利收购沃尔沃案例主要涉及浙江吉利控股集团有限公司、美国福特公司和瑞典沃尔沃汽车公司。从2008年底福特明确要出售沃尔沃并收到吉利第一次提交的竞购建议书,到2010年福特与吉利最终签署协议,整个收购历时2年。

**(2)并购后整合经验分析**

"一带一路"互联互通项目的重要目的之一就是推动沿线各国发展战略的对接与耦合,企业并购后的整合可以通过不同企业之间文化、管理等方面的吸收借鉴促进本国产业的革新与升级。众所周知,企业并购只有在整合上取得了成功,才能成为一个成功的并购,否则只是在财务上的操作,这将导致业务和财务上的双重失败。由此,吉利成功收购沃尔沃仅是一个开端,如何在投资完成之后对沃尔沃进行有效的整合,真正实现"1+1>2"的协同效应,才是吉利面对的真正挑战。

企业并购整合是一个复杂的系统工程,是企业内部资源的再次优化配置。其内容主要包括品牌整合、业务整合、员工整合和文化整合4个方面。

在品牌整合方面,吉利集团将吉利汽车和沃尔沃汽车分开运营,严格区分。吉利专注于自己的市场领域,沃尔沃继续在高端汽车领域发展,暂时不将两个品牌融合,以维护沃尔沃的高端品牌形象。此外,吉利有实行品牌移植策略,利用旗下沃尔沃得到高端品牌形象最大限度地消化吸收沃尔沃的先进技术,并在此基础上进行自我创新,谋求提高吉利汽车的品牌形象和市场地位。

在业务整合方面,吉利牢牢抓住资金链这条生命线,以使沃尔沃扭亏为盈。为此,吉利投入大量资金,起用沃尔沃原班管理人员并保留总部的经销渠道。

在员工整合方面,吉利充分考虑到并购后企业员工来源多样化,采取了多元的管理策略。吉利在尊重集团员工所在国家或地区的价值取向、社会风俗、宗教信仰和劳动人事管理制度的基础上，形成了跨越国界、跨越民族、跨越宗教信仰，兼并包容的企业形态。

在文化整合方面，吉利采取了融合与引进相结合的企业文化整合模式。在尊重和学习沃尔沃独特企业文化及价值的基础上，建立一种适合吉利与沃尔沃文化沟通的制度对沃尔沃进行管理。[12]

收购是一项机遇与挑战并存的战略举动，这也意味着并不是所有的企业在收购完成后都会取得成功的。来自浙江的中强公司在收购了德国LUTZ电动工具公司后，于2008年在中国申请了破产，LUTZ也在德国再次破产。这是一例典型的浙江公司并购德国公司驾驭不了的案例，也为更多在"一带一路"欧洲线路方向上的浙江企业实行海外并购提供了更多的思考。

### 2.3.4.3　中强公司收购德国LUTZ电动工具案例

中强公司是入驻宁波开发区的一个民营公司，由100多万元资金创业，历经10多年运营已发展成中国电器公司50强，产品出口欧、美等地，产量与产值都居于境内电动工具公司第二名。然而中强公司并不满足目前的国外市场主导的OEM订单，而是采取走国际战略、工贸一体化的全球性公司发展之路。

2002年，中强公司得知德国知名的电动工具生产公司LUTZ（卢茨）面临破产后，便尽所有能力去收购该公司。然而，收购的商谈过程很不顺利。中强公司16次赶赴德国商谈，最终中强公司出资300万欧元获取了LUTZ（卢茨）公司的掌管权，接管该企业的所有无形资产，涵盖LUTZ品牌、产品生产工艺技术和所有专利等知识产权与企业所有的有形资产。中强公司在办理了收购的法律流程后，仅派遣4名中强职工赴德国进行企业管理。历经一年的经营，LUTZ公司在去除约30名德国职工薪资福利后已经可以保持盈亏平衡。

但是，中强公司收购LUTZ也是一场失败的案例。中强公司投入LUTZ的成本太高，并且在德国对高层管理用人不善，导致中强公司最终被拖累垮掉。

### 2.3.4.4　对浙商企业实施"一带一路"欧洲方向上投资启示

积极主动的"走出去"是浙商企业在加入WTO后产业升级和拓展海外

市场的需要。中国经济发展势头良好,在扩大内需的同时,也要积极开拓海外市场。尤其是近几年全球金融危机和欧债危机的背景下,发达国家经济低迷,致使发展中国家包括中国在内出口急剧下降,影响经济的可持续增长。立足国内、拓展海外,就成为中国企业巩固既有发展成果并不断进行产业升级的策略。中国企业通过对欧盟投资,更好地了解欧美市场的需求,吸收先进生产技术并借鉴科学的管理经验,有利于实现中国企业的国际化,并更好地应对日益抬头的欧盟贸易保护主义。吉利收购沃尔沃的成果中,包含沃尔沃轿车的所有股权和包括知识产权在内的相关资料,对于提升吉利品牌的层次和产品质量,拓宽吉利产品的国内外销售渠道,从价格优势转向技术领先,在国外为合资品牌汽车占主导的中国汽车市场提高竞争力,发挥了重要的促进作用。

谨慎细致的收购过程与政府的引导和政策支持相结合。浙商企业对欧盟的投资渠道主要集中在浙商企业收购或并购欧盟同领域的企业。浙商企业收购或并购欧盟企业无论对于企业自身,还是对方企业都是事关双方未来发展的重要举措,因此收购过程经历调研、谈判、评估等多个环节,通过收购或并购争取实现双方的"共赢"而非"双失"。例如,浙江能将新能源技术作为今后投资德国、瑞典的主要目标,这样浙江未来发展新能源汽车或者是新能源产业将可以借鉴国外同行的先进技术,既加速了企业产业研发升级,也推进了环保事业的发展。并购或收购的过程除了需要欧债危机等重大事件的推动,还需要双方政府的引导和政策支持,尤其是收购一方的政府态度至关重要。吉利在收购沃尔沃的过程中,中国政府给予了有力的支持,国家发改委批准了吉利和奇瑞两家车企参与竞争并购,并给予很多政策的便利和优待措施。商务部公开明确支持吉利收购沃尔沃,地方政府也给予很多宝贵的资金支持,这不是简单的企业并购行为,而是整个中国工业升级的重要举措。国家一直提倡汽车行业发展自主品牌,并一再试图改变外国品牌汽车一统天下的局面,国产品牌汽车发展高端车型有利于改变这一现状。但收购和投资的过程中淡化政府色彩,强化企业行为,有利于收购的顺利进行。

收购后管理、技术、营销、文化的整合需要漫长过程。收购或并购是一个漫长的过程,而不是一蹴而就或一劳永逸的。中欧企业在管理方式、技术水平、营销途径和企业文化等方面都存在巨大差异，如何实现双方在这些方面的渐进式融合，关系到收购或并购能否取得成功。浙江企业学习与技术、品牌以及供应链相关的知识，提高自身国际管理水平，获得竞争经验，还能帮助企业更好地在中国国内市场开展竞争。

## 参考文献

[1]刘莹. 浙南跨国移民潮的历史变迁[J]. 南洋问题研究,2009(1):66–73.

[2]刘莹. 移民网络与侨乡跨国移民分析——以青田人移民欧洲为例[J]. 华侨华人历史研究,2009(2):27–35.

[3]李影. 论中国民营企业家投资移民问题[D]. 济南:山东大学,2014.

[4]宋全成. 中国海外移民在欧洲:规模、特征、问题与前景[J]. 理论学刊,2013(11).

[5]宋全成. 欧洲的中国新移民:规模及特征的社会学分析[J]. 山东大学学报(哲学社会科学版),2011(2):144–150.

[6]宋全成. 论欧洲国家的技术移民政策[C]//移民法论坛. 2011:110–117.

[7]赵力平. 浙江人在欧洲——欧洲散记之一[J]. 观察与思考,1997(8):44–45.

[8]徐淑华. 基于海外闽商比较视角下的海外浙商发展路径研究[J]. 商业经济与管理,2013(10):32–39.

[9]周柳军,等. 中国对外投资合作发展报告2016[R]. 北京:中华人民共和国商务部,2016:147–151.

[10]黄颖琦. 中国对欧盟直接投资问题研究——以浙江企业为重点[D]. 上海:复旦大学,2013.

[11]于立新. 国家战略:"一带一路"政策与投资——沿线若干国家案例分析[M]. 杭州:浙江大学出版社,2016.

[12]简军波. 中国对欧投资:基于政治与制度的分析[M]. 上海:上海人民出版社,2014.

---

—— 第3章 ——
# 浙江上市公司在欧洲

## 3.1　浙江上市公司在欧经营动因

随着国内经济增长速度放缓，国内市场呈饱和状态，盈利空间在不断减少，企业实施国际化战略，开展跨国经营已经势在必行。而国家"一带一路"倡议的深入推进，为中国企业"走出去"带来了历史性契机和有利条件。浙江上市企业是中国企业走出去的一支重要力量，是民营企业中最具活力的增长群体[1]，国际化经营业务的发展不仅对浙江上市企业发展智能制造，促进转型升级有重要作用，而且对服务国家"一带一路"倡议非常关键。从国内推动力来看，首先，欧洲国际化经营是浙商实现做大做强的新路径。截至2015年底，中国民营企业海外投资状况如图3-1所示，金额已达3963.19亿美元，并购案例达到397宗。而来自浙江省商务厅的数据显示，2015年，浙江省以并购形式实现的境外投资项目达135个。浙商是中国企业走出去的一支重要力量,是民营企业中最具活力的增长群体,也是国民经济的基础和社会主义市场经济的重要组成部分,国际化经营尤其是欧洲国际化经营已成为有自我发展和自我超越的浙商的最佳发展选择。[2]2015年浙江省企业家协会和浙江省工业经济联合会对浙江省百强企业的统计分析也发现,国际化和兼并重组是浙商发展壮大入围百强的重要途径。

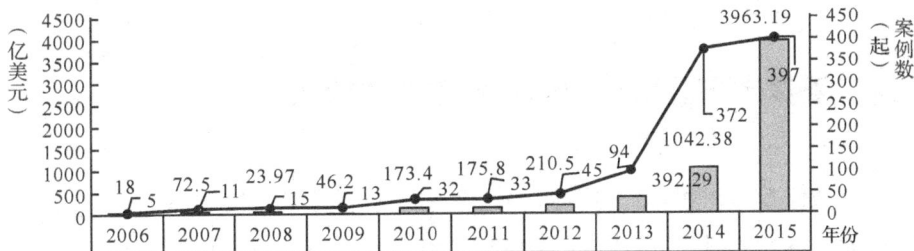

图3-1　2006—2015年中国民营企业海外投资状况

资料来源:中国与全球化智库,《中国企业全球化报告(2016)》。

　　其次,文化亲缘因素推动了浙商在欧洲的国际化经营。历史上从浙江青田等地到欧洲经商的传统一直发展至今,生生不息。悠久的历史及文化底蕴使得浙江丝绸商、茶叶商等在国际化投资和并购中有良好的交流基础,而欧洲庞大的消费群体也一直对中国特色商品保持相对稳定的需求,这些历史文化因素都激励了浙商积极地在欧洲拓展。

　　从国外拉动力来看,欧洲经济形势回暖,为浙商欧洲国际化经营提供了很好的契机。据欧盟统计局2016年9月报告,欧盟GDP占全球比重23.8%。截至2016年11月,欧盟仍为我国第一大贸易伙伴,中欧贸易总值3.26万亿元,增长3.1%,占我外贸总值的14.9%。其中,我国对欧盟出口2.02万亿元,增长1.5%;自欧盟进口1.24万亿元,增长5.8%;对欧服务贸易顺差110亿欧元,收窄4.7%。欧洲在制造业、基础设施和国际贸易与投资合作方面经济增长潜力仍很大,但近年来先后遇到的债务危机、难民危机、恐怖主义袭击、英国脱欧等重大事件减缓了其经济增长速度。国家发展和改革委员会国际合作中心的研究认为,"欧洲经济形势总体向好,但复苏进程缓慢,通缩压力将持续存在、就业形势严峻、债务规模仍居高位;同时,地区发展不均衡,一些欧洲北部国家经济增长实现稳步回升,而南部欧洲国家增长依然疲弱。"

对浙江上市企业而言,欧洲在制造业、基础设施和国际贸易与投资合作方面经济增长潜力仍很大,欧洲企业科技和管理水平很高,为浙江上市企业资本与产能输出提供了发展空间;同时,近年欧洲债务危机、难民危机、恐怖主义袭击、英国脱欧等重大事件的影响导致其资产价格处于较低水平,经济复苏缓慢,期望得到大量投资,深耕国际化业务成为浙江上市企业近几年新的利润增长点。

## 3.2 浙江上市公司在欧洲的经营基本特点

企业国际化是指企业由国内市场向国际市场渐进发展演化的过程。[3] Pierce(1981)提出了企业国际化的判断标准,即企业是否有来自国外的营业收入。从该定义出发看,企业国际化包含了进出口、许可证转让、国际战略联盟、对外直接投资等。然而多数研究者认为,出口、许可证转让等进入模式并不能真正算进入国际化阶段,只有在境外建立商业实体并实际从事经营活动的才算是具有国际化经营的企业。近几年,浙江上市企业紧跟国家"一带一路"步伐,对欧投资突飞猛进,在欧洲的经营也取得了一定成绩,但从世界范围看,浙江上市企业国际化水平仍处于初级阶段。因此,如何提高浙江上市企业国际化经营能力,推动浙江企业与当地文化的融合与发展,已成为浙江许多民营企业与浙江政府关注的重点。从而,需要进一步进行具体分析,厘清浙江上市企业在欧洲投资经营的基本特点,分析浙江上市企业在欧洲国际化推进过程中所遇到的问题,这将有利于浙江上市企业在"一带一路"背景下更好地制定和实施国际化战略。

### 3.2.1 浙江上市企业对欧投资规模初显,浙江大型民营企业表现亮眼

中国商务部、国家统计局和国家外汇管理局发布的《2015年度中国对外直接投资统计公报》数据显示,2015年中国对外直接投资流出量为1456.7亿美元,同比增长18.3%。而浙江对外直接投资额为71.08亿美元,全国占比4.8%。从跨境并购数量看,2015年全球跨境并购合计有10044起,中国跨境并购579起,全球占比5.7%。浙江省2015年前三季度跨境并购145

起,全国占比25%,并购数量居全国第一。以2002—2016年在A股上市的265家浙江企业年报进行分析,在境外经营的有109家,其中在欧经营的浙江上市企业有55家,数量最多;其次分别分布在美国(50家)、东南亚(31家)、东亚(17家)、南美洲(17家)、大洋洲(10家)、北美洲(8家)、非洲(6家)、印度(5家)、阿联酋(2家)。截至2016年底,浙江上市企业累计对外直接投资的地区分布如图3-2所示。浙江境外投资的企业构成中,民企投资数量占总数的85%。浙江大型民营企业是浙江对欧投资的中坚力量,如吉利18亿美元并购沃尔沃;均胜电子以2.43亿美元并购德国TS数码有限公司;宁波东方亿圣投资有限公司以10.60亿美元并购比利时PUNCH自动变速箱有限公司等。

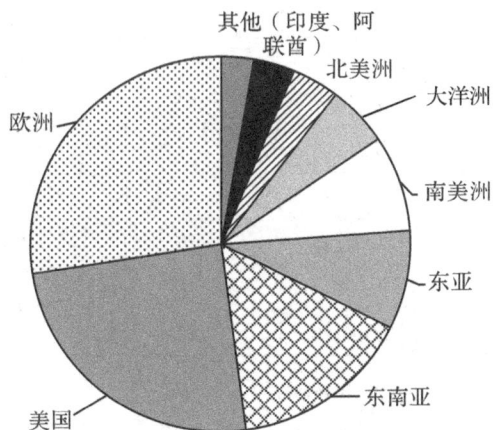

图3-2 浙江上市企业对外直接投资的地区分布图

### 3.2.2 形成以"聚焦西欧,辐射东欧、南欧"的市场格局

根据《2015年度中国对外直接投资统计公报》显示,截至2015年底,中国企业在欧洲43个国家和地区设立了境外机构,主要分布在俄罗斯、德国、英国、荷兰、法国、意大利等。本书整理了2002—2016年在A股挂牌上市的浙江企业的投资情况,发现浙商在欧市场覆盖地区非常广,遍布欧洲21个国家,浙商在欧投资经营的主要地区也聚集在西欧(如德国、意大利、奥地利、荷兰)等老牌发达资本主义国家,其中德国是浙商对欧投资数量最多的国家,截至2016年,浙商在德国新建了20家子公司,收购了13家企业,浙商大

量投资德企的主要原因在于浙江企业的比较优势为制造业,而德企也以精湛制造闻名,强强联合,浙商期望能迅速弥补自己在技术、品牌上的不足。与此同时,随着"一带一路"的推进,浙商在东欧、南欧各国的投资数量也在逐步增加,如在俄罗斯新建1家子公司,收购2家,在波兰新建2家子公司,收购1家。截至2016年底,浙商对欧投资及收购数量前9位的国家,如表3-1所示。

表3-1 截至2016年底浙商累计对欧投资及收购数量前9位的国家

| 序号 | 投资模式 | |
|------|-----------------|------------------|
| | 投资(数量,家) | 收购(数量,家) |
| 1 | 德国(20) | 德国(13) |
| 2 | 荷兰(11) | 意大利(12) |
| 3 | 意大利(7) | 奥地利(4) |
| 4 | 英国(6) | 西班牙(4) |
| 5 | 卢森堡(4) | 捷克(2) 瑞士(2) 法国(2) 英国(2) 俄罗斯(2) |
| 6 | 波兰(2) | |
| 7 | 俄罗斯(1) | |
| 8 | 瑞士(1) | |
| 9 | 保加利亚(1) | |

资料来源:作者依据浙上市公司年报整理。

如图3-3所示,总体看,浙商在欧投资和收购的数量呈逐年递涨趋势,早期浙江上市企业在欧洲以新建企业为主,收购几乎看不见,而在近年,浙江上市企业在欧收购数量与新建数量并驾齐驱,尤其在2016年收购数量首次超越新建投资数量。

### 3.2.3 行业集中度高,以欧洲经典品牌并购为主

《2015年度中国对外直接投资统计公报》数据显示,2015年全球跨境并购投资流向最大的行业是制造业,并购额达到3880亿美元,中国对外并购投资流向的最大行业也是制造业,并购额达137.2亿美元,占比中国总行业25.2%,位居第一。浙江省商务厅数据显示,2015年浙江境外并购项目集中

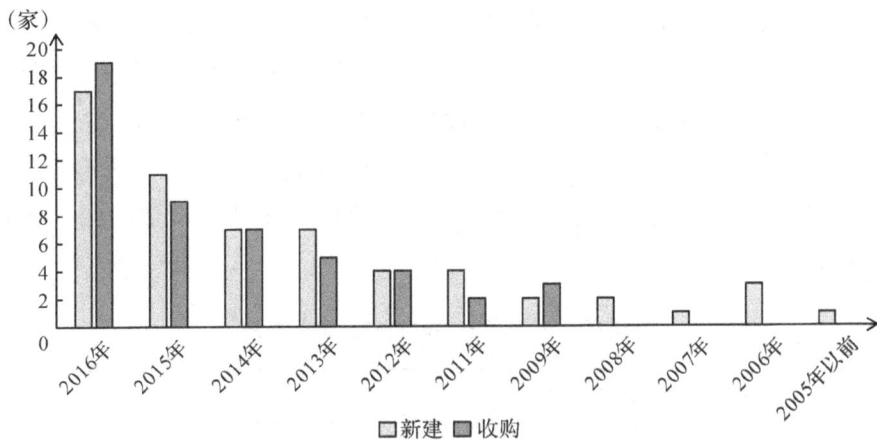

图3-3　浙商在欧洲新建和收购时间分布图

资料来源：作者依据浙江上市公司年报整理。

在制造业。在欧有投资经营的浙江上市企业中制造业也占到9成比例，55家中有49家属于制造企业，其次为服务业。"浙江制造"正处于转型升级的关键期，为了解决浙江制造在现时期所面临的技术壁垒、产业链低端、品牌影响力弱等问题，浙商趋向于并购欧洲经典老品牌。就2016年来看，海康威视收购了英国SHL及其下属子公司，开山集团收购了LMF和Turawell地热公司，浙江鼎力收购了意大利Magni20%的股权，天邦集团收购了法国CG，新界泵业收购了德国WITA公司，弘讯科技收购了意大利HDT公司70%的股份等。

### 3.2.4　投资模式从单一走向多元，并购和投资并重

从2002—2016年在A股挂牌上市的浙江企业对欧的投资历史看，浙商对欧的投资模式分为两个阶段：第一个阶段是2008年以前，浙商对欧投资模式以投资为主，单一且规模小，每年平均新建数量不超过2家；第二阶段是2008年金融危机以后，金融危机为中国企业在欧的扩张提供了历史机遇，浙商对欧投资模式也从单一走向多元，采取投资与收购并重策略，尤其"十二五"期间，随着我国经济水平的提高以及浙商资本实力的提升，每年收购企业数量急剧增加，2011—2015年间，浙商平均每年在欧洲收购5.4家企业，新建6.6家企业。而在2016年，"一带一路"的深化推动了浙商在欧新建数

量与收购数量双双迈入两位数,并且收购数量超过新建数量,收购19家欧企,新建17家企业,如表3-2所示。但据研究者进一步观察在欧经营浙江企业盈利情况后发现,浙商独资在欧所建企业经营情况不如在欧收购企业,在所披露的27家亏损欧洲子公司中,共计19家是浙商独资新建,占亏损总比70%;而在17家盈利企业中,13家盈利企业为收购企业,仅4家企业为浙商独资新建。

表3-2　浙商历年在欧投资数量分布表

| 年份 | 2016 | 2015 | 2014 | 2013 | 2012 | 2011 | 2009 | 2008 | 2007 | 2006 | 2005 |
|---|---|---|---|---|---|---|---|---|---|---|---|
| 新建数量(个) | 17 | 11 | 7 | 7 | 4 | 4 | 2 | 2 | 1 | 3 | 1 |
| 收购数量(个) | 19 | 9 | 7 | 5 | 4 | 2 | 3 | 0 | 0 | 0 | 0 |

资料来源:作者依据浙上市公司年报整理。

### 3.2.5　浙江上市企业在欧经营形式多样

依据现有浙商在欧洲成功经营实例,浙商在欧洲的国际化经营成功形式可归为3类:政府政策支持合作经营形式、民间企业文化交流合作形式、民间资本投资合作形式。政府政策支持合作经营形式的典型代表是吉利收购沃尔沃。2010年吉利收购沃尔沃曾引起国内经济与学术界很多争议。在比利时,法兰德斯大区有一个沃尔沃工厂,资本来自中国,工厂在比利时。比利时由此增加了就业率和纳税比,得到了比利时国王和法兰德斯政府大力支持。而在国内,吉利获得的帮助,不仅来自中央政府和所在的浙江省各级政府,还包括希望吸引吉利在当地建厂的北京市、四川省等地的政府部门[4],中国国家主席习近平也曾专门访问比利时沃尔沃汽车公司根特工厂。吉利的实践首先显示了中国资本、欧洲技术和欧洲制造的完美结合,表明了中欧之间在汽车领域的合作,开始转变为双向输出资本和技术。其次表明国际化经营最好能获取双方国家政府层面的支持,在大量利好的政策下,实现企业和我国经济发展的双赢。图3-4显示了吉利此次收购的资金来源。截至2015年,吉利控股集团销量突破百万辆,其中吉利汽车实现销量51万辆,同比增长22%;沃尔沃汽车实现销量50.3万辆,同比增长8%。这些产品主要从瑞典和比利时两大欧洲工厂进口,带动了当地经济的发展。吉利收购沃尔沃以后,沃尔沃在中国建立了成都和大庆两个生产基地和上海总部基地,国产化进程不断加快,实现了"中国成长战略"的阶段性目标。研究表明,吉利控股集团的跨国指数达63.67%,在中国100大跨国公司中居第一位。

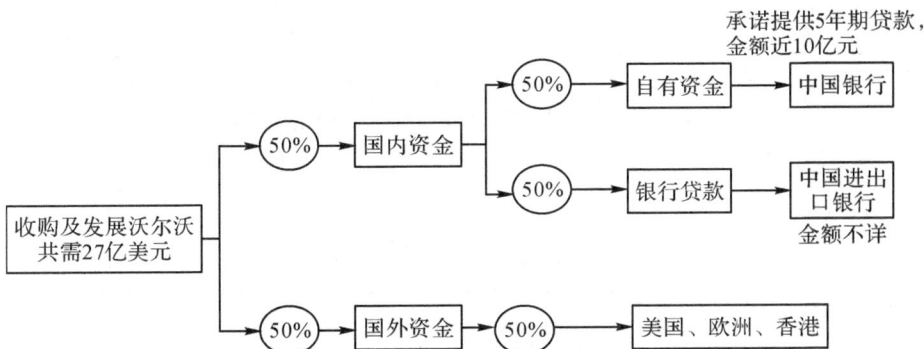

图3-4 吉利收购沃尔沃资金来源分析图

资料来源:中国外汇,2010年6月。

民间企业文化交流合作形式的典型代表是马克·罗西与万事利,前者是法国一家百年丝绸企业,后者是浙商丝绸企业翘楚,两者文化底蕴虽不同,但相同的品牌传承理念和经营家族事业的责任感使得两家中欧企业在2013年正式牵手合作,2014年万事利收入增长率就达18.23%,2010—2014年其年均复合增长率(CAGR)为13.1%,2010—2014年万事利收入增长趋势如图3-5所示。笔者随比利时企业家访问万事利时,万事利集团董事局主席屠红燕拿出展厅的两块丝巾让我们比较它们的异同。她指出了法国丝巾双面印花技术与设计的独特性能,同时强调这种技术来自特殊的传承与创新。她表示,未来的十几二十年,通过企业加强国际化合作,万事利的发展要走文化加品牌之路。表3-3显示了万事利国际化经营的文化之路,浙商的国际化经营可以以中西文化碰撞和传承来促进企业合作,通过推广双方的传统文化来获得品牌加持。

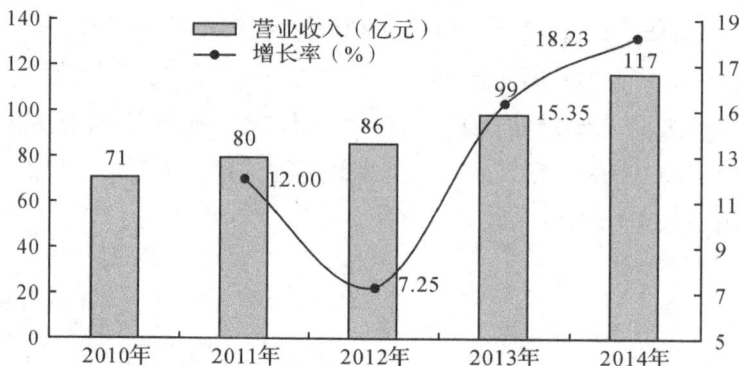

**图3-5　2010—2014年万事利集团有限公司收入增长趋势图**

资料来源：中商产业研究院大数据库。

**表3-3　万事利国际化经营文化之路**

| 年份 | 国际化经营历程 |
| --- | --- |
| 2013 | 与马克·罗西牵手合作,保留马克·罗西品牌,继续传承 |
| 2014 | 聘请爱马仕丝绸CEO巴黎特出任万事利丝绸CEO |
| 2015 | 将中国传统文化、世界一流设计、高端制造品质等元素融合升级,打造出一批G20杭州峰会的专属产品 |
| 2016 | 启动境内上市计划,以现代金融力量助推国际化 |

资料来源：作者整理。

　　民间资本投资合作形式的典型代表当数阿里巴巴在欧洲的资本运营。阿里巴巴以本地资本为导向,以资本投资为载体,引导欧洲产品进入国内,实现国内消费市场的国际化经营。2015年下半年以来,阿里巴巴开始全面进军欧洲市场。2015年10月20日,阿里巴巴集团总裁负责全球化事务的埃文斯宣布进一步推进全球化欧洲战略,阿里巴巴伦敦办公室将升级为阿里巴巴欧洲"战略中心",意大利米兰将开设阿里巴巴办公室,作为整个目标的一部分,阿里巴巴欧洲战略旨在帮助欧洲各国品牌、中小企业进入中国市场,通过为中国消费者提供富有当地特色的欧洲产品,包括提供含跨境进出口物流配送服务、支持中国消费者线上购买支付以及出境游线下支付等全套服务。2016年11月25日,阿里云在德国宣布正式登陆欧洲市场,其位于欧洲的数据中心正式开放运营,同时与沃达丰达成战略合作,携手为欧洲提供云计算服务,并为中国企业进入欧洲市场提供互联网基础设施便利。此外,阿里云曾透露,其海外市场的用户量已经在年内增长了7倍。

## 3.3 浙江上市公司国际化经营问题

浙江上市企业近年对欧投资水平明显提高,已逐渐摸索出一条适合自己的道路,但浙江上市企业在欧的"本土经营"水平还处于初级阶段。比利时安特卫普管理学院2013年发布的《中欧投资报告2013/2014》显示,47%的在欧中资企业处于亏损状态。本书调查了在欧经营的55家浙江上市企业所披露的其旗下44家欧洲子公司盈利情况,也仅17家盈利,27家报告亏损,亏损企业占比61%。据研究者在欧洲的实地考察及所收集的数据发现,浙江上市企业在欧经营主要存在以下几方面的问题:

### 3.3.1 欧企对浙江上市企业普遍存在高期望、低信任现象

欧洲国家在经济危机下希望得到大量投资,对中方抱有很高期望。最近马云的布鲁塞尔之行在比利时引起轰动,许多当地人希望马云在布鲁塞尔设立办公室,就是希望得到阿里巴巴的投资。浙江上市企业则希望通过投资,能够并购一些高技术企业,通过并购获得自己需要的技术与管理能力。欧洲很多家族企业研发并经营自己的产品已达上百年历史,特别注重品牌保护和知识产权。由于双方市场理念和政策导向差异较大,浙江上市企业在欧洲的投资经营虽然点燃了欧企的希望,但也加强了它们的防范心理。

### 3.3.2 文化交流深度不够,沟通渠道单一

浙江民营企业经营者比较信赖本土企业经营方式,缺少系统了解欧洲企业文化和历史的意愿,从而在国际合作与经营中依然沿用"老路子"导致水土不服,未能实现与欧企的深度交流。本研究依据上市企业官网统计了在欧经营的55家浙江上市企业与欧企的交流水平(包含在欧参展次数、与欧

企对话次数),发现55家企业中47%的企业未披露与欧企有沟通,仅5%的浙江上市企业披露与欧企有超过10次以上的交流。研究者认识的一位浙江企业家,专程到比利时考察,计划引进当地一种著名啤酒,当地啤酒商也迫切希望进入中国市场,但因在品牌控制上产生巨大差异,项目最后流产。从沟通渠道看,虽然浙江企业数量众多,中欧政府与企业间也互访密切,但大部分浙江民营企业依然靠政府被动式拉动前往欧洲考察,经营者缺乏统一、规范、自主的与欧企交流平台,导致前期信息积累差,在欧洲考察粗放,对欧洲合作伙伴了解不够,不清楚东道国的规矩习惯,在欧洲投资意愿低。比利时西弗兰德省与浙江省是多年的友好省,两省都是各自国家经济最发达的省区之一,每年都有政府或民间的经济与贸易往来,但至今也未发现浙江中小企业与西弗兰德省成功企业合作案例。2015年,作者陪同浙江一个由政府组织的企业家代表团访问西弗兰德省最大的港口城市泽布鲁日,发现企业家们普遍没有到比利时投资的愿望。

### 3.3.3　国际化经营人才投资滞后,国际化经营人才比例偏小

浙江企业对外投资起步晚,经验不足,在早期未有国际化人才投资意识,也未建立完善的国际化人才管理体制,相对国外成熟跨国企业,较难吸引到高素质国际人才,同时由于东西文化管理理念差异,使得经营者很难理解他国人才的工作方式,导致浙江企业对国际人才投资重视不足,国际人才比例偏小。2014年中国与全球化智库和中国国际经济合作学会对"走出去"企业做过的问卷调查发现,44%的受调查企业的海外员工比重低于5%,海外员工比重大于50%的受调查企业的比重仅为2%。世界上多数跨国公司平均拥有的海外员工占比60%。中国企业海外员工占比整体上较低。通过对55家在欧经营浙江上市企业近5年年报分析发现,在"公司经营计划"中披露计划进行国际化人才招聘、培训的仅8家,而在其"经营情况回顾"或"报告期内发展情况"中披露完成国际化人才招聘和培训的仅7家。如图3-6所示,浙江上市企业在欧洲无论是新建企业还是收购企业,在欧盈利的浙商都披露了更多的国际化人才培养行为。新建行为中,50%的盈利企业披露了其具有国际化人才培养行为;在收购行为中,38%的盈利企业披露了其具有国际化人才培养行为。欧洲市场是一个新市场,浙江企业在欧洲经营会遇

到一系列棘手问题,如制度规范的差异,产品需求差异,与当地政府、竞争企业的沟通问题等,只有具备专业技术、多语言能力、复合专业能力、领导能力、沟通协调能力、跨文化能力的国际化人才才能带领团队主动适应外部文化环境,并迅速有效地解决新市场的一系列不确定性问题。但是以上数据显示,在欧经营的浙江上市企业都有相当比例未重视对国际化人才的投资,浙江跨国企业人才结构调整任务繁重。

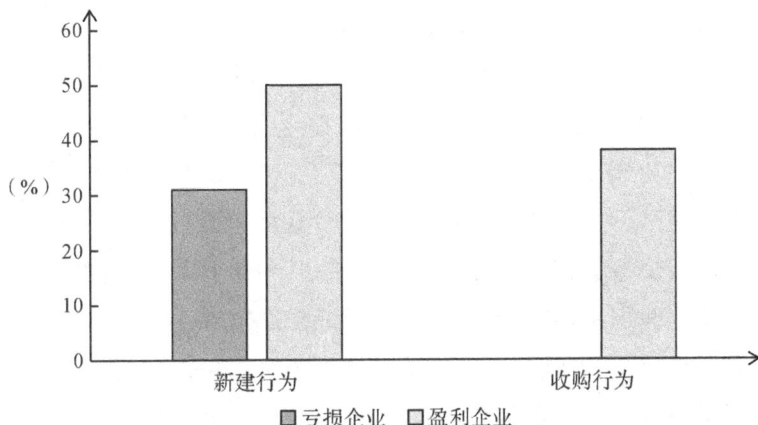

图3-6 新建行为与收购行为下浙商欧洲国际化人才培养比率图

### 3.3.4 海外危机管理意识偏弱,危机管理体系不完善

海外危机管理是企业国际化顺利开展的重要保障。[4]近年来,欧洲的金融危机,以及频繁的难民危机和恐怖袭击,使得中国企业不可避免地受到影响。对在欧洲经营的浙江民营企业而言,海外危机意识以及危机管理体系强弱不仅影响企业在欧洲的正常经营秩序,还关系到企业国际化战略的整体实施情况。[5]浙江上市企业在欧洲经营偏重于升级制造技术以及更新设备,对海外可能发生的危机警惕意识不高,处理能力较弱,如金融危机爆发后,法国巴黎的欧贝维利耶市的生意受到很大影响,大量浙江上市企业出现亏损、倒闭等现象[6]。一个完整的危机管理体系横跨了日常准备、危机处理到危机恢复3个阶段,需要组建情报收集小组,应急处理小组以及善后处理等多个小组[7]。从在海外的浙江企业实际情况看,除了浙江超大型的民营企业,因资金少,经验不足、人才短缺等因素一般的浙江民营企业很少意识到

也很难维持完善的危机管理体系。相对已建立起成熟危机体系的大型跨国企业,大多数浙江民营企业面对海外危机时只能坐以待毙,这正影响着浙江上市企业在国际市场顺利推进。

## 3.4 提高浙江上市企业国际化经营水平的对策建议

### 3.4.1 拓展信息渠道,增强文化交流水平

随着"一带一路"的深入推进以及欧洲经济的复苏,浙江上市企业在欧投资经营增速是必然趋势。但当前仍存在经营者在欧对合作伙伴考察粗放,在欧经营时对东道国的传统习俗或完全无准备或仅一知半解的问题,这主要是由于信息不对称,现今市场信息碎片化程度高,浙江上市企业无法系统积累在欧投资经营信息。拓宽现有的信息沟通渠道,增强浙江上市企业对西方文化的理解和包容,是浙江上市企业在欧洲深入发展的当务之急[8]。从宏观层面看,政府可以建立一个规范、统一的对外投资信息平台以供中西方经营者了解和交流;鼓励、扶持一批跨国经营调查服务咨询公司,支持其给经营者提供个性化调查咨询服务,增加浙江上市企业在欧投资经营信息获取便利性及全面性。从微观层面看,浙江上市企业需要积极参加欧洲各种会议和展览,加强与欧洲浙江总商会的交流与合作,与欧洲学校开展合作,主动了解西方管理理念,做到从心底真正接纳西方文化,并在欧洲经营中积极践行改变传统经营方式以适应当地文化。

### 3.4.2 完善企业内人才结构,提高国际化人才比例

要促使欧洲本土文化与企业内部文化相融合,了解国际领先企业人才结构标准,充分运用欧洲本土人才,丰富企业内部员工国际视野,创新国际人才培养机制,较大幅度地提高企业员工"走出去"水平,尤其注重在欧洲管理人才的复合能力培养,营造多元文化氛围。第一,完善欧洲本土人才引进体系,打造国际化和多元化运营团队。浙江民营企业在欧洲需明确业务需求,依据业务需求完善欧洲当地人才引进标准,指导本土人才引进工作。创新本土人才激励理念,转变思想,完善欧洲本土人才管理办法及考核体系[6]。

注重欧洲引进人才与国内团队的融合,丰富有当地特色的团队拓展训练,因地制宜;搭配欧洲引进人才与国内管理人才之间的学习平台,促进多元化与全球化运营团队建设;强化本土人才福利保障体系。第二,建立健全企业内部人才国际化培养制度。通过与欧洲当地学校合作,推动浙江民营企业内部人才国际化培养制度建设,提高培养质量,完善培养体系。继续推动国际院校、浙江上市企业联合办学、校企合作,培养既拥有专业技术、又能带领团队主动适应欧洲文化环境的国际化人才,为企业国际化在欧洲发展提供内部人才保障。

### 3.4.3 增强海外危机防范意识,建立海外危机管理协作平台

金融危机爆发后,欧洲经济复苏乏力,同时受英国脱欧、难民危机、恐怖袭击的影响,欧洲贸易持续低迷,浙江民营企业在欧洲应及时转变观念,主动改造,从原来的被动接受转变为日常、危机中、危机后全过程确定与管理。首先,增强危机防范意识,学习海外先进危机管理经验。面对具有高度不确定性和复杂性的国际市场环境,浙江民营企业不能仅依赖政府部门所提供的预警体系,还需积极学习先进企业危机管理方法和手段,熟悉危机的判定、方案制定及处理机制,明确各阶段的工作重点,使各阶段风险水平得到合理确定及有效防范。其二,建立海外危机管理协作平台。除了大型民营企业,在欧洲的浙江中小民营企业由于规模小、资金少、人才短缺,很难独自抵挡像难民危机、英国脱欧这样的突发性强、影响范围广的事件,通过建立海外危机管理协作平台,加强浙江民营企业之间进一步联系和沟通,破除中小民营企业在欧洲的危机管理难题。在日常准备阶段合作建立高效的危机情报搜集系统,协同推进欧洲市场相关信息资料的收集、加工和处理工作;在危机处理时,各企业及时抽调人员组建危机小组,协作处理危机。

### 3.4.4 加强信息处理能力

中国对外投资尤其是并购投资失败已有越来越多的案例,一个重要原因是信息不对称。而信息不对称来源于企业信息渠道不通和个人信息处理能力欠佳。浙商中小企业数量虽多,但没有建立一个统一的对外投资信息平台以供经营者交流探讨,从而导致信息碎片化程度高,缺乏系统的信息积

累。同时经营者个人对欧洲合作伙伴考察粗放,对东道国的传统习俗或完全无准备或仅一知半解。笔者认识的一位浙江企业家专程到比利时考察,计划引进当地一种著名啤酒,当地啤酒商也迫切希望进入中国市场。看上去一拍即合,但项目最后流产了。其原因就是双方在品牌控制上产生了巨大差异。

### 3.4.5 增强对西方文化的理解和包容,提升浙商中小企业的国际经营"本土化技能"

研究表明,在欧洲的中国企业平均规模非常小,在2012会计年度,他们所雇用的雇员人数平均为15人。而且,根据欧盟委员会的分类标准,其中大多数企业(83%)都属于微型公司。从规模上看,中国公司集中在小型或微型企业类别的这个情况在欧洲似乎是个普遍现象,这和来自发达国家的跨国公司位于海外分公司的情况有所不同,这些分公司通常规模很大,平均要大于东道国的内资企业。即使是与其他新兴国家的投资相比,中国企业也还是要小很多。其实在今天浙江民营企业欧洲的文化互通性已提升很多,但要做到从心底真正接纳国际文化,并在国际化经营中积极践行改变传统经营方式以适应当地文化还需苦练功夫。

### 3.4.6 建立科学的管理模式

浙江省是民营企业的主要聚集地,企业管理者以家族式管理为主要管理方式。在多年的浙商传统经营模式下,企业权力都集中在企业开创者及其继承人手上,决策失误或冒进判断等问题屡屡发生。企业若想获得可持续性发展,就需要大力破除传统机制,开创新的管理模式,摒弃旧的家族式管理模式。企业管理与生产制造服务的每个环节都息息相关,仅依靠企业开创者和其家族的单薄力量不足以支撑企业发展壮大,企业经营者应该综合生产、营销、人力、财务等部门的建议来选择合适的战略决策。中小企业经营者必须不断学习并改进其管理方式,不断开创属于自己特色的管理方式。

### 3.4.7　改善国内投资环境,摸透国际市场环境

在与浙商进行访谈交流时,他们都透露出对国际化发展的兴趣,希望能扩大市场范围,走进更大的国际舞台,同时也希冀国内或省内能创造一个适于国际化发展的国内市场环境,这一前提离不开政府的政策扶持,企业间的技术交流、人才交流,金融部门的资金融通以及相关部门的指导等。浙江省目前拥有多个行业协会组织,但多数行业协会组织规模较小,管理混乱,并不能够给众多的中小浙江民营企业提供很好的帮助支持,不利于浙江中小企业的茁壮成长。随着国家"一带一路"倡议的提出,以及众多大型浙江民营企业的走出去,浙商国际化经营进程的步伐明显加快,中小企业需要得到更多的政府及行业支持来促进自身的发展,进而提高整个浙江省的经济发展。企业除了自身要付出努力,积极创新发展以外,政府部门应该在浙江中小企业开展国际化经营活动过程中发挥积极的促进作用,为中小企业提供一个有利于发展的市场环境。

政府部门的扶持是浙江中小企业发展的重要支持力量之一,政府在浙江中小企业国际化经营过程中能够起到服务、指导、监督的作用。但是,目前浙江省内独立大型服务于浙江中小企业的组织机构较少,难以支撑为庞大的中小企业服务的任务。[6]在政府的支持下,行业组织协会及中小企业管理机构可以及时反馈中小企业的直接需求,有利于政府听取中小企业经营者的心声,提供一些有利于中小企业发展的优惠政策,同时,还可以帮助中小企业获得资金、信息、技术、人才方面的支持。有了完善的中小企业管理机构,就能够对中小企业进行科学的规划与管理,使得大多数中小企业与大型民营企业能够共同发展。据浙江某民营企业的管理者介绍,当地政府出台的"出口退税"优惠政策,鼓励了企业对外出口的积极性。近年政府机构多次安排管理者去国外企业走访,为企业排忧解难,向上级反馈企业问题,一定程度上优化了企业国际化经营的国内环境。毕竟,目前政府扶持的力度有限,所以加大政府部门对浙江中小企业发展的关注度,增加专业人员走访企业的次数,对企业反馈的问题做出及时回应,能够有效改善国内市场环境,有利于浙江中小企业国际化经营发展。

国外市场环境的复杂多变性,导致了浙江中小企业在涉足国际经营活

动时面临着更多的风险。浙江中小企业在实施跨国经营之前,应该对目标市场进行信息收集,评估成功进入目标市场的可能性。例如,浙江民营企业在欧洲建厂并购企业之时,企业家需要明确不同地区的文化差异、政策法律环境差异和资源差异,对目标市场有所了解后才做战略决策,并不是盲目地收购大型企业或扩大规模。企业只有事前了解了目标市场的需求变动,以及同行业内各企业间的竞争程度,才能决定是否可以进入该市场。若企业没有相对的竞争优势,企业就需要创新,提升自身的竞争力,再进入该国外市场。如何准确地掌握国外市场环境动态,这无疑是困扰浙江中小企业的难题。而此时,精通国际商务专业知识的专业人才,就能在一定程度上改善这种困境。专业的从事国际经营的人才具有一定的国际化经营经验,对国外市场有相对多的了解。同时,也会对国际经营过程中存在的风险有所了解或预知,能够一定程度地降低企业跨国经营的风险。另外,专业的国际经营人才能够从众多的市场信息中筛选出有效的信息,供企业决策者参考。所以,浙江中小企业若想要在国际市场上长久生存发展,就必须不断引进和培养专业国际人才。中小企业发展到一定阶段后,人才的竞争会显得越来越重要,如何吸纳专业人才成为浙江中小企业所面临的难题。中小企业获得专业人才的渠道是多样的,企业可以从人才市场引进,也可以自己培养,或者委托第三方机构培养。目前,浙江中小企业大多采取前面两种方式,直接从人才市场引进需要的专业人才,这种方式引进的人才稳定性不高,流动性比较强,企业很难长期留住人才。企业自己培养人才,通过对企业员工定期培训,不断提升员工专业素养,这种方式培养的专业人才流动性较弱,往往会长期留在本企业,为企业的发展做出贡献。

浙江中小企业对经济管理人员的专业水平要求不高,很多私营企业都没有专业的经济管理人才,只是选择可信任的家族成员管理财务。他们忽视了优秀的经济管理人才有合理利用资金、减少管理费用支出的能力。浙江的中小企业为了降低成本,很大程度上会压低员工的劳动薪酬,没有奖赏机制,降低员工的工作热情。浙江中小企业忽视了绩效评估的重要性,绩效评估可以防止员工懒惰怠慢,秉着多劳多得的原则,能够发挥出员工最大的潜能,可以让员工感受到公平公正的工作环境,这对企业人才的吸引具有重大的战略意义。

### 3.4.8　与国内互联网企业大型平台联合建立共用营销渠道

对于浙江中小民营企业来说,如果要在欧洲发达国家市场建立独立的营销渠道,不仅需要资金的投入,还需要长时间的调查和信息收集。因此,建立独立的营销渠道对目前处于国际化早期的浙江中小企业来说并不是好的选择。而浙江大型民营企业如吉利、海康威视等在国际市场上都取得了较大的成绩。而每个企业在海外都有其优势产品,并形成了一定的营销模式,拥有一定的营销渠道。吉利集团在并购沃尔沃之后,在汽车市场占有率一直稳居前列,而海康威视的安防产品在世界范围内具有较强的竞争力,这些企业在国际市场的营销基本上都是依靠国际渠道商的,需要面临较大的风险。因此,面对激烈的海外市场争夺及国外企业对我国企业的联合攻势,浙江民营企业也应联合化竞争为合作,在国际市场上联合建立营销渠道,这样不仅可以降低对国际营销渠道商的依赖,减少潜在的风险,同时可以实现国内浙江民营企业在国际市场上的共同良性竞争,提高浙商在国际市场的声誉和地位,改变一直以来浙商在海外只销售低端小商品的面貌。

伴随着科学技术的发展,网络营销从无到有,逐渐被全球企业所采用。国际互联网已经渗透到了人们经济文化生活多方面,带来了经济社会的重大变革,不断改变着人们的生活方式,这些都为企业进行网络营销带来了契机。与传统营销渠道相比,网络营销方式的优越性逐渐显示出来,这种营销方式不再局限于时间和空间上的限制,降低了销售成本,同时由于减少了渠道商,也就在很大程度上提高了产品在海外市场上的利润水平,使产品与最终消费者之间取得了直接联系,并且在网络平台上也利于公平竞争。企业通过网络营销可以实现多方面的营销目的,比如产品的分销、营销传播、营销信息采集、营销服务等,并且网络营销并没有过高的进入障碍。大部分浙江中小民营企业虽然依靠当代互联网平台建立了网上营销模式,但是对其利用率极低。

因此,浙商应采取措施,真正利用互联网这一营销渠道。首先,浙商需要通过各种广告宣传等方式,让欧洲客户方便发现自己的产品和服务信息,并对自己的产品有较深的印象。其次,浙商可以通过在大型B2B的网站(如阿里巴巴、Ebay等)上发布自己公司和产品的信息,让海外顾客能更快捷地找到自己所需的产品和服务,进而开始洽谈。浙江作为主要的对外贸易省份,在其国际化经营过程中,应重视起网络在营销中所能产生的巨大作用,树立网络营销的观念,全面了解网络营销的功能,利用好这一营销手段,使得浙商的国际市场营销更加有效。

### 3.4.9　政府加大融资支持力度

资金供应不足、融资渠道有限已经成为制约浙商海外业务发展的主要瓶颈之一。其中一方面的原因是海外并购、建厂具有资金需求量大、占用周期长、项目投资回收期长等特点,使得在当前美元流动性趋紧的融资环境下资金来源较为有限;另一方面,浙商很大一部分海外投资项目涉及发达国家及地区的敏感行业,属于事关国家安全的高度机密项目,在公开市场筹资又受到制约。[7]因此国家应出台相关政策扩宽海外投资项目稳定、安全的资金来源渠道。比如,可以探索将外汇储备转化为能源储备的有效途径。利用多余的外汇储备获取稀缺性、战略性资源是世界各国政府普遍采用的外汇投资方式。衡量外汇储备资产的投资效率,不仅要看其外币资产收益率,还要考虑其机会成本,即投资于其他资产(包括能源、资源等)的收益。目前,我国外汇储备充足但能源相对短缺,从战略角度考虑,用外汇资产投资于海外实业带来的经济和社会收益远远大于购买金融资产的收益,具有更为积极的意义。

此外,国家可出台相关政策鼓励浙商海外投资融资渠道来源多元化,在目前以银行贷款、债券融资为主的融资方式上鼓励创新的融资方式和引进包括民营资本在内的融资渠道。浙商应利用自身的比较优势,加强与国际公司的合作。中国经济的高速发展,带动了海外投资需求迅速增长,为全球的国际公司提供了广阔的市场。国际老牌企业为了扩大中国市场,希望加强与中国公司的多方位合作,并视之为实现可持续发展的重要手段之一。浙商不仅希望在国内能与国际巨头展开合作,更希望能借助这些老牌公司在技术、管理、经验等方面的优势,在全球范围内获得共同发展的机会,起到协同效应。因此,浙商可以借鉴俄罗斯国家石油公司和埃克森美孚成功的合作经验,与有意在亚太地区重点发展的公司进行合作,换取更多的海外投资合作机会。浙商应关注并寻求有利时机,加强与欧洲国家大型公司的合作。欧洲对本国当地老牌企业的保护日趋严格,国际公司也更加注重对上游资源的获取,这使得本已十分激烈的海外市场竞争愈演愈烈。尤其在西欧、东欧等传统发达地区,这些地区不仅经济发达、政治稳定,而且各国际公司早已将最优质的资源区据为己有,对剩余资源也虎视眈眈,导致投资风险大,投资成本高。

浙江民营企业可以在收购、并购和贸易合同等基础上,积极探索新的合作模式,争取以资金入股、以市场换资源等方式与欧洲公司展开合作,通过上下游业务一体化等形式促进浙商与欧企的谈判与建设。

### 3.4.10　建立协商机制,避免内部竞争

浙江大型民营企业如杭叉集团、浙江鼎力、海康威视等都已经开始欧洲布局,它们可以平等地参与到国际公司收购、并购环节中,表面上这可以促进浙商与欧洲各公司合作,但实际上,各中国公司在上述环节中处于相互竞争的地位,为获取合作机会相互抬高价格,造成近两年中国公司均以高溢价获得资产或者收购公司。从整体上来看,这既不利于国家的利益,也不利于中国公司在获取项目后的经营管理。因此,有必要建立一种浙商乃至中国公司间的相互协商机制,或采用联合竞标的方式,或采用个别公司保留、其他公司退出竞标的方式,避免中国公司内部的相互竞争。

我国企业在从事海外经营时,普遍存在技术含量低、技术落后、经营规模小而分散等问题,很大程度上制约了企业的经济效益和长远发展。为此,政府应制定相应的产业政策,以市场经济的手段鼓励企业间以联合、合并等形式建立产业集群如大型跨国企业和企业联盟,促进产业朝着集约化、规模化经营方向迈进。组建跨国集团,可以将市场交易成本内部化,获得规模经济效益,同时也有利于企业在国外市场上融资。促进企业加大技术投入,重视提高产品质量,不断提高产品的适应性和差异化。

同时,在支持自主创新这个大背景下,政府应鼓励企业到海外注册专利和购买外国专利,并且对购买和维护专利的实际费用予以补贴,以增加产品的技术创新和竞争力。知识产权已经成为国外企业制约和阻击我国企业参与国际竞争的重要武器。因此,政府应从长期发展考虑,制定有关法律,加强对知识产权的保护。[8]对知识产权保护力度的增强,不仅能够促进我国企

业自主创新,而且对于提升我国企业长期竞争优势也非常重要。政府应在观念上建立起为企业发展服务的思想,按照市场经济的规律发挥政府的指导作用和服务功能。政府应该为企业提供全方位的服务,包括建立健全信息网络系统,提供及时、快捷的信息服务。通过建立国际市场业务数据库,充实与完善境外投资环境信息库、对外吸引外资项目信息库、对外中介机构信息库、中国企业对外合作项目意向信息库等,为企业提供境外经营环境、政策环境、项目合作机会、合作伙伴资信等信息。大力发展中介机构,完善社会中介服务。建立与发展商务咨询、提供中介服务,为企业与科研机构之间以及企业之间建立技术和业务合作关系提供方便。举例而言,对于那些率先"走出去"的企业,特别是中小企业,政府应在会展方面给予实质性的帮助。我国很多中小企业虽然有很好的技术和产品,但由于资金短缺、信息不通或促销技巧欠缺,使得它们在国际性展会上难以表现自我。因此,本书建议政府应资助这些企业积极参加世界顶级会展,替它们分担一部分资金。加强培训服务。通过举办各种跨国经营管理培训,传授相关知识,如管理知识、技术知识和法律知识等,以及介绍成功的经验及失败的教训,以提高企业管理人员的管理意识和管理水平。充分利用客户方面的业务知识和辅导机构解决问题的技能与知识。具体辅导期限的设定第一阶段可持续6个月,第二阶段以1年为最佳,因为当今国际市场变化多端的特点决定了"快的吃了慢的"早已成为企业经营应该遵守的基本规则之一。第一阶段辅导工作的主要内容是对民营企业进行评估,对民营企业国际化的可行性进行评估,并做出民营企业提出的国际化战略是否可行的判断。第二阶段工作是第一阶段的延续,是对那些在第一阶段经过分析得出国际化经营战略是合理的民营企业提供进一步的服务。凡是拟将国际化经营作为自己发展战略目标的民营企业均可向辅导机构提出申请,由辅导机构专职人员从民营企业自身实际出发,结合政府现行政策及国际市场发展趋势,对提出实施国际化经营战略的民营企业进行认真细致的分析与研究,并对该民营企业的国际化经营战略做出可行与不可行的判断。一旦得出该企业不具备国际化经营条件或目前时机不合适,则有关辅导机构的专家不仅应向有关民营企业提出存在的问题,而且还应提出培养及积累国际化经营能力的具体途径与措施。若是目前国家现行政策不允许,则也应告知民营企业,或建议民营企业重新设计自己的国际化经营战略,如改变国际化经营的领域等。当然,在工作过程中,辅导机构如发现有民营企业没有提出国际化经营战略,但却具备了这方面的能力和时机,亦可向相关民营企业提出,建议其接受辅导。如通过第一阶段的工作发现民营企业实施国际化经营的条件已经成熟,则可进入第二阶段。但应将第一阶段工作的内容即项目可行性分析的结果形成可行性研究报告,供民营企业申请实施国际化经营时使用。该阶段的工作内容主要包括:①企业重组,确保企业五独立:资产、业务、财务、机构、人事的独立;②明确国际化经营的具体模式;③确定国际化经营的区位;④设计国际化经营管理模式与管理团队;⑤明确国际化过程中的资金筹集渠道;⑥预测国际化经营过程中可能遇到的风险并设计防范与管理风险的对策;⑦对民营企业进行国际化经营培训。在培训过程中,培训的内容应包括:法律知识。通过法律知识的培训,使民营企业增强法律责任感和诚信义务;财务知识,由外聘会计师、审计师对企业进行辅导;国际化经营知识。培训过程中对拟实施国际化经营企业的各类人员的辅导应有层次。对高管人员、管理层的辅导,与对企业一般的员工是不一样的,对高管人员辅导要求比较细、层次比较高,主要应向其灌输法律意识,告诉他们违法所引起的后果。而对一般员工,则应主要着眼于"你被赋予了什么权利,你需要承担什么责任"。民营企业整体实力相对较弱的特点决定着如能有一个专门的机构服务于民营企业的国际化,给民营企业的国际化提供指导,必将有助于推进民营企业的国际化进程。借鉴中国上市企业的做法,建议成立中国民营企业国际化辅导机构。辅导工作是发现和培养企业的一个最重要手段。对拟实施国际化经营战略的中国民营企业提供辅导,既可增强民营企业国际化的能力,也能在一定程度上避免民营企业在国际化的过程中走弯路,减少国际化经营的风险。

辅导机构的设置。辅导机构应对民营企业的国际化进行全过程的辅导,同时国际化经营战略与国内经营战略相比具有更大的风险,因此对该机构的设计要求比较高。结合企业国际化经营战略的实施过程,辅导机构至少应包括以下专家:财务专家、法律专家、政府政策研究专家、国际化经营研究专家等,而有关民营企业的领导者及相关人员应密切配合辅导机构的工作,及时、如实地提供企业的相关材料与信息,以便辅导机构决策更科学、更合理。在工作过程中,辅导机构应树立与客户共同解决问题,而非"替"客户解决问题。

在对民营企业国际化经营进行辅导时,应签订辅导协议。在该协议中应注意以下几点:第一,辅导协议的签订,不以保证拟实施国际化的民营企业实施国际化为先决条件,这点最为重要。第二,在辅导期间,辅导机构的辅导人员有权列席民营企业的董事会会议或高层人员会议。辅导工作不仅仅是帮助企业简单地设计国际化经营方案,而且一个完善的法人治理结构对于保障民营企业国际化经营的顺利实施具有十分重要的意义,而参与董事会会议,也就参与了企业重大事情的决策过程,能够更加全面了解企业的重大决策过程,特别是国际化经营决策是否合理,并从专业的角度对决策提出意见。通过参与,从经营决策上把握企业,规范企业董事会的行为,逐步完善公司的法人治理结构。第三,被辅导企业应向辅导机构及辅导人做出承诺,保证提供的资料及时、真实、完整。第四,明确辅导协议的终止条款。上述4点主要是从控制风险的角度制定的。因为在对一些拟实施国际化战略的企业进行辅导的过程中,可能会遇见一些不可逾越的障碍,故在辅导协议中建立终止退出辅导的条款非常必要。

## 参考文献

[1]袁晖. 浙商"走出去"的国际化困境[J]. 浙江统计,2009(12):19–21.

[2]夏凤珍. 对危机及后危机时代浙江海外华商经济转型的思考[C]//吕福新. 浙商崛起与危机应对. 杭州:浙江工商大学出版社,2010.

[3]方晓霞. 中国企业国际化经营的现状及发展趋势[J]. 上海行政学院学报,2006(4):63–73.

[4]郑修敏,许晓明. 民营企业要加强危机管理[C]//吕福新. 浙商崛起与危机应对. 杭州:浙江工商大学出版社,2010.

[5]蒋景楠,施海东. 组织学习视角下的跨国公司本土化[J]. 华东理工大学学报(社会科学版),2004(2):62–66.

[6]赵玉阁. 浙江民营企业跨国经营研究[J]. 商业研究,2006(3):86–88.

[7]贾培煜.中国企业参与跨国并购的发展态势与形势研判——基于中国"走出去"战略的实践[J].对外经贸实务,2017(10):77-80.

[8]毕克贵.我国零售企业国际化经营:特殊意义背景下的必要性与可行性分析[J].宏观经济研究,2013(11):111-119.

<br/>

—— **第4章** ——

# 浙商在欧洲的案例研究

在地理上习惯将欧洲分为北欧、南欧、西欧、中欧和东欧5个地区。本章的撰写将按照欧洲地理分区，根据浙商在欧洲的分区来描述。本章所挑选的案例主要集中在浙江上市企业在欧的投资和发展状况以及在欧洲具有影响力的浙商代表。根据欧洲的分区特征，从中欧、北欧、西欧、南欧、东欧来描述每个区块典型的浙商特征。[4]

## 4.1 浙商在中欧

中欧全称欧洲中部，是欧洲5个国家地理分区之一，包括德国、波兰、捷克、斯洛伐克、匈牙利、奥地利、列支敦士登和瑞士8国，总面积101万平方千米，总人口超过1.61亿。民族主要有德意志人、波兰人、奥地利人等，主要语言为德语，连接其余4个地理区域，是欧洲的交通中心。各国均属发达国家，经济水平发展高,但仍低于北欧和西欧,尤以德国为代表,世界著名公司总部有很多设在中欧,像大众汽车、宝马、戴姆勒、西门子集团、劳力士、雀巢等。旅游业发达,适宜的气候、优美的风景使中欧成为世界著名的旅游胜地。

### 4.1.1 浙商在德国案例

德国是一个高度发达的资本主义国家,为欧洲四大经济体之一,其社会保障制度完善,国民具有极高的生活水平。以汽车和精密机床为代表的高端制造业,也是德国的重要象征。①

目前,中国已经成为净资本输出国,境外投资规模和跨境并购交易连续数年创下纪录。对中国企业来说,增长的关键在于从国内市场向海外市场转移。2005年至2015年间,中国投资者在中欧地区大量收购制造业和消费业资产,而德国一直是中国投资者在该地区的首选投资目的国之一。据此前媒体统计,2015年中国对德国的总投资额为5.26亿美元(约合4.27亿欧元)。这就意味着,仅2016年上半年中国对德投资的总额就是2015年全年的20倍。仅在2016年上半年,中国投资者对德国企业的投资额跃升至108亿美元(约合97亿欧元),接近过去10年总投资额的两倍,其中,中国投资者共收购或参股37家德国企业。总之,德国成了欧洲2016年迄今最大的中国投资接受国。[1]

#### 4.1.1.1 浙江上市企业在德国

**(1)宁波继峰公司对德国零部件供应商格拉默公司的收购之路**

宁波继峰汽车零部件股份有限公司成立于1996年,是一家专业设计、生产汽车座椅头枕、扶手的高新技术企业,其产品涵盖汽车座椅头枕总成、中间扶手总成、门扶手总成及头枕支杆等四大系列共200余种产品。公司现拥有员工近2000名。公司的主要客户有宝马、奥迪、大众、福特、长城等主机厂及江森、李尔、佛吉亚等座椅厂。据公司财务报表显示,公司先后于

---

① 中华人民共和国外交部,德国国家概况,https://www.fmprc.gov.cn/web/gjhdq_676201/gj_676203/oz_678770/1206_679086/1206x0_679088/。

2013年、2014年分别在德国和捷克设立德国继峰汽车内饰有限公司和捷克继峰汽车内饰有限公司,作为宁波继峰的控股子公司。

2017年5月,据路透社报道,宁波继峰汽车零部件股份有限公司计划增持其在德国零部件供应商格拉默公司的股份,持股占比将超过12.1%。继峰董事长王义平在发言中提到:"继峰目前在格拉默公司所持有的股份为12.1%,而考虑到现实情况的复杂性,因此想要增持持股份额。"据悉,继峰此举主要是为了减少波斯尼亚Hastor家族在格拉默公司的影响力。除了股权之外,格拉默还考虑在中国建立一个合资公司,并在部分特殊领域寻求一些合作伙伴,以此加深与继峰之间的合作。格拉默管理人员则希望继峰能够担任"白色骑士"的角色来对抗Hastor家族,并以此摆脱Hastor家族对格拉默的控制,后者目前在格拉默的股权超过20%。

2017年10月,据外媒报道,相关人士向路透社透露,宁波继峰汽车零部件股份有限公司计划将在德国汽车内饰生产商格拉默公司的股份增持至25%以上。波斯尼亚Hastor家族和宁波继峰之间的股权竞争致使格拉默处于核心地带,而双方均持有格拉默约20%的股份。宁波继峰则希望通过在公开市场上收购股份的方式来增加持股份额。宁波继峰在一份监管文件当中透露,未来12个月内将增加对格拉默的持股,但没有给出具体细节。

2018年5月,据路透社报道,德国汽车零部件厂商格拉默公司在一份声明中称,中国宁波继峰汽车零部件股份有限公司正与其进行谈判,计划以7.52亿欧元(约合8.74亿美元)的估值进行收购。此次收购将标志着中国对德国技术再次进行投资,格拉默公司表示,目前还不确定谈判能否顺利结束,但收购要约已经启动。①

**(2)宁波均胜电子收购多家德国汽车零部件企业**

宁波均胜电子股份有限公司是一家全球化的汽车零部件供应商,主要致力于智能驾驶系统、汽车安全系统、新能源汽车动力管理系统以及高端汽车功能件总成等的研发与制造。均胜电子总部位于中国宁波,现有汽车安全、汽车电子和汽车功能件三大事业部,在全球30个国家拥有员工超过

---

① 《宁波继峰拟收购德国"隐形冠军"格拉默(Grammer)》,贤集网,2015年5月31日,https://www.xianjichina.com/special/detail_333741.html。

70000人。

2011年,均胜电子收购了德国汽车电子公司普瑞(PREH),通过德国普瑞的海外并购,均胜电子让德国普瑞的创新能力和生产品质管控与中国公司的资金优势和市场资源互补,提前实现了全球化和转型升级的战略目标。2014年12月,均胜电子宣布收购德国的汽车零部件企业Quin GmbH 100%的股权,分两阶段进行。第一阶段以9000多万欧元收购Quin GmbH 75%的股权,已于2015年1月完成交割。Quin GmbH是德国高端方向盘总成与内饰功能件总成供应商。其客户包括奔驰、宝马、奥迪等众多整车企业。在所在行业细分市场,Quin GmbH排名全球领先。目前公司在德国、波兰、罗马尼亚和中国拥有研发、生产和销售基地,拥有员工超过1000名。[1]Quin GmbH作为高端汽车方向盘总成的领军企业,其产品和均胜的中控系统产品实现有机的互补,给客户提供完整的HMI解决方案。这样使得均胜能够在更高的层面上与国际大型汽车零部件供应商进行竞争。

2014年6月,均胜电子控股子公司德国普瑞控股有限公司以1430万欧元购买Feintool International Holding AG持有的IMA Automation Amberg GmbH 100%的股权和相关知识产权。根据报告显示,IMA成立于1975年,总部位于德国巴伐利亚州的安贝克,从成立之初即专注于工业机器人的研发、制造和集成,为客户提供定制化的工业机器人系统、自动化产品和咨询服务。均胜电子还表示,未来,将加大工业机器人项目在中国的研发和市场拓展力度,持续将普瑞和IMA的工业机器人的先进技术引入国内,形成核心竞争力,使公司的机器人产品在服务于海外客户的同时,服务于国内广大生产制造型企业,为中国制造业产业升级做出贡献。[2] 业内人士认为,工业机器人项目尽管在均胜电子目前的销售额中所占的比重不大,但却是均胜发展的一个战略方向,随着汽车产业逐步向智能化、轻型化、节能化和环保化方向发展,中国制造业"机器换人"的趋势将越来越明显,均胜

---

① 陈天弋:《均胜电子6.9亿元收购德国汽车零部件供应商》,东方财富网,,2014年12月15日,http://finance.eastmoney.com/news/1354,20141215457338895.html。
② 娇春红:《均胜电子收购德国IMA持续发展工业机器人》,中国汽车报网,2014年6月23日,http://www.cnautonews.com/qclbj/l_qy/201406/t20140623_312488.htm。

普瑞的工业自动化生产线也将更具竞争力。[①]

2018年1月,宁波均胜电子公告称,公司全资子公司宁波均胜汽车电子股份有限公司收购德国Quin GmbH 25%的股权已完成交割,本次交易金额为3180.83万欧元。至此,均胜电子已持有Quin GmbH 100%的股权。

通过均胜电子的发展历史可以看出,外延并购一直是公司成长的关键利器。早在2011年,公司成功并购了德国老牌汽车电子供应商——普瑞公司,从而迅速在BMS领域占领高地。此后,该公司的中国业务近两年增长约100%。此外,企业于2014年8月并购完成的德国机器人公司IMA也在中国市场落地生根,将崛起工业机器人"新高地"。本次再次并购德国IMA,使得均胜电子在新能源汽车和汽车智能化方面的布局更加趋于完善,实现了全球化和转型升级的战略目标。[②]

### (3)浙江龙盛收购全球最大染料公司

浙江龙盛集团股份有限公司是一家以染料化工为主业的大型企业,下辖化工、钢铁、房地产三大块业务。现上虞本部占地面积2平方千米,拥有5200余名员工,资产规模52亿元,年利税总额超5亿元,所属控股子公司39家,分布在上海、四川、江西、广东、江苏等省市。

业内人士称,通过国际并购"三部曲",使浙江龙盛从纺织用化学品制造商阔步迈向世界级特殊化学品制造商。早在2007年,浙江龙盛入股印度上市公司——染料企业KIRI公司,合资组建龙盛KIRI染料公司,并取得60%的控股权,就此拉开了浙江龙盛国际化战略的"序曲"。

2012年,浙江龙盛奏响国际并购"奏鸣曲"。当年12月26日,浙江龙盛以2200万欧元,成功收购全球最大的染料公司——位于德国法兰克福的德司达公司。"今年上半年实现销售和利润同步增长。"文档室主任叶炜昌自豪地说,收购前德司达只是一家濒临破产的"大鳄"。浙江龙盛靠什么让德司达"起死回生"?叶炜昌形象地说,原先浙江龙盛和德司达是竞争对手,"两虎相争",削弱了竞争力,而并购后握紧了拳头,特别是浙江龙盛把德司达的

① 汪珺:《解读:收购德国IMA 均胜电子欲引工业机器人产业"蝶变"》,中国证券报·中证网,2014年6月18日,http://www.cs.com.cn/ssgs/gsxw/201406/t20140618_4421761.html。
② 王小伟:《均胜电子9000万欧元收购德国智能驾驶公司》,新浪财经,2014年12月15日,http://finance.sina.com.cn/stock/s/20141215/194021081087.shtml。

总部从德国迁至新加坡,顺利关闭2家德国工厂和1家印尼工厂等,对产能重新进行布局。收购德司达,让浙江龙盛把德司达的1900多项专利收入囊中,一举成为全球染料行业专利数量最多的龙头企业,公司原有品牌的产品得到显著提升。资料显示,2015年浙江龙盛实现销售收入272亿元,利润34亿元。

2016年初,浙江龙盛董事长阮伟祥提出将浙江龙盛打造成世界级特殊化学品制造商和供应商的宏伟蓝图。自然而然,公司将目光瞄准了美国特殊化学品的主要制造商和供应商的Emerald公司。令人欣喜的是,早年收购的德司达,在收购美国Emerald公司时,扮演了重要角色。叶炜昌透露,浙江龙盛以德司达美国子公司的身份去收购,避免了不少谈判、审批等环节上的麻烦。[①]

**(4)其他浙商上市企业在德现状**

其他在德投资的浙江上市企业包括:

杭叉集团股份有限公司,于2015年7月在德国设立欧洲杭叉子公司。

浙江京新药业股份有限公司,于2016年在德国设立Surpath Medical GmbH德国子公司。

顾家家居,于2013年在德国成立顾家家居子公司KUKA HOME GMBH。2018年3月,顾家家居以3.2亿元收购德国顶级家居品牌Rolf Benz,Rolf Benz作为顾家投资的控股子公司纳入顾家家居的合并报表范围。

浙江银轮机械股份有限公司,公司于2015年11月收购德国普锐70%的股权,从而控股德国普锐公司。

温州宏丰电工合金股份有限公司,于2016年7月在德国设立全资子公司温州宏丰电工材料(德国)有限责任公司,注册资本51万欧元。

新界泵业集团股份有限公司,创建于1984年,总部位于中国水泵之乡——浙江温岭大溪,是一家专业生产经营各类泵及控制设备的股份制上市公司。2016年3月,新界泵业集团股份有限公司在德国设立全资子公司

---

① 掌上绍兴:《浙江龙盛1.3亿收购美国一家大公司,已购的德司达年利润1亿美元》,东方纺织报,2016年8月12日,http://www.168tex.com/2016-08-12/869426.html。

Mertus 253. GmbH,注册资本是 25 000 欧元,主营业务为生产经营各类泵及控制设备。2016 年 4 月,新界泵业集团股份有限公司向在德国的全资子公司 Mertus 253. GmbH 增资并收购德国 WITA Wilhelm Taake GmbH 公司 100% 的股权。德国 WITA 公司 100% 股权的收购价格为 550 万欧元。

浙江尤夫高新纤维股份有限公司成立于 2003 年,坐落在浙江湖州,公司是一家专业从事高性能聚酯工业纤维研发、生产和销售的高新技术企业。于 2015 年在德国设立子公司 Unifull Europe GmbH。

浙江新和成股份有限公司由新昌县合成化工厂在 1999 年发起设立。公司主营有机化工产品(不含危险品及易制毒化学品)的生产销售,经营进出口业务、检验检测技术服务。公司于 2015 年在德国汉堡成立子公司 NHU EUROPE GmbH,并于 2017 年通过 HU EUROPE GmbH 收购在德国吕讷堡的 Bardoterminal GmbH 境外子公司。

浙江盾安人工环境股份有限公司,主要业务涵盖零部件制造、装备制造、智控元件、新能源汽车热管理系统关键零部件、节能业务等领域。于 2015 年在德国成立盾安国际(欧洲)有限公司,服务欧洲市场的法国、德国、瑞典、西班牙、意大利、俄罗斯,以及土耳其、沙特、阿联酋等地区。

宁波华翔电子股份有限公司,是一家从事中高档轿车零部件研发、生产销售及售后服务的专业汽车零部件制造厂家。2012 年 2 月,宁波华翔电子股份有限公司收购德国汽车配件供应商塞尔纳集团,该交易是宁波华翔首个成功的海外收购项目,也是中国汽车零部件制造商通过并购方式海外扩张的首次成功咨询服务。根据本次交易独家并购财务顾问德国商业银行提供的资料,交易中,宁波华翔以"几千万欧元金额"收购"塞尔纳集团子公司塞尔纳 GmbH 及其下属塑料内饰配件企业 IPG Industrieplast GmbH 的资产和业务,以及在美国的塞尔纳 Corporation 和为塞尔纳 GmbH 提供天然桃木制品的捷克企业 Wech CHEB"。此前,因金融危机前后激进的收购行为、产品报废率和生产成本高企等原因,塞尔纳集团 2010 年和 2011 年初累计亏损数额巨大并在 2012 年初宣布破产。尽管进入破产程序,该集团日常业务和生产并未被打断;其工厂产能利用率目前均超过100%。[①]

宁波弘讯科技股份有限公司成立于2001年,是一家主要从事塑料机械自动化产品的研发、生产和销售的中外合资企业,于2016年投资德国PA公司,投资后持有其19.88%的股份。

横店集团东磁股份有限公司坐落在浙江东阳市,是一家拥有磁性材料、新能源和器件三大产业的高新技术民营企业。公司于2010年10月与德国Schmid集团公司达成战略性合作伙伴协议,德国Schmid始创于1864年,是全球领先的光伏产业技术开发商与设备供应商。协议约定双方将本着资源共享、优势互补、共赢发展的原则,在光伏产业寻求产业创新和战略合作。[②]

浙江海翔药业股份有限公司位于浙江台州,是生产特色原料药、制剂以及精细化学品、染料及染料中间体的上市公司。公司于2013年决定在德国以自有资金设立全资子公司,在德国多特蒙德成立GeneVida GmbH控股子公司。

宁波韵升股份有限公司自1995年以来专业从事稀土永磁材料的研发、制造和销售。公司于2012年在德国成立德国韵升子公司Yunsheng Magnetics(Europe)GmbH。

宁波博威合金材料股份有限公司,于2015年9月30日,正式收购了已有120年历史的德国企业Berkenhoff公司的100%股权。博威旗下的麦特莱公司将借此与Berkenhoff公司强强联合,通过技术、品牌、渠道及管理协同共享,成为该行业的国际一流企业。

杭州永创智能设备股份有限公司坐落于浙江省杭州西湖科技园区,是一家从事整套包装生产线的装备制造企业。公司于2014年在德国成立永创包装德国有限公司。

浙江三花智能控制股份有限公司是一家生产和研发制冷空调控件元件和零部件的厂商。公司于2012年收购世界领先暖通空调品牌——德国亚威科公司,成立德国三花亚威科有限公司。

---

① 《宁波华翔:完成收购德国塞尔纳》,中国证券报,2012年2月5日,http://news.cntv.cn/20120205/102687.shtml。
② 资料来自横店集团东磁股份有限公司官网,http://www.chinadmegc.com/investor.php。

东方日升新能源股份有限公司始创于1986年,公司主要从事光伏并网发电系统、光伏独立供电系统、太阳能电池片、组件等的研发、生产和销售。公司于2011年在德国设立100%控股子公司——东方日升新能源(德国)有限公司。

杭州杭氧股份有限公司是在原杭州制氧机集团有限公司的基础上通过股份制改造设立的国内最大的空分设备和石化设备开发、设计、制造成套企业。公司于2016年在德国法兰克福设立子公司——低温工程(德国)有限公司,并于2017年发布对控股子公司——低温工程(德国)有限公司增资的公告。

浙江闰土股份有限公司创建于1986年,是一家专业生产和经营染料及化工中间体、纺织印染助剂、保险粉、硫酸的大型企业。2011年6月,闰土股份与德国约克夏集团签署了《股权合作协议书》。公司拟用超募资金向约克夏控股增资750万美元取得约克夏控股60%的股权。

杭州诺力机械设备有限公司成立于2003年,是集研发、销售、服务于一体的专业物料搬运设备企业。于2006年在德国成立诺力欧洲有限责任公司,并完成了商标在欧盟25国的注册。

中捷资源投资股份有限公司位于浙江省台州市玉环县,经营范围包括投资管理、投资咨询服务、矿业资源及能源的投资等。2009年在德国建立中捷欧洲有限责任公司。

金卡智能集团股份有限公司是一家智慧燃气企业。公司于2016年在德国比蒂希海姆成立inotech Meter Calibration Systems GmbH。

浙江哈尔斯真空器皿股份有限公司是专业不锈钢真空保温器皿制造商。2016年,哈尔斯在德国成立境外子公司SIGG DeutschlandGmbH。

### 4.1.1.2 浙商在德国经营案例——积极突破开启健康产业的海归浙商朱培华

朱培华毕业于上海音乐学院,师从人民音乐家施光南。出国前,朱培华就已是浙江歌舞团小有名气的青年作曲家,因为对新事物有着天生的好奇和追求,加之班级同学中选择出国的人不少,朱培华便动起了"去外面的世界看看"的念头。"当然还有一个原因是穷。"朱培华回忆,"那时候一个大学生的月工资在50元左右,而我听说在德国做洗碗工每个月就能赚1000马克!"他骑着自行车,去当时延安路上杭州唯一的一家中国银行看外汇牌价,"1马克居然等于3.2元人民币,着实把我吓了一跳。"这也更加坚定了朱培华出国闯一闯的决心。

和很多初次出国的华人一样,朱培华的事业从跑堂、开餐馆开始。朱培华先是在一家餐馆里端盘子。因为工作出色,他当上了一家新开餐馆的总经理。那些日子里,他一天工作15个小时,几个月下来,餐馆经营得有声有色。摸熟了餐饮里的门道,朱培华开始自己创业。别人都希望餐馆建在客流量大的繁华街区,而他的餐馆却建在风景优美、远离闹市之地,做的是地道的中式菜,还弄了两个2.5米高的特制青瓷大花瓶当店招。一个上面彩绘的是卢森堡的阿道尔夫大桥和卢森堡大公馆,一个上面彩绘的是中国山水,中西文化就这样与美食相融。许多人来餐馆就餐就是为了和它们合照留念。

在国外站稳脚跟后,朱培华一直积极寻找事业的突破口,立志融入主流社会。2001年,他创办了卢森堡和协国际咨询公司,主要是促进中西方交流。中国莱芜钢铁公司与卢森堡阿塞罗钢铁公司的合作洽谈,便是朱培华公司对接的。阿塞罗是世界上最大的钢铁公司,和协国际名不见经传。为了拿下这个单子,朱培华组织员工突击培训钢铁方面的知识,中、卢两国的相关法规和条例,两家企业的需求等,做了一份精美且实用的项目计划书,最终脱颖而出。

机会总是垂青于有准备的人。一位德国朋友知道他对生命科学感兴趣,便向他介绍了德国太维生物公司。2002年底,朱培华成了德国太维生物公司(后改名为德国联合健康医药国际公司)的小股东。"一开始我们只占1%左右的股份。我当时想做这家公司的中国总代理。2008年金融危机爆发,它遇到困境,董事长就以优惠的价格把股份转让给我们,我们持股30%。"就这样,在十几年间不断增持股份,最终朱培华成为这家公司的董事长,开启了生物健康领域的产业规划。今天,朱培华掌管的卢森堡和协国际已成为一个横跨生物健康、金融、餐饮等多领域的跨国公司。除了担任卢森堡和协国际董事长、德国联合健康医药国际公司董事长,朱培华还是欧洲杭州总商会会长、卢森堡中国总商会会长,是第十二届全国政协海外列席代表。

2013年底,朱培华响应"浙商回归"的号召,将工作重心转向国内。朱培华每年有四五个月时间在国外,平常工作日专心处理公司事务,到了周末就"切换频道",全情投入音乐创作之中。朱培华认为,不论从事什么行业,都要满怀热情,"一头扎进去"。

### 4.1.2 浙商在捷克案例

捷克共和国,简称"捷克",是位于中欧的一个内陆国家。捷克是一个发达的资本主义国家,于2006年被世界银行列入发达国家行列,其拥有极高水平的人类发展指数,是欧盟和北约的成员国。

捷克被誉为"欧洲之心",是"一带一路"沿线国家中的重要一员。在捷克的华人中,80%以上来自浙江。2017年全年,浙江省对捷克进出口总额为50.88亿元,同比增长20.98%。由浙江省负责筹建的"一带一路"捷克站,是涵盖中欧班列、物流分拨、生产加工、跨境电商、展示交流、人文合作、综合配套等多种功能于一体的开放综合体,浙江省商务厅对外投资与经济合作处处长陈国荣向作者介绍,捷克端将建设浙江整体形象中心,义乌端建设捷克小镇。①

### 4.1.2.1 "一带一路"浙商基站捷克站

在2017年11月举行的第四届世界浙商大会开幕式上,"一带一路"浙商基站启动仪式成为一大亮点,捷克站、新加坡站、波兰站成为首批启动的三大浙商基站。当前,"一带一路"浙商基站正是浙江省深度参与"一带一路"建设的最新举措。据了解,捷克站是浙江省主动谋划并与捷方共商共建共享开放合作的重要载体,是推进"义新欧"班列常态化运行的重要举措,是浙江省深度参与"一带一路"建设的重点项目。"'一带一路'捷克站将发挥捷克在新亚欧大陆桥建设中的区位优势与产业优势,建设具有服务中心、贸易中转、物流中枢功能,涵盖物流、商贸、先进制造、综合服务等区块的开放综合体。"义乌市长林毅表示,"一带一路"捷克站的建设将带动义乌乃至浙江与捷克及其周边国家和地区双向贸易投资的增长,更好造福两地人民。

---

① 中华人民共和国外交部,捷克国家概况,https://www.fmprc.gov.cn/web/gjhdq_676201/gj_676203/oz_678770/1206_679282/1206x0_679284/。

"一带一路"捷克站将包括双向中欧班列（义乌—捷克）、海外义乌精品市场、物流中心、电商中转基地、生产加工基地、工程项目服务中心和综合服务中心，2017年完成团队组建、项目选址等工作，2018年正式挂牌。

#### 4.1.2.2 浙江与捷克产业合作

被誉为"欧洲之心"的捷克，是"一带一路"沿线国家中的重要一员，与浙江经贸往来密切。浙江省商务厅数据显示，2015年，双边贸易额达6亿美元；截至2016年9月底，捷克累计在浙江投资设立96家企业，主要集中在纺织服装制造业、皮革服装制造业、汽车零部件及配件制造业等。而位于中欧的捷克，也是浙商淘金的热土。中捷合作拍摄的电视剧《鸡毛飞上天》，就讲述了浙商在捷克奋斗的故事。

2016年6月中旬，浙江省与捷克工贸部签署经贸合作谅解备忘录（下称"备忘录"），其中，筹建中的中捷（宁波）国际产业合作园被写入其中。据悉，中捷（宁波）国际产业合作园位于慈溪，是浙江省首个中捷产业合作园。"在开发区内划出35平方千米作为国际产业合作园区域，目前筹建工作进展顺利。"慈溪滨海经济开发区办公室主任孙巍向浙江在线记者介绍，占地面积200亩的中欧（捷克）宁波产业基地一期工程已经开工建设，预计2017年7月建成投用；总面积6172平方米的功能配套用房已经落实，用于满足客商接待、人才住房保障、商贸平台设置。据了解，产业园将重点引进捷克汽车及零部件、机械设备、电气、通航等优势产业项目，同时鼓励本土企业到捷克等中东欧国家投资项目、开拓市场。

《宁波日报》报道称，据不完全统计，慈溪有超过1000家企业与中东欧有业务往来，其中超过3成的企业与捷克有业务往来。早在20世纪90年代初期，敢为天下先的浙江企业家就纷纷"走出去"到中东欧淘金。如今，在"浙商回归"的感召下，这些漂洋过海的浙商又纷纷以外资或中资形式回家乡投资。用"走出去"带动"引进来"，"备忘录"中的另一项内容——万丰奥特集团与捷克政府贸易促进局签署《关于在捷克开展航空产业合作并将捷克航空产品和技术引进浙江的合作备忘录》，正是这句话最好的印证。而在2016年4月，万丰奥特控股集团就与捷克Direct Fly公司签署了战略合作协议，万丰航空首个飞机制造项目落地。据了解，这仅仅是万丰与捷克航空企业合作的第一步,未来万丰将在捷克成立飞机研发中心,进一步加强与捷克航空龙头企业合资合作。"双方的合作意味着万丰航空的整机制造业务迈出实质性一步,首款万丰品牌飞机也会在不久后面世。"万丰奥特控股集团总裁陈滨说,捷克在轻型运动航空领域处于国际领先水平,本次收购一方面引进捷克在航空产业的核心技术;另一方面会把一些轻型运动航空产品引入国内,满足国内需求。

"浙江企业'走出去'正迎来大好时机,中东欧国家工业基础好,捷克更是老牌工业强国,拥有浙江产业转型升级需要的技术和设备,是浙企出海的理想目的地,未来合作内容将更丰富。"浙江商务研究院院长张汉东表示。

### 4.1.3  浙商在奥地利的案例

奥地利共和国,简称"奥地利",是一个位于欧洲中部的议会共和制国家。首都维也纳,是奥地利最大的城市。奥地利是一个高度发达的资本主义国家,也是世界著名的山地国家之一,其工业特点是国有化程度高,国有企业控制了95%的基础工业和85%以上的动力工业,产值及职工人数均占其总数的70%,1995年加入欧盟,是OECD的创始国之一。1995年签订申根公约,1999年接受欧元。

2014年10月1日,奥地利总统海因茨·菲舍尔签署命令,授予上虞人陈建成"奥地利共和国银质荣誉勋章",感谢他为奥地利共和国做出的杰出贡献。据悉,陈建成是第一位获此殊荣的绍兴乃至浙江企业家。奥地利副总理、科研及经济发展部部长米特雷纳博士在中国上海外滩凯越酒店为陈建成先生举行了"奥地利共和国银质荣誉勋章"的授勋仪式。奥地利共和国荣誉勋章是奥地利目前可授予的最重要的国家级荣誉,1952年4月2日国民议会通过了此项法案,勋章获得人必须为奥地利做出卓越的贡献。

2011年10月,卧龙集团收购了奥地利ATB集团,使这家在欧洲仅次于德国西门子、瑞士ABB的电机集团公司,在国际金融危机后,经营形势迅速改观,收购当年ATB集团扭亏转盈,年均投资收益率超过20%。在收购奥地利ATB集团以后,卧龙集团还一直致力于推进绍兴与奥地利在经济、文化、政治等方面的交流与合作。

### 4.1.4　浙商在匈牙利案例

匈牙利是一个位于欧洲中部的内陆国家,首都为布达佩斯。匈牙利是一个中等发达的资本主义国家,人均生活水平较高。

#### 4.1.4.1　欧洲浙江总商会在匈牙利

据欧联网2016年报道,欧洲浙江总商会成立大会暨第一届理事会就职典礼日前在匈牙利首都布达佩斯隆重举行。欧洲浙江总商会的成立对浙商来说是一件有着重要意义的大事。浙江人在海外创业经商一直处于先锋角色,欧洲浙江总商会的成立,将会更好地发挥浙商的桥梁作用,团结海外华商,实现抱团发展。

匈牙利国会议员欧拉·劳尤什代表当地政府对欧洲浙江总商会成立、叶庆盛当选为首届会长表示祝贺。他充分肯定了浙商为中匈两国友好合作、互利共赢所做出的贡献,同时欢迎更多的华商、中国企业赴匈牙利投资,抓住"一带一路"建设的发展机遇,积极拓展事业,为中匈经济发展和两国人民的友好交往发挥积极作用。欧拉·劳尤什表示,中国与匈牙利的友好关系有着悠久的历史,近年来两国高层来往十分密切。希望通过欧洲浙江总商会和广大华侨华人的共同努力,不断密切两国民间交往和经贸文化交流,带动两地经济繁荣与发展,促进两国友好关系稳定长久发展。[①]

#### 4.1.4.2　开山合资公司建立匈牙利首个热电站

浙江开山压缩机股份有限公司,是一家拥有超过60年历史的专业压缩机企业,总部位于浙江省衢州市。2016年7月5日,公司公告,开山股份合资公司KS ORKA以200万欧元的对价收购匈牙利Turawell地热公司51%的股权。11月29日,匈牙利布达佩斯郊外,开山Tura地热电站项目正式并网发电,这是开山在欧洲的首个地热发电项目,也是匈牙利国家的首个地热发电站。该项目完全按照欧洲标准设计建设,并经过严格的验收,取得

---

① 博源:《欧洲浙江总商会在匈牙利成立 叶庆盛任会长》,中国新闻网,2016年9月2日,http://www.chinanews.com/hr/2016/09-02/7991996.shtml。

了并网许可,所生产电力输入欧洲电网。目前,公司海外其他地热电站建设进展顺利,随着海外地热电站陆续投入运营,开山转型为地热新能源运营商和地热发电设备提供商取得了具有标志意义的进展。

### 4.1.5　浙商在瑞士案例

瑞士联邦是中欧国家之一,全境以高原和山地为主,有"欧洲屋脊"之称。1815年维也纳会议确认瑞士为永久中立国。此后瑞士从未卷入过任何形式的战争。1848年制定宪法,设立瑞士联邦委员会,成为统一的联邦制国家。在两次世界大战中均保持中立。但同时也参与国际事务,许多国际性组织的总部都设在瑞士。[1]瑞士是一个高度发达的资本主义国家,也是全球最富裕、社会最安定、经济最发达和拥有最高生活水准的国家之一。

#### 4.1.5.1　浙江上市企业在瑞士
#### (1)宁波慈星并购瑞士事坦格

宁波慈星股份有限公司是中国最大的电脑横机制造商,于2010年6月,在全球金融危机的大背景下,慈星全资收购了瑞士事坦格集团及其旗下的意大利时尚设计中心,这是一个拥有60年历史的电脑针织横机企业,也是世界第三大电脑横机制造商。宁波慈星股份有限公司董事长孙平范回答记者时谈道:"收购事坦格,看中的是其丰富的产品线、海外销售渠道和强大的研发力量。事坦格电脑横机的嵌花技术在全球是最先进的,研发能力也很强。但过去因为价格比较昂贵,所以事坦格全球市场销量不高。"也正是抓准了事坦格的这个弱点,慈星不止一次与其谈合作,而真正目的则是并购。这次国际并购为慈星插上了全球化的翅膀。

从事坦格那里极大地提升了慈星的嵌花技术,而以第一大股东参股意大利Logica公司,则帮助慈星占领了另一个研发制高点——制版软件。在收购完成后实施的国内外双品牌战略,更加奠定了慈星电脑横机在全球的行业地位,加速了慈星在海外市场的拓展之路。2015年,慈星电脑横机年产

---

[1] 中华人民共和国外交部,瑞士国家概况,https://www.fmprc.gov.cn/web/gjhdq_676201/gj_676203/oz_678770/1206_679618/1206x0_679620/。

量和年销量均居全球第一,超过世界前两强德国斯托尔和日本岛精的总和,已成为全球最大的针织机械设备生产基地。[①]

### 4.1.5.2 浙商在瑞士经营案例——永康哈尔斯并购瑞士SIGG

2016年4月,浙江哈尔斯真空器皿股份有限公司收购瑞士百年品牌SIGG,该项目系国内真空器皿行业首个民营企业跨国并购大单。

总部位于金华永康的哈尔斯是国内真空器皿行业中首家上市公司,也是国内最大的不锈钢真空器皿生产厂商,随着生产规模的日益扩大,企业萌生了"走出去"开展并购的想法。瑞士SIGG公司创建于1908年,是一家定位于高端水具设计、生产和销售的百年品牌上市公司,经过百余年的发展已成为一个拥有多样化产品的国际性品牌。哈尔斯收购SIGG公司后,一方面,由于SIGG在欧美市场上拥有非常高的品牌认知度,哈尔斯可以借此顺利地进入国际市场;另一方面,哈尔斯完整的产品线和强大的研发能力可以弥补SIGG在产品线拓展、研发上的短板。

# 4.2 浙商在北欧

北欧是政治地理名词,特指北欧理事会的5个主权国家:瑞典、挪威、芬兰、丹麦、冰岛。地域包括欧洲北部的挪威、瑞典、芬兰、丹麦和冰岛共5个国家,以及实行内部自治的法罗群岛。北欧的绝大部分属于温带大陆性气候,冬季漫长,气温较低,夏季短促凉爽。冰岛、挪威北部属于寒带气候,丹麦、斯堪的纳维亚半岛西南部属温带海洋性气候。北欧国家的人口密度在欧洲相对较低,经济水平则最高。挪威、丹麦、冰岛等国的人均国民生产总值均遥居世界前列。林业、水力发电、铁矿开采、渔业、造船业和航运业,均为北欧的传统经济部门。

---

[①]《他是宁波"横机神童",创业两次成全世界最能卖横机的人》,搜狐网,2018年1月29日,http://www.sohu.com/a/219559717_682268。

### 4.2.1　浙商在瑞典案例

瑞典王国,是北欧最大的国家,首都为斯德哥尔摩。[①]由于气候寒冷,农业比重较小。工业发达而且种类繁多,瑞典拥有自己的航空业、核工业、汽车制造业、先进的军事工业,以及全球领先的电讯业和医药研究能力。在软件开发、微电子、远程通信和光子领域,瑞典也居世界领先地位。

在瑞典的浙商中,吉利收购沃尔沃引起世界广泛关注,第二章已经详细介绍,因此本章介绍其他典型的浙商案例。

### 4.2.1.1　瑞典华人工商联合会会长王建荣

王建荣于1958年出生在浙江青田。王建荣的爷爷王祝标在1930年就去了法国,后来来到瑞典。瑞典当时只有5个中国人。20世纪70年代后期,中国开始对外开放。王建荣的父亲首先出国,来到瑞典,与其父亲团聚。1977年,刚刚高中毕业的王建荣,也和其他同学一样,一毕业就出国创业了。当时很多人读完小学就毕业回家了。但是他读了高中,而且他的同学中有40人是华侨子弟。这些华侨子弟大部分都是那个时候出来的,因此,现在遍布在欧洲各个国家,都已经开辟了一片新天地。

"当时我来到瑞典,是旅游签证。续签时,警察局就问你两句话,'你喜不喜欢瑞典,愿不愿意留下'。如果说愿意,就立即盖章,一签就是5年。当时,瑞典正面临缺少产业工人的时候,如果从非洲请人来,一个家庭要花15万克朗。而我正好是青壮年时期,所以他们愿意让我来。"王建荣说,"我在国内学过机械。在这里也读了机械,但是没有用上。民以食为天,我们家开了饭店,然后做贸易。没想到,两年之后,我是第一个北欧的中国人在1979年参加了广州交易会。还有几个公司让我做代理。"从那时起,王建荣开启了不断往来于中、瑞之间的商业往来。后来很多人都开了有蒙古字眼的饭店,但是,他是最早开的,也是最早的自助餐饭店。这也可以说是他的创新。

20世纪90年代,随着中国改革开放政策的不断深入,王建荣开始把经

---

[①] 中华人民共和国外交部,瑞典国家概况,https://www.fmprc.gov.cn/web/gjhdq_676201/gj_676203/oz_678770/1206_679594/1206x0_679596/。

济重心放到了国内。王建荣说,青田人在欧洲实力很强的原因是他们把亲戚朋友都带到了海外。因此,做事尤其要考虑不只是赚多少钱或者是我能赚多少钱,而是要看如何符合他们的利益,符合群体的利益。所以,他感到担子很重,但也感到很自豪。他们也在这个过程中取得了丰硕成果。①

### 4.2.1.2　拓普集团:跟随吉利设立瑞典研发中心

拓普公司发布公告,全资子公司将出资5万瑞典克朗在瑞典哥德堡市设立全资子公司"拓普(瑞典)技术有限公司",即研发中心,预计投资总额为1000万瑞典克朗,约770万元人民币。瑞典研发中心主要是为吉利CEVT配套设立,公司对CMA平台的同步开发和产品配套有望走向纵深。吉利收购沃尔沃汽车之后便与之在瑞典哥德堡联合成立了中欧汽车技术中心,建立国际化的共同研发体系,其首要任务便是开发CMA模块化平台。据称,瑞典研发中心的设立主要是为了配合CMA平台同步研发,之所以在瑞典本部而非国内研究院,是因为配套研发需要进一步走向纵深;长期来看,通过海外布点、海外招募,还将完善公司的全球化布局。拓普是自主共振的典型例证,不仅享受吉利等自主车企销量增长带来的下游红利,还将享受研发红利,与之共同推动技术前沿化、产品高端化,巩固竞争实力。

## 4.2.2　浙商在丹麦案例

丹麦王国,北欧5国之一,是一个君主立宪制国家,拥有两个自治领地,法罗群岛和格陵兰。首都兼第一大城市是哥本哈根。丹麦是一个高度发达的资本主义国家,也是北约创始国和欧盟成员国之一。该国拥有极其完善的社会福利制度,经济高度发达,贫富差距极小,国民享受极高的生活品质。②

1935年春,一个24岁的宁波小伙带着简单的行李,只身一人乘火车横穿亚欧大陆,前往遥远的丹麦。生长在农业大国中国,他和父亲都有"农业

---

① 陈雪霏:《瑞典浙商王建荣:北欧还有很多机会》,北欧绿色邮报网,2017年2月16日,http://www.zjsr.com/zshw/201702/t20170216_245609.shtml。

② 中华人民共和国外交部,丹麦国家概况,https://www.fmprc.gov.cn/web/gjhdq_676201/gj_676203/oz_678770/1206_679062/1206x0_679064/。

救国"的理想,渴望在异国学到先进的耕作技术。可就在他学成之时,"二战"爆发了,交通隔绝,归国无门的他只能漂泊海外,这一等就是大半生。1949年,范岁久接受梅迪奇纳克药厂之聘,担任微生物科主任。6年之后,出于偶然的想法,他开始试着把家乡的春卷放到丹麦市场上卖,竟意外大受欢迎。从手工时代每天卖500只,到后来"大龙"春卷厂日产量突破100万只,范岁久成了丹麦名副其实的"春卷大王"。岁月流逝,晚年的范岁久曾应邀回国访问,但因种种原因,未能造访宁波。2017年10月25日,宁波帮博物馆举行"丹麦'春卷大王'范岁久特别展",以纪念展的形式替他完成"回家"的遗愿。范岁久的儿子范汉民来到了展会现场。

范岁久的老同学波尔·汉森对此感叹道:"范岁久的一生,创造了一个连安徒生也写不出来的童话!"为此,丹麦哥本哈根大学教授迪特列夫·塔姆将根据范岁久的讲述,写一本关于范岁久传奇一生的书籍,取名为《春卷的童话》。

### 4.2.3　浙商在挪威案例

挪威王国,意为"通往北方之路",首都为奥斯陆。挪威是高度发达的工业化国家,石油工业是国民经济的重要支柱,挪威也是北欧最大的产油国和世界第三大石油出口国。自2001年起挪威已连续6年被联合国评为最适宜居住的国家,并于2009—2018年连续获得全球人类发展指数第一的排名。①

短短几年间,有个杭州人在挪威成功创业,完成了从打工者到老板,再到挪威乃至整个欧洲侨领的"三级跳"。他就是马列,现任欧洲杭州联谊总会会长、挪威浙江华人华侨联谊总会会长、挪威弗莱德公司董事长。

马列是挪威浙江华人华侨联谊总会和欧洲杭州联谊总会的主要发起人和创始人之一。旅欧前的马列,曾是杭州一家国有企业的普通烹饪人员。1990年11月,他漂洋过海远赴北欧创业,把精美绝伦的中国烹饪技艺和丰富灿烂的中国饮食文化推向挪威,一度引领了当地餐饮业的新潮流。在挪

---

① 中华人民共和国外交部,挪威国家概况,https://www.fmprc.gov.cn/web/gjhdq_676201/gj_676203/oz_678770/1206_679546/1206x0_679548/。

威创业成功后,难以割舍的"故乡情"使马列萌发了牵头创建海外社团组织、加强与祖国联系、为旅欧广大侨胞谋福祉的心愿。为此,他奔走于在欧洲创业生活的浙籍华人华侨之间,想方设法加强与他们的联系,先后筹建了挪威浙江华人华侨联谊总会和欧洲杭州联谊总会,架起海外游子自己的家。[①]

## 4.3 浙商在西欧

西欧,是指欧洲西部的发达国家,是一个政治概念,多为北约组织成员国,属北温带。狭义上的西欧指欧洲西部濒临大西洋的地区和附近岛屿,包括英国、爱尔兰、荷兰、比利时、卢森堡、法国和摩纳哥7个国家。广义则还包括德国、奥地利、瑞士、意大利、西班牙、葡萄牙、挪威、瑞典、丹麦、芬兰、冰岛、希腊等欧洲发达资本主义国家。本章采用狭义上的西欧定义。

### 4.3.1 浙商在英国案例

大不列颠及北爱尔兰联合王国,本土位于欧洲大陆西北面的不列颠群岛。英国是由大不列颠岛上的英格兰、威尔士和苏格兰以及爱尔兰岛东北部的北爱尔兰以及一系列附属岛屿共同组成的一个西欧岛国。英国是一个高度发达的资本主义国家,欧洲四大经济体之一,其国民拥有较高的生活水平和良好的社会保障制度。北京时间2018年3月19日,欧盟与英国就2019年3月英国脱离欧盟后为期两年的过渡期条款达成广泛协议。[②]

#### 4.3.1.1 浙江上市企业在英国

在英投资的浙江上市企业包括:

杭州海康威视数字技术股份有限公司,于2016年5月,收购英国公司Secure Holdings Limited,SHL已正式成为海康威视的全资子公司。

---

① 胡大淼、王夏斐:《旅欧爱国华商马列:心怀爱国志 情系桑梓缘》,中国新闻网,2010年5月24日,http://www.chinanews.com/zgqj/news/2010/05-24/2299693.shtml。
② 中华人民共和国外交部,英国国家概况,https://www.fmprc.gov.cn/web/gjhdq_676201/gj_676203/oz_678770/1206_679906/1206x0_679908/。

浙江京新药业股份有限公司,于2014年12月,公司与英国Crescent公司共同投资在英国设立合资公司。

联化科技股份有限公司,于2017年与位于英国曼彻斯特的North Edge Capital达成了收购其位于英国米德尔斯堡的Fine Industries Ltd.的协议,包括其下属子公司Fine Organics Ltd.和Fine Environmental Services Ltd.("Fine Industries Group")。

浙江大华技术股份有限公司,于2016年在英国成立子公司Dahua Technology UK Limited。

宁波美康生物科技有限公司,于2016年在英国成立子公司VAP DI-AGNOSTICS LABORATORY INC。

### 4.3.1.2 英国脱欧对浙商的影响

面对这场让外界颇感意外的公投结果,英国中华传统文化研究院院长单桂秋林表示,浙商在英经贸活动非常活跃,很多也做得很成功,但不可否认,此次公投的结果暂时让不少浙商会蒙受一定的损失,"但任何事都有利弊,我认为,这是一阵短痛,长远而言,中英经贸发展依旧会越来越好。"单桂秋林认为,中国现在在全球经济发展中处于一个快速上升期,对此英国非常明白,因此"脱欧"可能反而会意味着英国或许会和中国有着更紧密和深入的发展,这对中国商人是一个利好。原本主张留欧的全英华人华侨中国统一促进会会长单声博士也表示,虽然公投的结果让他很意外,但他非常尊重英国民众的决定;并且也认为,英国"脱欧"对中国的影响并不大,甚至长远看,商贸层面会是利好。"英国原本在欧盟体系内就享有一些特权,就算'脱欧',浙江在英国的商贸活动,可能会在短期内受到影响,并且造成这种情况的因素可能更多还是在心理上的。"[①]

### 4.3.1.3 英国浙江联谊会暨商贸会主席——李雪琳

李雪琳是英籍杭州侨界的G20海外宣传大使。1989年,浙江大学硕士

---

① 陈伟斌、韩兢:《在英浙商阵痛难免 但未来仍可期待》,浙江在线-钱江晚报,2016年6月25日,http://biz.zjol.com.cn/system/2016/06/25/021202452.shtml。

毕业的李雪琳初到英国两个月,就得到英国约翰·哈雷斯建筑事务所的助理建筑师这份体面又高薪的工作。但自己再努力也挡不住经济不景气对行业的影响。在坚持了半年后,她向建筑事务所的老板提交了辞职信,决定尝试自己创业。抱着试一试的心态,她把国内的各种衣服、箱包、鞋子、礼品等样品都带到了英国,对照着英国进口商名册,一家家敲门跑起了业务。当时,制造商正处在开拓海外业务的关键期,这是一个美好的开始。在转型做房地产生意前,李雪琳已经成为英国四大礼品进出口公司最大的供货代理。随着李雪琳从英国的乡村搬到伦敦市中心,她的房产生意版图也越做越大。如今,她专注在伦敦市中心经营高端住宅的开发项目。除了创业者外,李雪琳还有一个身份——英国浙江联谊会暨商贸会主席。至今,英国浙江联谊会成为在英最活跃的华人社团之一。

## 4.3.2　浙商在法国案例

法兰西共和国为欧洲国土面积第三大、西欧面积最大的国家。法国从中世纪末期开始成为欧洲大国之一。法国是一个高度发达的资本主义国家,欧洲四大经济体之一,其国民拥有较高的生活水平和良好的社会保障制度,是联合国安理会五大常任理事国之一,也是欧盟和北约创始会员国、申根公约和八国集团成员国,是欧洲大陆主要的政治实体之一。

### 4.3.2.1　法国华人服装业总商会会长——浙商章毅

章毅,祖籍浙江青田,是法国华人服装业总商会和法国浙江商会的名誉会长。

20世纪80年代,章毅漂洋过海到法国寻求发展,沉甸甸的行李中,就有一箱青田的石头。那是家乡的念想,也是待飞的梦想。如同很多旅法浙商,章毅白手起家,是最早在巴黎第11区从事服装批发行业的华人之一。2006—2010年连续两届担任法国侨界第一家行业协会——法国华人服装业总商会会长。2012年11月,章毅的"干版－光影"摄影展在巴黎中国文化中心举办,展出20余幅用玻璃干版成像技术制作的作品,反映中法两国的民俗风情和风景名胜,在法国引起很大反响。法国埃松省议会主席杰罗姆·格帝、法国摄影博物馆馆长朱莉·高特维尔、法国摄影博物馆协会主席克楠以及众多摄影业内人士到场观展。法国极品艺术世界协会主席皮埃尔·诺曼·盖尼尔对章毅的作品大为赞赏,他说:"在法国,玻璃干版成像工艺几已失传,却在一个华人手中发扬光大,可亲可佩。"2015年,因为在摄影领域的杰出成就,章毅获颁全球公益联盟银质勋章。历经坎坷拼搏,章毅成为成功企业家。被问及为何钟情于摄影与绘画艺术,章毅先生表示,生命的长度虽然是固定的,但宽度是无限的,自己自幼热爱艺术,在经济独立以后,更要追求心灵的自由,摄影、绘画的广袤世界,就是自己毕生的挚爱。①

### 4.3.2.2 浙商在巴黎现状

一位浙商曾这样自豪地说:"如今到欧美旅游,你不会说英语没关系,能说温州话说不定比英语还管用。"他这话虽然有些夸张,但也真实地反映了浙江人对世界市场的开发程度——而这一切成功足迹的背后,浸透了浙江商人不怕吃苦的辛勤汗水。

在位于塞纳河边的巴黎市政厅,从它侧面一个明亮的路口拐进去,就到了"寺庙街"。这条优雅而不失张扬的小街,正是温州商人在巴黎最早的据点。现任华侨华人协会主席的林加者,就是第一个把围巾店开上这条街的人。说起20多年前的"寺庙街",有着中法混血血统的林加者笑笑说:"那时还完全是犹太人的地盘,我们只能捡人家扔掉的布头。"然而,与百年前初闯法国的浙江青田人、贩卖纸花的湖北天门人不同,20世纪70年代初到来的这位林家第二代人,却幸运地看到了比以往任何赴法'谋生'的移民都有利的形势:中法经贸关系的加强,浙江沿海新一代商人的增多。

有着商界老大身份的犹太人的地位开始动摇了,因为他们第一次面对做工不要命的温州人。温州人的苦干不唯什么主义和理论,练的是滴水穿石的功夫,这是任何商业字典里都找不到的路数。犹太人渐渐开始出卖店铺给温州人,后来温州货的畅销势不可挡,犹太人的店里居然也写上了中文。而今天,这条街已经名正言顺地归温州人管辖,犹太人选择了退出。占领区并没结束,"寺庙街"再往东,温州人的商店已经火爆延伸至巴黎郊区。

---

① 《专访法国华人干版摄影家章毅》,环球时报-环球网,2017年2月9日,http://news.163.com/17/0209/11/CCR3M8A9000187V9.html。

特别是近几年,这种神速扩张竟可制造一夜暴富的机会。

除此以外,环巴黎市郊一个大圆的范围内,还分布着上千家温州餐馆。如今巴黎夜色里,商场的硝烟弥散之处,开着奔驰长龙、从容周旋于生意场和高档消费地的温州新贵们,俨然成了一支不可小觑的商业力量。他们住郊外的法式别墅、送孩子上私立学校、穿名牌服饰,挤出时间度一次奢侈的假期;他们早点仍然喝豆浆,仍然喜欢群聚并奔忙,却早已不是街头身无分文、四顾茫然的亚洲苦工,而是可以独自挥舞上千万乃至上亿元个人资本的成功商人。

对于大多数人来说,浙商在异国他乡的经商之道仍然是个谜。去欧洲的中国人非常多,但为什么偏偏是温州人如此成功? 强烈的赚钱欲望可能是温州人成功的第一要素。没有一个温州人试图掩饰他们血液里始终兴奋着的发财欲望。"不赚钱,毋宁死。"这是他们的逻辑。20 世纪 80 年代初来法国的温州人,身份各异:工人、会计、农民、手工业者、个体商人。那时几乎要借钱买机票的境况,注定了他们无一例外地要从皮包厂和餐馆的苦工做起。这是当时华人仅有的两档生意——规模不大,经营状况良好。温州人承认自己不比犹太人聪明,也没有与人家匹敌的经商史。但这个后来被称为"中国犹太人"的人群,却以吃尽天下苦的不二法则,吓退了整条街上的犹太人,挤进了巴黎商业场。

在所有的人都有了小小的手艺和资金积累之后,温州人最乐于称道的群体团结的优势就显现出来了。最初小老板的起步资金几乎不需要很久的积累,有人要开店,亲戚朋友都会解囊相助。随后,家庭作坊的制作与经营节省了大笔的成本,使温州店的起步非常平稳。一位温州商人一家人开始时租的就是那种最便宜的顶层小阁楼,20 平方米,一台机器每天转,再加一张桌子,晚上用来睡觉,白天用来做工。与其他法国人或犹太人不同,他们不会请外人做会计或员工,所有管理都是夫妻俩加上孩子来完成。正是基于这种需要,温州人的到来都是滚雪球似的,生意不断扩大,他们不断从家乡找来兄弟姐妹一起做,所以很多人出来的时候孑然一身,回乡探亲时已经是妻儿亲戚十几口人。他们起初甚至捡来犹太人扔掉的布头或碎皮,做成小钱包出售。同样一条皮带,别人卖 15 元,温州人卖 12 元。压低了成本和价格的货品,让他们的市场很快光亮起来。

做了一辈子生意的温州人其实很有自知之明。他们被说成"中国犹太人",在生意场上也的确表现出越来越强劲的上升态势,但他们知道,目前国内产品市场的强大支撑才是他们如此霸气的真正原因,而超常的埋头苦干精神让他们得以在竞争中胜出。[2]

### 4.3.3　浙商在荷兰案例

荷兰首都设在阿姆斯特丹,但是其中央政府、国王居住办公地、所有的政府机关与外国使馆、最高法院和许多组织都在海牙。荷兰是一个高度发达的资本主义国家,以海堤、风车、郁金香和宽容的社会风气而闻名,在对待毒品、性交易和堕胎的法律是全世界最为自由化的。荷兰是全球第一个同性婚姻与安乐死合法化的国家。

#### 4.3.3.1　吴焕民:在"风车之国"闯荡的浙商神话

1973年,为方便照顾父亲,身为长子的吴焕民奔赴荷兰帮助父亲打理基业,在国外开始了他崭新的人生旅程。经过5年的积累,1978年,吴焕民开始独立创业,开办了第一家餐馆"皇城酒家"。颇具经商头脑的吴焕民把酒店经营得有条不紊,生意一直都很火爆,之后又连续开了"莲花酒家""明珠大酒店"等8家酒店。虽然在国外取得了成功,思乡情切的吴焕民却总想回国做番事业,为祖国奉献自己的力量。1998年,吴焕民回到祖国,回到家乡。2016年,吴焕民准备投入青田县社会主义新农村建设的洪流当中,全力把老家屏风寨打造成一个环境优美、设备齐全、现代化的"荷兰山庄",将其打造成青田县精品旅游的新增长点。欧洲媒体这样报道他,他的一生仿佛一个神话,不断地创造奇迹,不断地创造荣誉。①

#### 4.3.3.2　荷兰傅旭敏:从风车王国回到宁波卖"洋货"

傅旭敏,男,1964年出生,籍贯浙江青田。荷兰得力浦集团董事长、五星集团董事长、荷兰华人青年联合会会长、荷兰中国文化交流基金会会长。他

---

① 谢庆:《吴焕民:在"风车之国"闯荡的浙商神话》,世界浙商网,2016年10月8日,http://www.zjsr.com/zshw/201610/t20161008_214718.shtml。

投资开发的欧洲华商大厦是宁波市"侨资回归、总部经济"的重点项目。

傅旭敏于1989年3月旅居荷兰,先后从事餐饮、进出口贸易、工业、房地产。2002年6月,在中国驻荷兰大使馆的支持下,他以"资金与技术结合"为主题,首创荷兰华人经济技术发展中心,出任主席。2006年1月,他组建荷兰华人青年联合会,出任首任会长,为推动荷华青年积极参政议政,融入主流社会做出了积极努力。他还组织全荷华人的国庆、春节、中文教育等大型活动,主持策划2003—2007年每年春节的全荷华人联合庆新春活动。为了吸引更多的欧洲华商回国投资兴业,2016年6月,在傅旭敏的推动下,由欧洲华商会、浙江华商汇电子商务有限公司和宁波市鄞州区政府共同打造的"中欧跨境电商产业园"正式挂牌成立。未来,这里会形成以欧洲华商大厦为中心的"一核多点"跨境电商园区。这是一个欧洲华商会旗下的海外正品跨境购物平台,是中国首家跨境O2O电商平台,为消费者提供更多购物选择和优质的跨境购物体验。

### 4.3.3.3 胡允革获荷兰女皇授绅士勋章

胡允革,出生于文成县玉壶镇。1980年,胡永革背井离乡,赴荷兰开始了自己全新的人生。刚到荷兰,人生地不熟的胡允革先在别人的餐馆里打工维持生计。经过6年的拼搏,1986年,胡允革开了自己的第一家酒楼——孔夫子酒楼,之后又经营了美堡快餐店、皇朝酒楼。依靠自己的勤劳和智慧,再加上经营有方,胡允革的餐饮事业越做越大,经济日趋雄厚,事业蒸蒸日上。1993年,他回国在山东创办了蓬莱天阁葡萄酿酒有限公司和山东天府钾石矿厂。他把酿酒公司生产的优质产品销往荷兰,同时又在荷兰创办了荷兰东亚进出口公司。由于胡允革长期热心社会工作,服务侨界,为荷兰社会的进步与经济发展——祖国和平统一大业做了许多有益的工作。2001年,荷兰中国和平统一促进会成立,推选他为会长;2004年,荷兰女皇授予胡允革绅士勋章。

### 4.3.4 浙商在比利时案例

比利时是19世纪初欧洲大陆最早进行工业革命的国家之一,无论是地理上还是文化上,都处于欧洲的十字路口。国土面积虽不大,但各具特色的旅游景点遍布全国。首都布鲁塞尔不仅有闻名于世的滑铁卢古战场，也是欧盟与北约的总部所在地。比利时是一个高度发达的资本主义国家，外贸为其经济命脉，是世界十大商品进出口国之一，全国GDP的大约三分之二来自出口。比利时拥有极其完善的港口、运河、铁路以及公路等基础设施，为与邻国更紧密的经济整合创造了条件，比利时是欧盟和北约创始会员国之一，也是联合国、世界贸易组织等国际组织的成员国。

### 4.3.4.1　比利时中华妇女联合会会长杨爱娥

成立于2002年的比利时中华妇女联合会是一个由在比利时华侨华人妇女组成的社团。授人以鱼，不如授人以渔。妇女联合会自2004年开始资助云南贫困儿童上学，所有捐款都通过外交部转交当地政府有关部门，至今爱心接力从未间断。捐赠对象也由最初的40人逐渐增加到了如今的170人，其中多数是女孩。已过花甲之年的比利时中华妇女联合会会长杨爱娥一人就捐助了10名学生，每人每年500元人民币。她说："我们的一个小小举动，能让那些孩子感受到爱心和关怀，他们的人生轨迹甚至可能因此而改变。伸出手帮助他们渡过难关，这样的事儿何乐而不为呢？"

1968年，来自浙江青田的夏廷元在距比利时首都布鲁塞尔约70千米的小城蒙斯开设了第一家中餐馆，取名"新中国"。5年后，不到20岁的杨爱娥嫁给了夏廷元，从此两人不仅成为齐闯天下的夫妻，更是并肩携手做慈善的知音。自1974年第一次回国探亲起，夏廷元和杨爱娥夫妇每次返乡都捐款捐物，无条件地资助家乡办学校、搞建设。在家乡建造青田第一座大桥"瓯江大桥"、兴建华侨陈列馆和村中铺路架桥等重大工程建设中，两人总是慷慨解囊。1992年，他们还捐献100多万元人民币，在青田县建造了一座设施齐全的现代化体育馆——"夏康体育馆"。为善最乐，在采访杨爱娥的过程中，她还在不停地通过微信与欧洲华商扶贫基金会会长何晓耀及比利时《华商时报》社长罗玉宏商量筹办即将在中国驻比利时大使馆举办慈善图片展事宜。这次图片展将主要展出比利时华侨华人社团历年参与慈善捐助的精彩瞬间，希望在当地华侨华人中弘扬正能量，用他们的事迹激励更多人扶贫济困、回馈社会。①

### 4.3.4.2 比利时打拼20年，今回乡再创业

徐选新，温州永嘉人。1992年，徐选新和大部分出国门的温商一样，跟随着亲戚来到比利时一家餐馆打工。5年的打工经历，不仅带给他创业的第一笔资金，更带给他饭店管理的宝贵经验。5年后，徐选新拿着自己辛苦所得和筹集的资金，开了一家小餐馆。从此，正式踏上了餐饮行业，一做就是15年。"在比利时的温商，早年间大多数都是从事餐饮行业。"徐选新说，随着在比利时的中国人不断增多，中餐馆间存在激烈的竞争。他发现，近六七年渐渐有不少温商从事贸易行业，将国内的日用品、服装等出口到比利时，并在自己开办的零售商店里销售。其中业绩突出的还开办了连锁商场。

作为比利时温州同乡会的会长，徐选新每逢过年过节都会组织会员聚会，积极吸纳新会员。"出门在外的都是兄弟，特别是比利时的温商之间，资金拆借都是非常正常的。"徐选新说，这次参加世界温商大会，他就打算和同在比利时的几位温商一起考察项目，选择后进行投资。"比利时的工人工资非常高，单说饭店员工年工资就需要二三十万元。"徐选新说，再加上欧债危机的影响，回乡投资，不仅是作为温籍华侨对温州的贡献，更是在现今世界经济环境下的一个好选择。②

## 4.4 浙商在南欧

南欧，是欧洲南部的简称，范围包括伊比利亚半岛、亚平宁半岛及巴尔干半岛南部，包括西班牙、葡萄牙、安道尔、意大利、希腊、马耳他、梵蒂冈、圣马力诺、斯洛文尼亚、克罗地亚、阿尔巴尼亚、罗马尼亚、保加利亚、塞尔维亚、黑山、马其顿、波斯尼亚和黑塞哥维那共17个国家，也称为地中海欧洲，

---

① 潘革平：《为善最乐——记比利时中华妇女联合会会长杨爱娥》，新华社，2017年2月13日，http://www.xinhuanet.com/ttgg/2017-02/13/c_1120459696.htm。
② 《徐选新：比利时打拼20年 今回乡再创业》，温州网，2012年2月1日，http://news.66wz.com/system/2012/02/01/102986205.shtml。

因为大多南欧国家靠近地中海；面积约为166万多平方千米。南欧隔着地中海与亚、非两洲相望，自古以来与西亚及北非往来密切，同是重要的古文明起源地；对西方世界而言，南欧更孕育了古希腊、古罗马文化，确立了早期的基督教社会，为西方的思想及知识体系奠定了基础。

南欧资源较少，矿产主要以重金属和非金属矿物为主。南欧经济发展较好，少数国家为发达国家。因特殊的地理位置，成为欧洲联系外界的交通中心。

### 4.4.1　南欧经济特征：重债国发展前景

意大利、西班牙、葡萄牙和希腊四国的富裕程度和发达程度并不相同。意大利是欧盟创始国之一，是首批加入欧元区的国家，也是原7国集团成员之一，属于西方老牌发达资本主义国家；希腊是个小国，在中东欧国家加入欧盟前是欧盟内最不发达国家之一，长期接受欧盟大量财政资助；葡萄牙和西班牙的发达程度介于意大利和希腊之间。2009年欧债危机爆发后，这4个国家先后成为重灾国，并陷入发展困境。从内因分析，南欧4国之所以成为此次欧债危机的重灾区，是因为这4国在经济、社会和政治体制上存在着相似的问题和弊端。其一，国家财政收支长期失衡，债务负担沉重。其二，公共部门官僚腐败问题严重，国家治理能力较低。南欧4国普遍存在机构臃肿、官僚主义和腐败现象严重的问题。其三，逃税漏税现象普遍，地下经济发达，严重影响了国家财政收入和对经济的管控。其四，经济体制僵化，竞争力相对较弱。南欧国家产品竞争力较弱，对外贸易长期逆差。造成这一问题的原因是多方面的，其中最主要的问题是劳动市场缺乏活力。

关于南欧4国的发展前景，有两个基本判断。其一，由于各种问题根深蒂固，加上在经济不景气时期推行财政紧缩政策及结构性改革短期内会抑制经济增长，南欧4国未来几年内仍将难以走出债务危机及经济低迷甚至衰退的泥潭。其二，南欧四国当前财政紧缩及结构性改革是在补过去几十年落下的功课，这些政策是必需的，方向也是正确的，同时鉴于欧盟及欧元区目前在处理债务危机问题上已进入正确、有序的轨道，因此中期内，南欧国家存在触底反弹的可能性，不大可能退出欧元区。[3]

### 4.4.2 浙商在意大利案例

意大利首都罗马,几个世纪一直都是西方文明的中心。意大利是一个高度发达的资本主义国家,欧洲四大经济体之一,也是欧盟和北约的创始会员国,还是申根公约、八国集团和联合国等重要国际组织的成员,意大利共拥有48个联合国教科文组织世界遗产,是全球拥有世界遗产最多的国家,意大利在艺术和时尚领域也处于世界领导地位,米兰是意大利的经济及工业中心,也是世界时尚之都。

#### 4.4.2.1 意大利华侨华人贸易总会秘书长谈浙商在意大利概况

"经过多年的积累,意大利的海外浙商解决了近40万意大利华人自身的就业问题,这是一件非常了不起的事情,这是任何国家的移民都很难做到的。在意大利的华商90%以上都是浙商,欧洲的华商其实就是浙商。另外,意大利和浙江在经济结构上非常相似,互补性非常强。"意大利的企业98%以上是中小型企业,这和浙江很相似,又都是一种海洋性文化。他们的企业有历史、有技术、有品牌,也有比较成熟的商业模式,但他们缺少发展的市场空间,一个国家的人口与我们一个省的人口一样多;而我们浙江企业由于发展时间短,技术相对落后,品牌缺失历史感,商业模式也缺乏经历多次经济危机洗礼之后的成熟,但我们浙江企业面向全国市场,发展空间大,回旋余地大。所以意大利经济和浙江经济互补性是很强的,加上人文比较接近,因此不少意大利中小型企业已开始借助浙商的力量,将产品推广到中国市场。跟国内的其他企业相比,他们更愿意信任与依赖于生活在他们身边的浙商。

目前,去意大利投资也是非常好的时机。在欧债危机之后,他们的资产处于历史的低位,欧洲企业目前也需要大量的资本来恢复,而且他们有许多存量的优质资源只要经济好转就会得到很好的修复,加上中国的市场与浙商的网络,因而合作空间相当大。但要提醒的是,初入国外市场的浙商企业在合作时一定要注意法律风险。因为文化差异、法律差异等,浙商企业在意大利发展的最大成本可能是法律成本,他们市场化时间这么长,有一套比较成熟的法律体系。我们可以借助他们的团队力量、运营方式与游戏规则去开发当地的市场,也可以把他们的资源与中国市场进行对接,这一点先行的浙商已有不少的经验可以参考和借鉴。

不过,目前意大利存量市场已较饱和,市场空间很小,成熟的市场经济留给传统经济的空间非常小。比如浙商最常做的一般商品出口,这些在当地也是非常成熟的。在十几年前,浙江有个小镇专门做女式衬衫,出口到意大利后,就把意大利最大的4家衬衫生产企业挤破产了,但在现在这个情况的发生概率会比较少,此一时彼一时。这种出口竞争模式打破了当地原有、保持了几十年的市场平衡,也很容易受到当地人的排挤和打压,会有许多弊端与后遗症。我们只有在增量市场中找机遇,做一些他们没有的、做不了的产品,开拓一些他们开拓不了的市场,比如中国市场与欧洲资源的对接与创新,等等。增量市场不是一加一等于二的问题,而是一加一等于三的问题。①

### 4.4.2.2 从意大利到浙江,他把国际一线品牌带回了家乡

季冠福是青田米兰皇柜进出口有限公司董事长,在浙商回归的号召下,从小在意大利生活长大的他回国赶赴了一场"二次创业"的潮流。在离青田县城大约10分钟车程的油竹新区,有一张青田县的"金名片"——侨乡国际进口商品城,这个青田小城里的"欧洲城",包括了近60个国家和地区的138家侨资企业入驻,商品种类超4万种。青田是中国重点侨乡,有30多万人分布在世界各地经商或生活,为发挥华侨优势,青田提出建设"国际名品集散中心"的构想,策划了侨乡国际进口商品城。季冠福是第一批入驻的商家,他的米兰皇柜店铺位于侨乡国际进口商品城一期的黄金地段。

季冠福小学五年级时就随父亲去了意大利。在异国的求学时光过得很快,但是浙江人骨子里流淌的经商基因却不断在季冠福身体里激荡。浪漫、时尚的意大利看似自由奔放,但也有着另外一面,那就是细致严谨的制造精神,"意大利制造"不仅是奢侈品的代名词,更意味着高品位与高品质。在意大利生活的20多年,季冠福在"买买买"的过程中逐渐爱上了以意大利制造为代表的国际一线品牌。2009年回国探亲时,季冠福发现了一件很有意思

---

① 《戴小璋:浙商如何改变了意大利》,东方新闻,2018年4月10日,http://mini.eastday.com/a/180410171009976-2.html。

的事情:在国内,国际一线品牌女装、箱包的市场很大,可是很少有人专注做国际一线品牌的男装生意。从"买买买"到"卖卖卖",季冠福的角色变化很大,"所以做起生意来,我也更懂消费者心理。"一般来说,女人、儿童的生意最好做,对商人来说,要从男人手里赚钱还真不是一件容易的事情。但季冠福偏要逆向行之,"国际一线品牌的男装需求很大,我看到了商机。"事实证明,季冠福的眼光是对的,这两年,米兰皇柜生意蒸蒸日上,聚集了不少铁粉。而今,季冠福肩上还多了一份社会责任——青田县第十一届政协委员。"回国发展,让我实现了更大的价值"。

二三十年过去了,当海外浙商在旅居国完成了资本积累、资源沉淀后,最近几年,他们中的一部分人开启了旅居国的"资源输出"模式,在这股返乡回流潮中,以季冠福为代表的海外浙商将沉淀的海外资源输回浙江,在回乡反哺中促进了浙江的经济建设发展。[1]

### 4.4.3 浙商在西班牙案例

西班牙,位于欧洲西南部的伊比利亚半岛,以西班牙语作为官方语言的国家数量世界第二,仅次于英语。西班牙是一个高度发达的资本主义国家,也是欧盟和北约成员国,还是欧元区第五大经济体,国内生产总值(GDP)居欧洲国家第6名,世界第13名。

#### 4.4.3.1 戴华东:巴塞罗那的浙商传奇

戴华东旅居西班牙的一大贡献,就是在欧洲打响了中餐的新品牌。西班牙华人如今都知道,在巴塞罗那地区,如果想去一家高品位、高档次的中餐馆就餐,首选必然是戴华东的"凯悦饭店2号"。戴华东是浙江永嘉县人。他于1987年旅居西班牙,1991年开始涉足中餐馆。当时,在欧洲绝大多数的中餐都是五六欧元一份,属于快餐型。在经营中餐馆一段时间之后,戴华东意识到,中餐在世界饮食舞台中的地位还远远没有达到其应有的高度。戴华东暗暗发誓,自己一定要做出让外国人吃得物超所值的高档中餐。于

---

[1]《从意大利到浙江,他把国际一线品牌带回了家乡》,新蓝网,2017年9月1日,http://n.cztv.com/news/12656253.html。

是,戴华东走到哪里,品到哪里。他常和西班牙的名厨师切磋厨艺,并不定期到西班牙人的著名餐厅去品尝去观摩。功夫不负有心人,经过无数次的尝试,戴华东终于做出了适合西班牙人口味的中餐。要想提升中餐的品位,还需在硬件上精益求精。2000年,在巴塞罗那近郊Alella小镇,戴华东找到了一个100平方米的店面,并进行了大手笔的内外整修,把饭店的经营面积扩大到500平方米,变成了一家充满盎然生机和生活情趣的庭院式饭店。同时,戴华东在经营餐馆上提升自己的内涵和技能,在配菜与厨艺方面花费大心思,注重传统中餐与本地特色菜相结合,特别重视地中海地区菜系的研究,并吸收它的优点加以创新,形成了一套具有独特风格的菜系。戴华东还每两三个月就推出四五道新菜,这些新菜深受顾客的喜爱。随着戴华东的厨艺日渐成熟,餐馆的招牌菜很快风靡当地,当地居民甚至以能到"凯悦饭店2号"就餐为一种荣耀。

随着餐饮业的成功,戴华东又投资300万欧元,成立了西班牙汤姆斯商贸公司,专门从事服装、箱包、鞋类的生产和经营,并拥有了自己的服装和鞋子品牌,实现了一个新的跨越。

2010年1月19日,中国新闻网以"传递中国强音,西班牙华文周报《侨声报》推陈出新"为题,向海内外专题报道说,由西班牙欧亚传媒集团主办的华文周报《侨声报》,正以崭新的面孔与广大读者见面。这是戴华东进军国际传媒的一个大动作。戴华东不仅接手了《侨声报》,而且还开通了中文新闻网站"西班牙侨网"。

说起华人社会办报之需,戴华东说,既是侨胞之需,更是祖国之需。在谈起自己办报的初衷时,他深情地说,新闻舆论处于意识形态领域的前沿。在未来经济社会的发展中,舆论的作用和影响将会越来越大。在国际舆论界如没有声音,以致不能占领国际舆论的制高点,对中国的崛起会产生很多的负面影响,这是祖籍国政府外宣工作中的一项战略性的紧迫任务,也是海外华侨华人义不容辞的责任。

戴华东到西班牙不久,就积极参加了侨团工作。1995年参与创立巴塞罗那中餐业协会,担任副会长兼秘书长;并曾担任巴塞罗那中国侨民联合会秘书长、西班牙华侨华人社团联谊总会执行主席。2002年10月,由戴华东发起,成立了西班牙浙江同乡会。这是旅居西班牙浙江人的首个联谊性组织,并很快成为当地具有影响力又充满活力的一大侨团。西班牙80%的华侨华人来自浙江,同乡会以浙江籍的人士为主,力求团结广大侨胞,积极参与当地各种非政府组织及政府相关移民融入的活动,主动增进了解,争取平等合作,求同存异,自强不息,努力维护华侨华人的生存与发展空间。

与时俱进,开拓创新,在戴华东身上,是新一代海外侨领的崭新风采。满怀着一颗赤子之心的戴华东以世界为舞台,必将演绎出自己更加精彩的人生。[①]

### 4.4.3.2　西班牙浙商"洗碗博士"张甲林

初到西班牙的时候,对一个人地生疏、语言不通的人来说,能最快赚钱养家糊口的工作就是洗碗工。作为地位最低的工种,洗碗工每天早上10点必须第一个去开门,然后清洁厨房,洗涤头天剩下的碗筷,清理油锅,再准备好所有调料。那工作节奏令人想起卓别林在电影中扮演的工人拧螺丝时的情景。动作稍有缓慢,耳边便响起厨师的呵斥声和跑堂的叫骂声。熟能生巧,渐渐地,张甲林摸出了一些门道,把洗碗的动作分解成细节,把完成每个动作的时间缩到最短。即便这样,也经常要工作到深夜1点多,才可以拖着疲惫的身体回家。饭店老板把一切看在眼里,常打趣说:"开心点,洗碗博士。"老板这个无心的玩笑,后来被渐渐叫开了。

1985年春天,张甲林集中了全家打工所得的约5000欧元为首款,从一个在西班牙的青田人手中接下一个饭店。10平方米的地下仓库,成了一家5口的卧室。1997年,张甲林回国参加了天津博览会。有一次,当他从洗手间出来时,一个蹲在门口的男人迅速灭掉手头的烟,一个箭步冲上来抓住他的手,两眼放光:"听说,你是从西班牙来的?"他继续自我介绍,说自己是生产劳保产品的,主要经新加坡的客商出口西班牙。这几年大部分利润都被中间的新加坡商人吃掉,他想直接走货到西班牙。

中餐业是旅居西班牙华侨积累原始资本时通常会选择的道路,但转型升级的念头一直在张甲林脑海里闪烁。进口劳保产品这件事带给了他很大

---

[①] 谢嘉彦:《西班牙戴华东:巴塞罗那的浙商传奇》,世界浙商网,2017年7月14日,http://www.zjsr.com/sh/201707/t20170714_273109.shtml。

的启发,可以试试转型做外贸。在巴塞罗那特娜伐咯大街(即现在的华商批发一条街),张甲林开了旅巴华人第一家服装批发公司。公司经营以各种丝绸面料为主的时装,当时进口及批发量极大,被同业戏称为"丝绸大王"。这之后,张甲林继续转型往产业链上游走,做实业,在西班牙建立了6000平方米的上下两层厂房,还申请了商标和品牌"tecnicline"。企业的营业额从2002年开始,连续4年以40%的速度增长,并进入了葡萄牙、英国、荷兰等欧盟市场。最后,企业慢慢做大,公司还顺势涉足了红酒、房地产等领域。当然,所有的成功都不是一蹴而就的,也不是偶然发生的。在创业初期,张甲林曾一家一户去拜访西班牙企业,鞋子都磨破了好几双,在拜访了4000家客户后,最后只有98家企业愿意接受订单。张甲林和助手,几乎每周驱车3000千米,连续两年不断,访遍了西班牙的大小城市。

### 4.4.4 浙商在葡萄牙案例

葡萄牙,是一个位于欧洲西南部的共和制国家,是一个发达的资本主义国家,拥有相当完善的旅游业,也是欧盟成员国之一,欧元和北约创始成员国之一,还是世界贸易组织、联合国等国际组织的成员。

#### 4.4.4.1 老华侨周洪泽先生获葡萄牙国家荣誉功绩勋章

2008年2月1日晚,在葡萄牙北部城市波瓦-迪瓦尔津市举行了一个特别的授勋仪式。时任葡萄牙总统卡瓦科·席尔瓦签发嘉奖令,授予旅居葡萄牙50年的老华侨周洪泽先生国家荣誉功绩勋章,以表彰其为推动葡中友好交往所做的积极贡献。

周洪泽到波尔图的第二年开设了自己的首家餐馆,取了一个最质朴最能表达心迹的名字,叫"中国酒家"。这是当地最早的中餐馆之一。他认为,尽早创办餐馆,哪怕规模小,资金少,营业额不大,在"战略"上却是可取的,因为有了自己的牌子和基地,有了业主身份,便可以贷款、雇工,从小到大地发展。很快地,他的"中国酒家"规模日益扩大,达到100多个座位,生意也日趋兴隆,成了波尔图颇具名声的大餐馆。以"中国酒家"的所得,他又开设了第二家,取名"金龙酒家"。尔后,又有了第三家……

他还通过自己的餐馆把中国人热情好客、忠厚诚实的形象展示给葡国人,为商不奸,价格合理,饭菜质量又好,新老顾客都感到满意,"回头率"很高。周洪泽很幸运,他的种种做法竟然引起了葡国领导人的注意,甚至声播葡国之外。葡国总理做出决定,给予"中国酒家"和"金龙酒家"嘉奖,特准免税25年,并颁给周洪泽"欧洲奖"。意大利、西班牙等国慕名,也向他颁发了餐饮业方面的荣誉奖。进入20世纪八九十年代,周洪泽又向餐饮业以外的天地扩展,开办了五六家商店和贸易公司。他马不停蹄地奔波在生意场上,抓住商机壮大自己的经济实力,同时,以炎黄子孙的深厚情感,把自己的事业与祖国家乡的建设结合起来,大胆跨越,回身进入中国大市场。他还与西班牙华人实业家陈迪光合作,建起了跨国的中国贸易公司香港丰宇实业有限公司,由陈迪光任董事长,他任副董事长。他与陈迪光将"丰宇"的战略定向为中国,瞄准中国大市场,在绍兴、温州、丽水、杭州等地创办了一批制衣、电器仪表、卫生用品、化工生产企业。这一战略,已经取得良好的成果。

作为波尔图华侨社区的"元老派",周洪泽弘扬中华民族的传统美德,帮新济贫,成了侨胞们的贴心人。他深知华侨华人在欧洲社会地位不高,创业更难,很有必要团结起来。在他和其他老华侨的多年努力下,葡萄牙华侨华人协会终于在1991年成立。他先后出任了副会长、会长,并兼任该会的分会——设在波尔图的北部协会会长。他尽自己之力,在这些岗位上默默为侨胞做出贡献。他带领侨胞互济互助,克服困难,寻求发展。侨团被侨胞们视为"娘家",从生活生计到创业大计,从经济发展到文化教育,在许多方面都发挥了作用。周洪泽是浙江省第七、第八届政协的海外委员。在数十万浙江籍华侨中,有幸担任政协海外委员的只有4人,周洪泽不忘侨胞们的重托,努力充当海外侨胞与祖国家乡之间的"桥梁"和"纽带",他年年坚持参加政协大会,认真反映侨胞的心声。他曾针对使欧洲华侨华人声誉受损的非法移民问题,与另一位欧洲侨领胡志光一道,多次与中央和省级有关部门共同商讨对策,并在葡、荷两国据理力争,伸张正义,维护了华侨华人权益。他热心家乡的公益事业,不但身体力行,还发动葡国侨胞为家乡赈灾、修路、兴办教育。他受到聘请担任了浙江、天津两省市的海外联谊会理事,并被丽水地区行政公署聘为"经济顾问"。①

### 4.4.4.2　温州人扎根葡萄牙开出首个"中国城"

　　陈坚,浙江温州人,2000年在葡萄牙首都里斯本建起第一座中国小商品城,开创葡萄牙"中国城"集团。现任葡萄牙"中国城"集团董事长、葡萄牙华人企业联合会执行董事、平湖·国际进口商品城创始人。29岁那年毅然决定远渡重洋,陈坚先后辗转澳大利亚和荷兰等地,在餐馆打工,在农场打杂,在服装厂寄人篱下,经历了一段不为人知的艰难岁月。偏远的澳洲西海岸城市珀斯没有留住陈坚,此后又辗转匈牙利、荷兰的陈坚最终落脚在葡萄牙。也是在这里,他的专业市场梦成型了。1992年,来到葡萄牙的陈坚发现当地的商品流通领域被印度人垄断。"那么多的中国商品,那么大空间的市场,没有中国人在做,这让我感到很奇怪。"所以,在大多数旅葡华人还热衷于餐饮业生意的时候,陈坚却已抓住了里斯本商品流通市场的契机。他开始了自己的创业之路,在葡萄牙北部开办了第一家中国人的进出口商贸公司,从事专业市场贸易。由于市场定位精准,运营模式先进,事业顺风顺水,扶摇直上。依托于家乡温州——这个浙江著名的轻工产品制造和流通基地,1993—2000年期间,陈坚的外贸生意越做越大,并在葡萄牙北部开办了第一家中国人的进出口商贸公司,开始涉足专业市场。2000年,陈坚第一个中国城开业庆典,它不仅轰动了整个葡萄牙,连时任里斯本市长苏亚雷斯也亲临"中国城"的开幕仪式,而且在整个欧洲地区掀起了"中国城"之风。从此,中国人进入葡国专业市场批发领域的局面被正式打开。接着,2002年,他又在里斯本郊区建立了另一个"中国城"。在他的带领下,葡萄牙地区的批发零售生意风生水起,锻造了中国人在葡萄牙批发零售业的"黄金时代"。

　　2009年,他响应祖国召唤,成为回归浙商,把事业重心从国外转移到了国内。作为回乡投资的先行者,从当初拥有强烈的出国掘金梦,圆梦后又转变为回报家乡的投资创业者。回国投资创业的短短几年来,陈坚凭借事业、

---

① 陈晓、夏赛男:《为什么葡萄牙国家最高荣誉授予了这位浙商》,浙江在线,2017年9月19日,http://biz.zjol.com.cn/txzs/zsxw/201709/t20170919_5148993.shtml。

激情、爱心诸多出彩表现,赢得了社会广泛赞誉,先后获得"2011年度风云浙商"称号、第二届世界浙商大会"创业创新"奖、嘉兴市商界传奇人物等众多荣耀。陈坚说,以前的中国是我们出发的起点,现在的中国是我们回归的落脚点。①

## 4.5　浙商在东欧

东欧,地理上一般将德国、奥地利、意大利以东至亚欧洲际分界线的区域视作东欧,包括爱沙尼亚、拉脱维亚、立陶宛、白俄罗斯、俄罗斯、乌克兰、摩尔多瓦7个国家。另外,前南斯拉夫6国(塞尔维亚、克罗地亚、斯洛文尼亚、波黑、黑山、马其顿)和阿尔巴尼亚有时也被视为东欧国家。东欧99%以上人口属于欧罗巴人种,民族多属于斯拉夫人体系,宗教以东正教为主,阿尔巴尼亚等国家和地区则以伊斯兰教为主,经济大幅落后欧洲其他地区。过去东欧国家大多由共产党执政,现在均称为资本主义国家。东欧剧变和苏联解体后部分国家加入欧盟、北约。

### 4.5.1　浙商在俄罗斯案例

俄罗斯位于欧亚大陆北部,地跨欧亚两大洲,国土面积为1707.54万平方千米,是世界上面积最大的国家。在"一超多强"的国际体系中,俄罗斯是有较大影响力的强国,其军工实力雄厚,特别是高等教育、航空航天技术,居世界前列。俄罗斯还是联合国安全理事会五大常任理事国之一,对安理会议案拥有一票否决权。除此以外,俄罗斯还是金砖国家之一。

#### 4.5.1.1　俄罗斯浙江商会执行会长邓惠燕的莫斯科成功之路

在俄罗斯华人商圈里,菲欧集团董事长邓惠燕的名气很大。1993年来莫斯科闯荡,到现在成为中国和俄罗斯经济文化的交流纽带,白手起家的邓

---

① 《这个温州老板在葡萄牙无人不知!豪掷20亿农田上建"城堡"!》,今日爆点,2018年1月20日,https://www.qichacha.com/postnews_edbe4601ce179227ca7e03af4cfe08cb.html。

惠燕已经成为一个传奇。1993年,邓惠燕作为工人代表去莫斯科考察当地的皮衣销售情况。其中的巨大利润,让邓惠燕有些动心,于是她开始一次次往返海宁和莫斯科,把皮衣带过去卖。哪怕当时俄罗斯的市场治安不太好,即使这样,邓惠燕还是下决心继续做下去,后来留在了莫斯科。为了生意,邓惠燕苦学俄语,没多久就能和俄罗斯人顺畅交流。两年打拼,当初带去做生意的60美元变成了200万美元。

到了2002年,邓惠燕发现很多人都在做皮衣生意,利润空间已经不大了。一个偶然的机会,邓惠燕了解到窗帘在俄罗斯前景很广,而海宁正是窗帘之乡。邓惠燕联系了一些老乡提供窗帘货源,用集装箱发到俄罗斯。别人见她顺风顺水的时候,邓惠燕又看到了窗帘生意的局限性,开始和人合作市场摊位出租。2004年邓惠燕注册成立了新的集团公司,经营范围由过去的皮革制品、布料和纺织品扩大到酒店、投资和建筑等领域。邓惠燕还努力推动中国和俄罗斯的人才流动以及两国的文化交流。

"现在俄罗斯的投资环境很好,和我刚到的时候真是天壤之别。中国人在这边越来越受尊重,2016年开始,俄罗斯很多公共商场里都有了中文标志,2017年俄罗斯升学考试中的外语部分,首选语言成了中文。所以如果有想来俄罗斯投资做生意的,我觉得可以大胆过来。"邓惠燕在接受采访时表示。①

### 4.5.1.2　浙江商品抢占俄罗斯大半份额

虞安林,1962年生于温州莘塍,现为莫斯科盛安有限公司董事长,此外还身兼俄罗斯浙江华侨华人联合会会长、俄罗斯中国和平统一促进会会长、温州同乡会常务副会长等职。虞安林少年时家庭贫困,勉强读到初中毕业,15岁的他不得不和两个哥哥一起,开始担负起养家糊口的重任。莘塍是一个商品经济发展较早的乡镇,虞安林先在当地一个生产开关弹簧的小厂打工,后来跟着二哥跑到四川、陕西、江苏等地做生意。由于缺乏资金,一开始他小本经营两三元一双的人造革皮鞋赚一点差价,经常在外长途跋涉,四处

---

① 金丹丹、魏志阳:《俄罗斯浙商邓惠燕:"中国制造"在俄罗斯很风靡》,浙江在线-钱江晚报,2016年9月5日,http://biz.zjol.com.cn/system/2016/09/05/021288841.shtml。

辗转,生意做得十分辛苦,到手的利润却不多,但他的心中却萌生了发家致富的强烈愿望。正是这段走南闯北的"市场调研"过程,磨炼了虞安林的意志,也逐渐培养起了敏锐的市场眼光和坚忍执着的性格特点。如此小打小闹一年多,19岁的虞安林成了"万元户"。1982年,虞安林夫妇在家乡创办了仙桥服装厂,由于精心经营、管理得当,生产的各色连衣裙及童装畅销全国10多个省、市,并在上海、江苏等地的大商场里开设专柜,生意红火,收入可观,一直持续了七八年之久。1991年,服装市场竞争日趋激烈,虞安林审时度势,改弦更张,创办了红星汽车配件厂生产汽车零部件。此后,他的生意做得相当顺利,直到七八年后的一次招商会,又使他内心产生了新的憧憬。

1998年7月,36岁的虞安林雄心勃勃地跨出国门,来到俄罗斯。对于当时小商品十分匮乏的俄罗斯来说,价廉物美的中国小商品在当地具有巨大的市场需求空间。在莫斯科安顿下来之后,第二天他就去考察几个大市场,几天后就做出一个大胆的决定,立即赶回国内组织鞋类产品运到莫斯科销售。在莫斯科市场上,虞安林以经营鞋类商品为主,同时还兼做水暖器材和卫生洁具等生意。他注册的"PURE"卫生洁具在俄罗斯市场上畅销不衰,代理商达100多家。近两年来,他的贸易额在俄罗斯华商中名列前茅。2004年2月,俄内务部出动大量警力及车辆查抄和拉走莫斯科艾米拉大市场华商的货物。在这次拉货封存事件中,几十名华商蒙受巨大的经济损失,有的人甚至血本无归。一些人情绪相当激动,欲找市场管理机构人员争执论理。虞安林被存封的货物也比较多,他与其他华商一样内心充满焦急和忧虑。在当时混乱的情况下,他对中俄贸易问题做了充分的了解,并对当时的形势做了理性的分析,主动出面安抚人心,一方面个人率先拿出2万美元交给该市场管理机构,让他们协调有关方面不要再拉货;另一方面,又苦口婆心地劝导同胞们维护权益一定要有理有据,千万不能把事情闹大,否则对华商和市场,甚至对中俄贸易关系的长远发展都没有好处。据悉,2016年在莫斯科的浙江籍商人有5000多人,其中温州籍的占了一半。鉴于在"艾米拉事件"中虞安林表现出来的影响力,许多浙江籍商人纷纷推举他出来主持浙江商会,带领大家团结一致,共同发展。这也促使他身份的转变:从一个纯粹的商人,变成了在俄罗斯的华侨领袖。这也意味着他需要承担更多的责任,团结好在俄浙商,跟大家携手并进,共渡难关。

俄罗斯中国和平统一促进会和俄罗斯浙江华侨华人联合会合署办公,会长都是温商虞安林。他介绍,在俄罗斯的温商,大约60%在莫斯科、20%在叶卡捷琳堡、20%在新西伯利亚。据他了解,温州人在俄罗斯建立了七八十条鞋子生产流水线,一年生产六七千万双鞋子。不过,在基建设施、互联网、文化产业方面,俄罗斯温商涉足几乎为零。目前,俄罗斯温商也在努力提升商业模式抵抗风险,如果中俄在国家层面上进行更密切的合作,资金富裕的温商或许会在俄罗斯挖到更多金子。

### 4.5.1.3 "一带一路"万里行:把"温州制造"复制到俄罗斯

温州伊斯利鞋业有限公司董事长樊正义的工厂在俄罗斯的坦波夫郊区。在这里,樊正义一边管理鞋厂的生产,一边抽空种田,他把从温州带来的丝瓜、蒲瓜、四季豆的种子,在厂区的土地上种了起来,他还让工人养起了羊和鸡鸭,和温州的厂区不同,这里有的是土地。坦波夫是俄罗斯欧洲部分黑土区城市,伏尔加河流域的茨纳河从这里流过。坦波夫没有大城市的喧哗,在城内能感受到来自森林的清新空气。天,蓝得不可思议。

温州伊斯利鞋业有限公司总部设在瓯海区,是一家开了20多年的老鞋厂。1996年,该公司到俄罗斯开拓市场。温州伊斯利鞋业有限公司的俄罗斯坦波夫分厂,有200多名工人。其中90多人是从中国各地过来的,他们每年春节时回国;其余100多名工人分别来自俄罗斯、白俄罗斯、吉尔吉斯斯坦、塔吉克斯坦等国。工人中,俄罗斯人和白俄罗斯人不愿加班,一到下班时间就走。中国人和中亚国家的人愿意三班倒,休息日也愿意上班。俄罗斯人多从事管理岗位,遇到当地一些检查,需要当地雇员出面。公司在莫斯科商贸城里租有店铺。货物在厂里生产好之后,会被连夜装车运到莫斯科销售。遇到缺货,还没等货物卸下来,在卡车上就销售完了。这些鞋子的鞋样是温州设计,在温州做成半成品,运到俄罗斯最后加工。至于鞋类款式,则按莫斯科店铺的反馈而定。他们还在俄罗斯注册了商标"In step"。

### 4.5.2 浙商在白俄罗斯案例

白俄罗斯工业基础较好,机械制造业、冶金加工业、机床及激光技术、IT

业较发达;农业和畜牧业亦很发达。白俄罗斯与俄罗斯和哈萨克斯坦共同建立了欧亚经济联盟,与俄罗斯和哈萨克斯坦的经济、军事等一体化趋势正逐渐加强。在地理位置上,位于欧洲东部的白俄罗斯是"一带一路"的重要节点,是欧洲和独联体国家间的交通要道与贸易走廊,是俄罗斯和中亚国家联系欧洲的重要通道,也是丝绸之路经济带进入欧洲的门户。

"我曾经梦想,什么时候白俄罗斯也能生产自己的轿车?"白俄罗斯总统卢卡申科曾许下这样的愿望。2017年11月17日,白俄罗斯吉利汽车股份有限公司工厂落成典礼在白俄罗斯首都明斯克举行,同期,首辆白俄罗斯产Geely Atlas(博越)正式下线。这也意味着白俄罗斯成功生产出第一辆自产轿车。"我的梦想——制造白俄罗斯产轿车的梦想在中国的帮助下实现了。"卢卡申科在当天落成典礼上激动地说。白俄罗斯吉利汽车股份有限公司的英文名为BELGEE,中文简称"白俄吉",取白俄罗斯和吉利之音。这是中国与白俄罗斯的首个汽车合资项目,也是白俄罗斯国内目前唯一运行的乘用车生产企业。该工厂投资总额3.3亿美元,占地面积118公顷,包含了涂装、焊装、总装全套工艺及辅助设施,2017年规划产能每年6万辆。2013年,浙江吉利控股集团董事长李书福与白俄罗斯工业部部长迪米特里·卡特里尼奇在北京正式签署了《吉利与白俄罗斯合资建设大型汽车组装项目协议》,标志着中国与白俄罗斯的首个汽车合资项目正式进入实施阶段。

"白俄罗斯吉利工厂的建成,填补了白俄罗斯轻型汽车制造业的空白。"白俄罗斯第一工业部副部长斯维捷茨基·盖纳吉·鲍里斯拉夫维奇告诉《浙商》记者,吉利带来了先进的汽车制造设备和技术,培养了一批汽车产业工人,不仅增加了当地的就业率,也吸引了更多的汽车部件企业到当地建厂。①

### 4.5.3 浙商在乌克兰案例

乌克兰地理位置重要,是欧洲联盟与独联体特别是与俄罗斯地缘政治的交叉点。乌克兰作为世界上重要的市场之一,也是资本主义国家,是世界

---

① 陈晓、白丽媛、王建龙:《吉利这家海外工厂 帮助白俄罗斯实现了"国产轿车梦"》,世界浙商网,2018年7月6日,http://www.sohu.com/a/239744417_146174。

上第三大粮食出口国,有着"欧洲粮仓"的美誉,其农业产值占国内生产总值20%。乌克兰工农业较为发达,重工业在工业中占据主要地位。

贾国平,1994年至乌克兰首都基辅,2009年当选"青田侨界十大创业精英"。出国之前,贾国平是青田石雕从业者的一员。正是从遍布全国的青田石雕销售网中,贾国平获知了俄罗斯的"生意天堂":销售一件皮衣所获的利润能够支付莫斯科一个月的生活费。于是,贾国平于1991年赴俄罗斯,并在莫斯科注册国际贸易公司,从中国进口中高档皮件销售。由于市场定位准确,贾国平的公司生意蒸蒸日上,财富积累得很快。1991年12月,苏联解体,东欧剧变,社会管理与国界海关管制也顿时松懈下来了。中国人"经俄罗斯到东欧转至西欧"的移民之路便开始兴起。那时,贾国平的住所和公司成为青田籍移民的据点和接待站。有时,卧室、厨房、客厅、过道都睡满了青田老乡。

从俄罗斯转签欧洲诸国,要等待时机,并要疏通关系,还需要有国际公司的担保。这些青田籍移民从老家出发至俄罗斯,人生地不熟,根本不懂如何办理转签手续,便将贾国平视为亲人,真诚地呼他为"老大哥"。而贾国平也很热心地为老乡们排忧解难,聘请了当地翻译,极力与海关官员建立关系,每天都在为老乡们的转签手续奔走。在短短两年时间里,得到贾国平帮助而转签成功的青田华侨有数百人,在他的住所中转的则超过千人。后来,越来越多的中国移民涌入俄罗斯,并从事国际贸易,贾国平于1994年离开俄罗斯,前往乌克兰从事国际贸易。

在乌克兰首都基辅打拼两年后,适逢乌克兰港口城市敖德萨建成贸易市场,正向社会进行招租,贾国平便动身前往。1998年后,贾国平又转向牛仔裤专业贸易,事业稳步发展。贾国平的妻子杜宴茹,于1998年获准到乌克兰敖德萨国立大学攻读语言与法律,2004年获法律硕士学位。此后数年,乌克兰青田籍移民井喷式增长,从几十人到几百人,峰值时达到3000多人,贾国平夫妇对他们以诚相待,并为他们办居留、找市场、租房子、打官司、提关清关,赢得了人心。2013年6月,旅居乌克兰的华侨华人组建中国商会,贾国平众望所归,被选任为第一届会长。"乌克兰是古老的'基辅罗斯'发源地,东斯拉夫民族文明的发祥地,有着悠久的历史和文明,东斯拉夫人就诞生在乌克兰境内著名的第聂伯河沿岸。同时,乌克兰又是一个独立才20多年的国家,非常年轻,正在不断探索适合自己的发展道路。这些都与中国相似,相信有很多领域能顺利交互交流合作。"贾国平表示。

## 参考文献

[1]卜元石.中国企业德国投资指南与案例分析[M].上海:上海人民出版社,2015.

[2]陈东.中国浙商在巴黎[J].大陆桥视野,2006(10):68-68.

[3]欧债危机研究课题组.南欧重债国发展前景[J].现代国际关系,2013(2):43-49,61.

[4]中国地图出版社.新编实用中国地图册:世界地图册[M].北京:中国地图出版社,1999.

---

## 第5章
# 浙商国际化主要影响因素分析

---

## 5.1　影响因子模型构建

### 5.1.1　企业国际化的战略

经济全球化与世界经济一体化的不断深化,以及以技术壁垒为核心的新国际贸易壁垒的重新建立,对企业发展提出了新的挑战。为了拓展企业生存发展空间以及实现企业转型升级的必要,企业应该审视国内外市场,积极应对来自世界范围内企业的竞争压力,参与全球产业链资源整合,抢占国际市场,利用国内外市场资源,加快国际化发展进程,走国际化道路,这是我国企业发展壮大之路,也是中国经济崛起与发展的必然之路;同时,也是浙商发展新的起点和航程,以及进一步强大的必然选择。

对企业国际化的研究历史并不长,最早的研究可以追溯到20世纪80年代,但至今对于企业国际化,国内外学者仍然没有形成统一的内涵表述,下面我们就国内外几种代表性的观点通过图表展现出来,如表5-1所示。

表5-1　对企业国际化的相关研究一览表

| 学　者 | 主　要　观　点 |
|---|---|
| Mallick et al. | 企业国际化是企业进行国际经营所需要的包括出口、特许经营等在内的所有方式[12] |
| 梁能 | 企业国际化可以从内外两个层面来说,即包括企业经营(外向国际化)和企业自身的国际化(内向国际化)两个方面[1] |
| 鲁桐 | 企业国际化是指企业积极参与国际分工,增加国际运营投入,由国内企业发展为跨国公司的过程[2] |
| 卢新德 | 企业国际化是企业通过对外投资,设立机构、利用国际市场资源等在相关领域从事某种经营活动[3] |
| 杨丽丽、赵进 | 企业国际化即一国企业,由于选择不同的地域市场,利用多国的优势资源,所带来的结果[4] |
| 百度百科① | 企业指一个企业的生产经营活动不局限于一个国家,而是面向世界经济舞台的一种客观现象和发展过程,目的在于通过国际市场,去组合生产要素,实现产品销售,以获取最大利润。包括管理、生产、销售、融资、人才、服务等方面的国际化 |

通过对这些企业国际化的主要观点进行梳理,我们可以发现,大多学者都认同企业国际化,即一个企业的生产经营活动不局限于一个国家,而是面向世界经济舞台的一种客观现象和发展过程。就单个企业来说,企业国际化是指企业的生产、销售和管理等方面的国际化。就所有企业来说,企业国际化是指企业的内涵国际化和外延国际化。所谓内涵国际化,是指企业通过技术、人才、服务等非物质性的生产要素而实现的企业国际化,而外延国际化是指通过资金、设备、厂房等物质性的生产要素而实现的企业国际化。另外,就企业活动的方向来说,企业国际化包括内向国际化和外向国际化两

①企业国际化,百度百科,https://baike.baidu.com/item/%E4%BC%81%E4%B8%9A%E5%9B%BD%E9%99%85%E5%8C%96/7798677

个方面。内向国际化是指企业通过直接或间接进口生产性要素或非生产性要素而实现的企业国际化,其主要形式有进口贸易、三来一补、合资合营、购买技术专利、成为外国公司的子公司或分公司,而外向国际化是指企业通过直接或间接出口生产性要素或非生产性要素而实现的企业国际化,其主要形式有出口贸易、国外合资合营、技术转让、国外合同签订、在国外建立子公司或分公司。

那么对于企业来说,如何实现国际化,要有效地选择好适合企业本身的国际化战略。企业国际化战略是企业产品与服务在本土之外的发展战略,是企业在国际化经营过程中为了把公司的成长纳入有序轨道,不断增强企业的竞争实力和环境适应性而制定的一系列决策的总称。企业的国际化战略将在很大程度上影响企业国际化进程,决定企业国际化的未来发展态势。

企业的国际化战略可以分为本国中心战略、多国中心战略和全球中心战略3种。综观中国企业的国际化战略,其模式大致可以分为4种类型:第一种是产品贴牌出口,这类企业利用自身生产设备及劳动力条件为外商代加工,这是早期浙江和广东企业出口的主要模式;第二种自有产品直接出口,比如浙江万事利集团;第三种是并购国外企业,如浙江吉利控股集团有限公司收购沃尔沃汽车;第四种是海外设厂,实现生产本地化,如海尔、福耀玻璃。

Johanson和Vahine对瑞典企业的海外经营过程进行比较时发现,它们在海外经营战略上基本相同:最初与外国市场联系从偶然的、零星的产品出口开始;随着出口活动的增加,母公司掌握了更多的海外市场信息和联系渠道,出口市场通过外国代理商稳定下来;再随着市场需求的增加和海外业务的扩展,母公司在海外建立销售子公司;当市场条件成熟后,母公司进行海外直接投资,建立海外生产、制造基地。[13]另外,美国密歇根大学的Ca-vusgil教授把企业经营国际化的过程分成5个阶段:国内营销阶段,主要从事国内生产和销售;前出口阶段,有意识地收集信息,对国际市场进行调查,出现不规则的出口活动;试验性的卷入阶段,主要从事间接出口,开始小规模的国际营销活动;积极投入阶段,以直接出口方式向其他国家出口产品;国际战略阶段,以全球市场为坐标制订企业战略规划。[14]

当然,上述分类是按照企业的主导战略类型,企业国际化战略有时会采取多种战略,即组合战略来进军海外。随着后WTO时代国际贸易秩序的动荡和国际竞争的日益加剧,以及美欧等发达国家对中国贸易所采取的限制措施,中国的贸易出口形势有所变化,在某种程度上会影响中国企业的产品销售,在此国际背景下,积极探讨跨国并购和海外投资办厂,实现生产本土化,能够有效应对新的国际贸易壁垒,既可以使企业在更广范围内利用全球的资源,获得更广阔的发展空间,又可以在全世界范围内营造品牌优势和竞争优势。

## 5.1.2　浙商国际化运作现状

浙商在今天的中国乃至世界都是一股重要的经济力量,是欧洲人口中的"东方犹太人",被认为是"当今中国最具活力也最会赚钱的人群",他们的身影从穷乡僻壤到上海、北京,甚至在欧美各国城市,他们也是中国经济活跃在国际舞台上的重要代表。改革开放之后,尤其是自中国加入WTO,进出口经营权刚放开之后,浙商成为中国企业国际化的一股激流,走在全国前列,但是这种国际化是粗放、低级的,产品附加值比较低,主要是利用廉价劳动力从事贴牌加工出口,比如宁波的服装、温州的皮鞋、台州的汽配、永康的五金、慈溪的小家电、诸暨的袜子等虽然在国内都有响当当的品牌,但由于技术、质量、国际市场认可等方面原因,在出口上还是只能做贴牌代加工。随着企业自身不断努力和发展,企业的实力也得到不断增强,从近年统计数据来看,虽然浙江出口的还是传统劳动密集型产品居多,但很多不再是简单的贴牌加工,而是拥有自主品牌,含有多项专利的"智造"产品。生产地在丽水的浙江欧迪实业有限公司就是一家老牌的出口企业,具有10余年的制笔经验,在生产眉笔方面拥有先天优势,其每年至少出口500万支"欧迪""爱沃玛"自主品牌的眉笔到巴西市场,产品深受当地消费者青睐,并获得比贴牌更高的利润。浙江执御信息技术有限公司成立于2012年,作为一家专注于全球女性时尚消费品的公司,主要为全球用户提供时尚商品,包括服装、饰品、鞋包、家居家饰等,在成立之初,公司主要从事女性时装的传统外贸出口,主要销往美国和澳大利亚,但是业绩上没有特别的亮点。2015年公司开始调整策略并转型,通过跨境电商垂直渠道将自主品牌的产品直接销售到中东市场,深受中东市场的欢迎,并取得了业绩上的突飞猛进。2015年销售额就上升到10亿元人民币,是2014年的10倍;到2017年,销售额更是超过

50亿元人民币。这两个企业只是通过自主品牌进行国际化成功的缩影,浙江省有很多企业通过打造和提升自身品牌的内涵和影响力,在企业国际化的进程中勇立潮头,奋勇拼搏,实现了一个个新的跨越,不断得到国际市场的认可,也得到了不菲的市场回报。根据商务部关于2017年度"浙江出口名牌"名单显示,2017年度"浙江出口名牌"多达334个。

经过持续多年的高速发展,浙商打下了雄厚的产业基础,拥有了众多优势成熟产业、产能,需要在更大范围、更大空间里进行配置,在推动所在国(地区)发展的同时打开跨国经营新空间,提升浙江经济的国际化水平。投资办厂和跨国并购是企业国际化的高级阶段,也是国际化水平不断提高的重要体现,这是浙商将来在国际化道路上应该不断去解决的重要难题和去突破的难关。其中,浙商的海外投资办厂始于20世纪80年代初期,在"十二五"期间,浙商抓住开放机遇,紧跟国家"一带一路"倡议机遇,加快全球化步伐,一大批浙商"走出去",建立了海外生产基地,组建了优秀当地团队,设立了境外营销网络,扩大了全球市场份额,海外发展有了新布局。

在"一带一路"倡议的引领下,浙商海外投资办厂不只是量的剧增,更有质的飞跃。浙商投资办厂已遍布全世界,以亚洲、欧洲和北美洲为主。而且涉及的领域由以往的住房建筑、市政交通,进一步加快拓展到电站建设、电网改造、电子通信、能源等领域。例如,浙江正泰集团在保加利亚、罗马尼亚、意大利等国建立光伏电站,浙江恒逸石化有限公司在文莱投资的石化项目,杭州海兴电力科技股份有限公司在巴基斯坦合资办厂,浙江慈溪江南化纤有限公司在美国南卡罗来纳州投资4500万美元开设分厂。通过在当地投资办厂,可以充分利用当地资源的优势,拓展企业生产加工能力,提升企业规模,比如浙江省第一水电建设集团股份有限公司的一名高级工程师彭恢铭投资3270万美元在位于南美洲的玻利维亚建纺织厂,这家面积超过12000平方米的纺织厂建成投产,整座厂分为7个车间,可以实现当地150多人就业,且一年能处理原毛达500吨。同时,通过海外投资办厂,可以布局当地市场,加快市场融入和品牌推广,比如杭州远方光电信息股份有限公司董事长潘建根从2013年开始布局硅谷,"互联网+"医疗健康创新创业平台贝壳社创始人姜慧霞在考察了市场之后,2016年她选择去澳大利亚布局。在医疗方面,复星医药和天士力都已在澳洲做了项目。

浙商在海外投资办厂的道路上越走越快,越走越顺,成为中国广泛参与其他国家经济建设的重要力量之一,也是中国企业国际化的中坚力量和榜样。据统计,截至2016年底,浙江籍华侨华人、港澳同胞约有202.04万人,分布在世界180余个国家和地区,仅温州的海外侨胞、港澳同胞就有68.8万人,这些人大都在当地从事经商、创业等商业活动。据浙江省社科院测算,这些海外浙商拥有的资产在7000亿美元以上,占全球华侨华人总资产的20%左右,成为中国现代商帮名副其实的领军者。这与浙商精神不可分开,从早年的闯荡海外"讨生活",到坚持义利并举以勤劳、诚信在海外立足、创业,再到如今融入当地,成为经济社会中的一支重要力量,海外浙商秉承中国历史上永嘉学派"以利和义"的文化传统,以守诚重义、义利并举的底色,塑造着中国商人深度参与世界经济的新形象,与当地人民共享发展梦想。

近年来,不少浙商谋划在海外投资办厂,希望借帆出海,布局全球产业链,助推企业国际化。但是,去海外办厂还是要考虑到市场、政治、经济、文化等各方面的因素。不仅要考虑土地、电力、物流、配件、基建、融资、税收等成本,还要考虑人力资源、环保、法律等因素。在海外投资办厂的进程中,浙商要面临很多未知风险,要考虑很多突发因素,只有做到全盘谋划,事先做好准备工作才能获得更大胜算。诚如,古语所云"不谋万世者,不足谋一时;不谋全局者,不足谋一域"。

从20世纪80年代初的境外投资办厂,到如今风头正劲的抱团出击、跨国并购、开发资源,浙江企业"走出去"的步伐日益稳健,其中投资和并购表现抢眼。在海外并购上,近年来,浙商势头正盛,如钱江潮水滚滚向前。数据也印证了这几年海外并购风头正健。2007年之前,浙商的海外并购每年都在20件以内,2008年开始有了突飞猛进的发展,到2015年更是达到了135件,海外并购数量居全国第一。2016年,浙商海外并购项目达到166起,并购额高达82.4亿美元,同比增长1.3倍,占浙商对外直接投资总额的48.79%。跨国并购活跃,且已成为浙江对外直接投资的重头戏。

在浙商跨国并购中有许多成功的典型例子。比如,2007年12月,雅戈尔收购Kellwood Company持有的XinMal100%的股权和Kellwood Asia Limited持有的Smart100%的股权;2008年1月8日,奥康集团与意大利知名品牌万利威德(VALEVERDE)正式签署全球战略合作协议,收购后者为期10年的全球品牌经营权;2009年7月,浙江万通铝业集团将意大利豪华游艇DALLA PIETA(DP)收入囊中;2010年8月,吉利控股集团以18亿美元从福特公司手中收购沃尔沃汽车公司全部实物资产及无形资产;2011年2月,杭州富丽达集团控股有限公司斥巨资2.53亿美元成功收购了加拿大纽西尔(NEUCEL)特种纤维素有限公司的全部股份;2012年11月,浙江三花集团以6500万欧元并购德国亚威科(德国一家白色家电核心系统部件研发、生产经营的公司,公司客户包括惠而浦、飞利浦等国际知名品牌);2013年1月,浙江万向集团耗资2.566亿美元成功并购美国A123系统公司;2014年8月,浙商企业复星集团以4.4亿美元收购澳大利亚能源企业Roc Oil;2015年3月,万丰奥特控股集团将以不超过13.5亿元收购镁瑞丁(Meridian)100%股权;2016年4月,阿里巴巴收购东南亚最大的电商Lazada;2017年,浙江巨星集团斥资8.6亿元收购美国百年企业Arrow Fastener Co.,LLC100%的股权。

　　浙商跨国并购不仅速度快,涉及国家范围也越来越广。另外,涉及的行业也越来越走向高端化,主要集中在汽车、机电、装备制造、化纤纺织、医药等制造业领域;同时,商务服务业、零售业、娱乐业等领域项目不断增多。根据浙江省商务厅2015年浙商跨国并购的数据,我们可以看到跨国并购案遍布全世界,具体国家和地区分布如图5-1所示。另外,并购领域主要是制造业,涉及的大型项目多为本行业领域的高端并购,其中:在2015年135个项目中,批发业达40个,占29.6%,研究与实验发展行业14个,占10.4%,设备制造业13个,占9.6%;商务服务业10个,占7.4%;医药制造业9个,占6.67%。

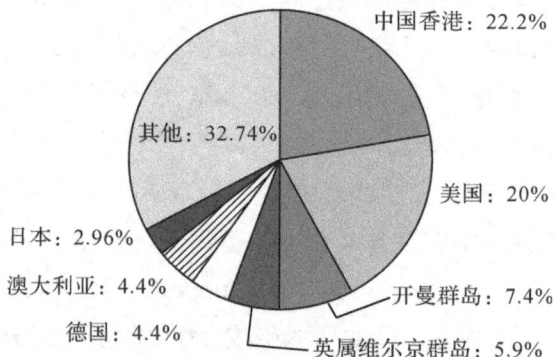

**图5-1 2015年浙商跨国并购国家和地区情况分布图**

　　跨国并购是企业全球化的大趋势，这为浙商打开了一扇大门。利用已有产业优势，通过海外并购，浙商快速进入新的领域。在浙商海外并购中主要是以技术和品牌为主流导向的，通过海外并购可以为浙商的技术提升和品牌出海提供良好的路径选择。同时，跨国并购是浙商获取国际市场成熟营销网络的重要手段，也为转型升级获取境外资源提供契机。另外，跨国并购是推进供给侧结构性改革、实现经济转型升级的重要途径。据有关统计，浙商跨国并购多发生在实体经济领域，在所有浙商跨国并购中，99%以上都是由民营企业完成的，80%以上是投向欧、美、日发达国家，70%以上主要集中在汽车及零部件、机电装备、生物医药、化工等先进制造业领域，成为浙江转型升级的重要支撑。随着浙商企业实力的不断增强，如今浙商"走出去"的质量越来越高，不再是简单地转移产能。打通全球产业链，布局全球高价值链，已成为浙商海外并购的首要目标。正如浙江省委书记车俊所说，"浙江的上市公司，不应再单纯地局限于对先进技术的跟踪、模仿，而应胸怀全球，在更高的层次、更开阔的视野下进行优势资源的全球整合。一要瞄准行业隐形冠军，瞄准高端制造，力争获取技术、品牌、人才等高端要素，快速进入全球终端市场，提升行业地位；二要围绕主业核心优势，并购同行领先的研发设计机构；三要立足于综合成本优势，开展国际并购。"

　　越来越多的浙商走上了跨国并购之路，但并购的动因各不相同：首先，是对于追赶型产业，其海外并购主要动因为技术寻求，为技术创新、产业升级提供动源，这也是他们选择欧美日韩等发达国家具有比较优势产业的原因；其次，对于领先型产业，其动因包括开拓海外市场和降低生产成本，他们往往从文化距离比较近的亚太地区（如中国香港、中国澳门以及日本、韩国等国家及地区）入手；另外，对于转移型产业，由于其逐渐丧失比较优势，其转移到海外工资水平较低的地方创造"第二春"，其国际化动因为效率寻求。同时，并购的方式也各不相同。目前，跨国并购主要分为横向跨国并购、纵向跨国并购和混合跨国并购3种。这是一个涉及资金、人才、谈判能力以及后续融合能力的系统工程，每个环节都至关重要。并非所有的并购都能一帆风顺，如果忽视潜藏的风险，会让并购功亏一篑。而且实践证明，最后70%的中国企业都以失败结束。比如，在被吉利收购之后的最初几年，沃尔沃经营并不顺利，销量不断下降，双方巨大的文化差异令这场联姻磕磕绊绊,李书福曾坦言与沃尔沃合作初期摩擦不断,还有历时一年多的"青年汽车收购瑞典萨博"案例可谓典型。国外与中国在法律、金融、产权、制度、运营机构体系等方面存在着种种差异,不少国家在政府监管、反垄断、安全审查方面设置了层层关卡。同时,商业文化和意识形态冲突,也让跨国并购企业感到迷惘。另外,跨国并购之前的资产定价,以及并购后的管理和文化整合,这些也是跨国并购的主要难题。

但根据研究,并购案例只有1/3的成功率,考虑到中国企业的跨境、跨文化整合,成功率还要降低10%。这意味着在中国走向全球的过程中,可能只有不到20%的企业能够成功。如何增加浙商跨国并购成功的概率?首先要知道东道国外资并购的相关政治、法律,要理解这个国家的文化、政治和法律,还有预估政治和暴力上的危险。同时做一个可行性评估,要做大量的调查研究和分析,通过科学方法去做并购决策。之后企业要做出低调而迅速的反应,需要外国投资者帮助,然后静待时机。企业要培养相关国际并购的经验和人才,这点非常重要,要有长远的眼光,因为这是一个全球化的时代。另外,更多的政策也在引导浙商出海并购。而早在2010年,浙江就制定出台了上市公司并购重组引导政策;2013年、2014年连续两年召开专题会议进行部署;2015年6月17日,省政府专门召开全省资本市场发展暨推进上市公司并购重组大会,强调推动更多的上市企业并购重组,进一步做优做强;酝酿组建"上市公司跨境并购联盟",联盟意味着"抱团"。对比西方国家的百年并购史,中国的并购历程还十分年轻。这条漫漫长途上,浙商正在不懈地上下求索。

### 5.1.3 浙商国际化的特征

浙商的国际化与福建人的闯南洋、潮汕人的捞世界是不同的,浙商的国际化走出了一条独具特色的"浙江模式":增长快覆盖广、民营资本高度参与、跨境电商迅猛崛起、海外并购遍地开花。

浙江省外贸出口从中国加入世贸组织后获得了快速的发展,除了在受2008年美国金融危机影响下,2009年出口从2008年的1542亿美元下降到1330亿美元,以及2016年以美元计较2015年下降之外,基本上每年都保持较高的水平发展。如图5-2所示。另外,近几年浙商对外投资额也持续保持"高增长，低回落"的发展态势，除经历了2008年投资额9.8亿美元的低谷，2016年达到168.9亿美元，平均每年以超过50%的速率增长。同时，境外的投资企业数和覆盖的国家也越来越多，截至2017年12月底，全省经审批核准或备案的境外企业和机构共计9188家，累计中方投资备案额4620.76亿元（约合707.17亿美元），覆盖145个国家和地区。

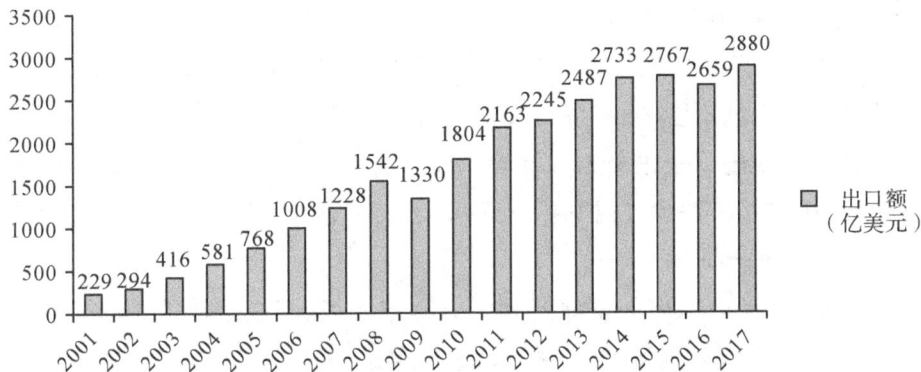

**图5-2 浙江省外贸出口从中国加入世贸组织后快速发展情况示意图**

浙江经济是民营经济的天下，民营经济也是浙江经济的最大特色优势。2017年，民营经济创造增加值近3.4万亿元，约占浙江GDP的65.2%，对浙江经济的发展起着举足轻重的作用。在浙商国际化中，民营经济也扮演着重要角色。比如在货物进出口中，民营企业仍然是浙江外贸的主力军，2014年浙江民营企业出口达11742亿元人民币，增长13.1%，占浙江全省出口总值的69.94%。2015年，浙江民营企业出口12579亿元，增长7.1%，占全省出口总值的73.2%，拉动全省出口增长5.0个百分点。2016年，浙江民营企业出口13380亿元，增长6.5%，占出口总额的75.7%，比上年提高2.5个百分点。2017年浙江民营企业出口1.49万亿元，增长11.8%，占全省出口值76.9%。在对外直接投资方面，2005年可看作是浙江民营企业对外直接投资元年，当年投资达1.5亿美元。随后每年都保持较快的增长速度，到2016年，浙江企业海外并购项目达到166起，并购额高达82.4亿美元，99%的海外并购是由民营企业完成的。可见，浙商的国际化是由浙江民营企业推动的国际化，也是浙江民营企业的国际化。

在传统进出口受到全球经济整体不景气以及新的对外贸易壁垒不断增加的影响下,跨境电商作为一种新的对外贸易方式应运而生,并以惊人速度快速增长。浙江省的跨境电商作为全国的事先垂范榜样(杭州作为全国首个跨境电商试点城市),已经形成了跨境电商经营主体持续增多、销售规模迅速扩大、产业链不断完善、多元化经营趋势明显、地区集聚日趋形成等特点,跨境电商发展水平居全国前列。2015年浙江省跨境电商出口超249亿元,约占全国的16%,2016年约319.26亿元,同比增长41.69%。2017年更是达到433亿元,增长35.6%。另外,浙江全省在速卖通、Wish、eBay、亚马逊等全球性大型跨境电商平台上,共有各类跨境电商出口活跃网店6.44万家。此外涌现出了全国最大的跨境电商平台——阿里巴巴速卖通,和以杭州全麦、杭州子不语、浙江执御、义乌潘朵、义乌吉茂、新河珠宝等为代表的跨境电商领军企业。

近年来,浙商积极在全球范围内进行布局,从而在全球范围内配置资源。为了获取境外资源、先进技术、市场渠道等,浙商加快了对外直接投资,在海外积极并购相关企业和产业。2015年浙商海外并购数量达135件,金额达51.09亿美元,居全国第一。到2016年,浙商海外并购项目达到166起,并购额高达82.4亿美元,同比增长61.3%,占浙商对外直接投资总额的48.79%。虽然经历了2016年并购盛宴之后,2017年受到监管政策引导和规范,受海外审查机制和全球宏观经济不确定性的影响,浙江海外并购也是回归理性,相对还是比较活跃的。省商务厅的数据统计,2017年浙江省以并购形式实现境外投资项目118个,并购金额达到53.85亿美元,占同期对外直接投资的比重上升为55.85%。经过几年的发展,并购的行业也越来越走向高端化,主要集中在汽车、机电、装备制造、化纤纺织、医药等制造业领域,同时,商务服务业、零售业、娱乐业等领域项目不断增多。并购企业的国家分布也越来越广,其中美国、德国、日本、意大利等发达国家为并购热门国家。

## 5.1.4 浙商国际化主要影响因素

浙商是中国企业走向国际化的中坚力量,取得了骄人的发展成就,但在走向国际化过程中也不是一帆风顺的,也遭受过挫折和失败,比如2001年8

月—2002年1月、2004年2—3月,俄罗斯扣鞋事件使相关浙商损失近4亿元人民币,个别企业损失达千万元以上;2003年冬罗马烧鞋风波,致使20多家温州鞋企的产品在罗马被焚烧;2005年11月巴黎骚乱,巴黎华商圣诞节货品仓库被烧毁,浙商损失总计达到数亿元人民币;2009年乌克兰绑架案,乌克兰最大的华商市场——敖德萨七公里市场发生华商被绑架案件。近年,浙江民企商人傅建中斥巨资收购了俄罗斯哈巴罗夫斯克的一处林场,经过3年多的开发,当森林资产估值从当初的70亿元飙升至150亿元时,林场公司却突然被俄方以涉嫌违法为由查封,公司资产被强制拍卖,森林经营权被提前收回,2.5亿元的投资,价值上百亿元的资产,短短数月间被席卷一空。这样的例子不胜枚举。这些事件的造成既有浙商自身内在的原因,比如以低价占领市场,导致恶性竞争、不重视知识产权保护、社会责任意识淡薄等,也有所在国家市场的外在因素,比如文化信仰及价值观的冲突、政治动荡事件、国际贸易政策的改变等。因此浙商要想在国际化道路上走得更远,发展得更好,应该要认真考虑所可能影响到浙商国际化的因素,从而认真有效地应对和化解。

Rodriguez将影响企业国际化的因素划分为企业特定因素、战略特定因素和国家特定因素。[15]Hitt et al.将影响企业国际化的因素划分为企业内部因素和外部环境因素。[16]常婕通过问卷调查发现影响湖北省中小企业国际化的主要因素分外部因素(东道国经济因素、国内经济政策、国内经济环境)和内部因素(企业家素质、企业产品因素、企业经营管理)影响。[5]彭丽莹在研究中指出,中小企业跨国经营进入模式受环境因素、产品因素、国际经验因素、领导者因素、社会网络因素的影响。[6]国内学者陈劲等及国外学者Kirca et al.都将影响企业国际化的因素归纳为个体、团队、企业、产业和国家等5个层面的因素。[7,17]徐江以我国中小企业为研究对象,指出其国际化受内因(创业导向、人力资本)和外因(竞争强度、利基市场机会)影响。[8]胡洪力等认为,企业家能力是企业国际化主要的影响因素,决定了企业的国际化水平。[9]王琳等指出,企业国际化主要受国际市场因素(政治因素、贸易壁垒因素、营销环境因素)和企业经营自身因素(技术因素、品牌因素、营销策略因素、人力资源因素)两方面的影响。[10]梁红梅在他人文献的基础上指出,企业国际化受企业层面因素、环境层面因素、团队层面因素影响。[11]也有人从全球投资政策环境、国家因素、全球贸易环境、全球金融政策与货币体系、区域经济一体化等方面来分析企业国际化。

从上述研究来看,对企业国际化影响因素的研究,要么是基于企业内因或外因,要么是基于宏观或中观或微观因素,各有各的研究切入角度。但是对于浙商来说,国际化的水平以及国际化的战略倚重不同,应该具体问题具体分析。首先,在国际化中,浙商还是以出口这种形式为主(包括贴牌和自有品牌出口),而自有品牌出口又是出口形式中的高级形态,加大自有品牌在出口产品中的比重也是浙商要努力发展的,目前在出口中虽然自有品牌出口的比重越来越高,但是贴牌加工的还是占据主要比重,因此从提高自有品牌在出口产品中比重的角度出发,品牌发展战略与国外市场营销策略是将来影响浙商国际化的主要因素。其次,跨国并购和对外投资办厂作为浙商国际化的高级形态和阶段,虽然目前相较于出口来说金额还不多,分量还不重,但这是浙商将来国际化进程中需要重点突破的,也是浙商真正走向国际化,完全融入国外市场,利用境外资源和技术,从全球范围内配置要素的重要手段和嫁接桥梁,因此基于提升浙商国际化水平的考虑,文化因素、国外投资环境(贸易壁垒及相关政策)以及本土化策略是影响浙商国际化的主要因素。总之,基于浙商国际化不同阶段的不同水平,影响浙商国际化的主要因素如图5-3所示。

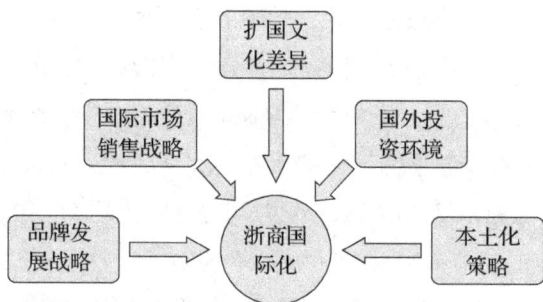

图5-3　影响浙商国际化的主要因素示意图

## 5.2　浙商国际化主要因素分析

### 5.2.1　品牌发展战略

　　品牌是给拥有者带来溢价、产生增值的一种无形资产,它的载体是用以和其他竞争者的产品或劳务相区分的产品和服务的总和,其增值的源泉来自消费者心智中形成的关于其载体的印象。美国著名品牌管理学家David A. Aaker认为,品牌之所以具有价值并能为企业创造巨大利润,是因为它在消费者心中产生了广泛而高度的知名度、良好且与预期一致的产品知觉质量、强有力且正面的品牌联想以及稳定的忠诚消费者这四大核心特性。一个知名品牌,就算没有广告支持,仅靠品牌也能在一定程度上维持产品的销售。

　　企业品牌的形成是企业形象的代表,也是企业形象市场营销的关键。企业在国际化发展的过程中以品牌营销为根本的市场竞争优势会加速企业国际化进程。以一些国际大品牌市场为例,迪奥、香奈儿等均利用其良好的品牌形象实现企业国际化发展。因此,品牌效应是企业国际化进程的主要影响因素之一。在目前对外出口形态中,浙商自主品牌出口比例还是比较低的,大部分还是以加工贴牌为主,赚取微薄的加工费,这样在整个产业链中就处于价值洼地,不利于企业的长远发展。浙江省商务厅相关负责人表示,目前浙江要从贸易大省向贸易强省转变,必须摆脱这种低端贸易方式。要知道,全球20%的优势品牌占据了80%的市场份额,同样产品,自主品牌出口的价格比贴牌加工的溢价3%—5%。走自主品牌之路,是浙江外贸实现从"大进大出"到"优进优出"的必由之路。品牌对于出口企业来说,一是意味着质量和信任,二是溢价空间。只有源源不断成长的"浙江出口品牌",才能成为支撑浙江出口发展的生力军,才能推进浙商国际化进程。

　　虽然有些企业在运用品牌推进国际化中表现出色,但总体来说,浙商在品牌国际化上还是存在不少问题。首先,品牌意识不强。品牌首先是商标和名称,代表着产品的功能、可靠性、服务性、价值比等核心内容,代表着企业形象和对消费者、环境生态和社会的责任。它能给企业带来丰厚的利润,能给消费者带来物质的、精神的、技术的、文化的和时尚的价值享受。一个企业若没有品牌意识,在市场上是很难站得住脚的。浙商在企业出口运营过程中,往往重视企业战略,轻视品牌战略、重视品牌开发而忽视品牌保护。商务部关于2017年度"浙江出口名牌"名单显示,2017年度"浙江出口名牌"达334个。与西方发达国家相比较,这个数量还远远不够,这与浙商对品牌战略的意识不强有很大关系。其次,品牌管理理念严重滞后。品牌虽对企业有着巨大的价值,但其自身又具有脆弱性。因此,就必然要求企业对品牌进行全方位、全过程的管理,以确保品牌运营在整个企业运营中起到良好的驱动作用,同时不断提高企业的核心价值和品牌资产。目前在全球500强公司中,绝大多数都导入了品牌管理系统,如GE、BP、Philps、Intel、联合利华等都在2011—2016年完成了新一轮的品牌更新。而浙商在品牌管理上,与世界知名企业现阶段的品牌管理相比还存在较大的差距。如,众多企业职责模糊、功能不健全、品牌管理模式不完整,造成了品牌规划、生产与销售、包装设计、生产整合、品牌延伸、品牌监控全流程的混乱。再次,浙商对品牌开发缺乏资金支持和战略规划。一方面,浙商在科研投入上不足。"企业科研投入与销售收入比不足3%,企业缺乏发展后劲很难存活;在3%—5%之间,企业能够存活,但创新能力不强,经济危机时很容易被击垮;在5%以上的企业,才有可能在激烈的市场竞争中崭露头角。"这是被业界人士公认的一条规律。据统计,2015年浙江省高新技术企业研发经费占主营收入比重达4.55%,虽然远高于规上工业企业1.12%的水平。但也是位于3%—5%之间,这表明浙商在支持品牌发展的研发投入上还是不足的。另一方面,浙商缺乏有效的品牌战略规划。因为清晰的品牌识别必须有深度、有条理,强势的品牌需要技术支持,只有这样才能引导品牌的传播与推广,才不会把矛盾和模糊的信息传达给消费者。并非仅仅靠情感的诉求和促销的推动,而浙商品牌战略往往重视的是后者,而忽视品牌战略和技术创新。

那么,建立品牌发展战略,加大自主品牌出口的比例,是推进浙商国际化发展,提高国际化水平的重要措施。同时,推进品牌国际化是一个复杂的系统工程,浙商必须有步骤、分阶段、循序渐进地进行,不能一蹴而就。首先,应该了解品牌发展的重要意义,树立品牌发展意识,建立品牌发展战略,从现实出发,以品牌标准来严控公司生产、运营、管理的全过程和全链条,保证最终能达到品牌所要求的质量和服务,满足客户的切身需求;其次,加大品牌开发、品牌宣传和品牌保护的资金投入,确保在技术研发投入、品牌宣传推广以及知识产权保护上的资金支持力度,使公司的品牌能够获得不断创新的动力源泉,保持在同类产品中的差异化路线,培育自己的核心竞争力,并通过宣传和保护,确保这种差异化能够得到市场的认可和巩固;另外,建立品牌联盟。与国外企业建立品牌联盟(如合资、合作等),有利于培育品牌的全球性声誉,塑造企业形象,特别是两个品牌的强强联合能起到互利互荣的作用。

### 5.2.2　国际市场营销战略

国际市场营销战略,是指企业根据国内外市场环境及其内部条件所制定的具有全局性和长远性的营销目标和实现营销目标的途径。在出口阶段,国际市场营销战略的整体性构建是扩大出口销售总额,保障企业国际化经营效率和提升国际化水平的主要因素。从浙商国际化现状来说,贴牌加工和自主品牌出口还是占最主要的,因此国际市场营销战略可能是浙商国际化进程中相当长时间内主要采取的措施。

国际市场营销常用战略有:①国际市场选择战略:市场选择战略是由市场细分、目标市场选择与目标营销、市场定位等一系列相继进行的决策所组成的营销战略,它是决定企业国际市场营销活动的核心战略;②国际市场进入战略:是企业在国际市场选择的基础上,将产品打入国际市场,提高企业市场覆盖率和占有率的战略,也是企业跨出国门、走向世界、向国际化发展的战略;③国际市场营销竞争战略:是企业国际市场营销战略的重要组成部分,它是企业在把握环境变化和自身实力的基础上,确定竞争的指导思想、方针,制订竞争目标,选择达到目标的手段和措施,尽可能有效地建立、保持、加强相对竞争优势,取得最佳竞争效果,比竞争者更好地满足市场需求,赢得长久生存发展的战略。具体到落实时,一般主要采用的国际市场营销战略主要包括:①产品战略:产品是企业链接国际市场的结合点,也是国际市场营销活动的核心,是其他国际市场营销战略的核心。产品战略最流行的就是波士顿咨询集团20世纪70年代开发的BCG矩阵。根据市场增长率和市场份额各不相同可以划分为问题型、明星型、现金流型、瘦狗型4种产品策略。②价格策略：价格关系到公司最直接的利益，通常是营销策略中的关键，一般需要考虑成本、需求、竞争等因素。价格策略往往可以分为新产品定价策略、相关产品定价策略、地理定价策略、差别定价策略、价格折扣策略、质量定价策略、促销定价策略。③分销策略：国际分销系统包括生产商、中间商、最终消费者。产品如何从生产商最终到达消费者手里，中间涉及的中间商数量各不相同，根据中间商数量多寡，可以分为密集、选择和独家分销。④促销策略：国际促销的任务在于建立买卖双方之间的沟通机制，它是通过广告、营业推广、人员推销、公共关系等手段来完成的。

对于浙商而言，通过国际市场营销战略加大产品出口，提升国际化水平，关键在于如何有效实施国际市场营销战略。首先，是目标市场选择：浙商要根据对国外市场分析选择准备进入的国际市场，而不是盲目进入，盲目进入只会造成资源的浪费、成本的上升以及无效市场的开发，要在自身优劣势有明晰判断的基础上，对将要进入市场进行有效评估，包括政治经济法律环境、定位消费者购买力、民族消费习俗、同类产品竞争情况等，从而最终确定所可能值得进入的市场。其次，选择营销组合战略：浙商要根据目标市场的需要，综合考虑环境、能力、竞争状况，对自己可控制的各种营销因素（产品、价格、渠道、促销等）进行优化组合和综合运用，使之协调配合，扬长避短，发挥综合优势。应该在制订好的产品规划、包装设计等基础上，选择好进入目标市场合适的产品，并确定好针对目标市场的定价原则和目标，同时考虑利用什么样的分销渠道使产品顺利到达最终消费者手里，并研究采取什么样措施（广告、人员推销、公共关系等）来促进消费者购买商品以实现扩大销售的目的。再次，就是搭建组织框架：组织架构的搭建是为各种战略的实施所服务的，是保障公司有效运营的基础条件。包括企业与各个关联企业的法律形式以及企业内组织结构，还包括企业在国际范围内进行运作所采用的财务政策。那么对于浙商来说，应该在各种现有条件的基础上分析组织结构的影响因素，将公司内部各部门有效串联起来，选择能适应外部环境变化和公司内部资源协调最佳的组织结构模式。

浙江通兴铁塔有限公司就是在国际市场营销战略运用上做得比较成功的例子。作为一家创建于2001年的民营股份制企业，主要生产1000千伏及以下输电线路铁塔。在面临劳动力短缺，用工成本增加；客户对产品质量、工期和服务要求不断提高,导致企业成本增加;银行利息吞噬了企业大部分的利润等问题背景下,浙江通兴铁塔有限公司领导层意识到开拓国际市场的重要性。首先,分析了通兴公司国际市场营销的外部环境(经济、政治、政策、汇率、行业环境)和内部环境(行业地位、产品质量、管理团队、财物能为、销售能力、生产能力等情况),通过SWOT分析,得出公司内部产品质量过硬、价格低廉,具有一定的竞争优势,具备开拓国际市场的基础条件,同时国内市场竞争激烈,产能过剩,而对于国外市场供不应求,机会比较多的结论。从东南亚、非洲、南美洲地区的发展中国家出发进行目标市场分析,制定产品战略(保证产品的质量、重视产品的包装、提高服务质量)、价格战略(国外电力公司自主招标的项目,采取低价策略;总承包项目,视具体情况制定报价策略;其他的一般采取相对谨慎的报价策略)、渠道战略(建立电子商务平台、参加电力行业展会、借助工程总承包商的营销渠道、加强同行业公司间的横向联系)、促销战略(广告宣传、人员推销、参加电力行业展会、公共关系促销策略、低价促销策略)。通过这种战略的实施,通兴公司逐步获得了海外市场经验,不断提升了自身的国际化经营水平。

### 5.2.3 跨文化差异

跨文化是指在交往中"参与者不只依赖自己的习惯、观念和行为方式,而是同时也经历和了解对方的习惯、观念和行为方式的所有关系,也是指跨越不同国家不同民族界限的文化。当企业进行国际化时,由于处于不同的文化背景和地域环境,必然面临各种文化差异带来的影响。研究表明,企业跨国经营活动的失败,大多不是由于产品、技术、品牌的问题,多半是忽视文化差异的影响。因此,研究跨文化差异对浙商国际化的健康发展具有现实意义。

从浙商国际化不同阶段和形态来看,跨文化差异带来的影响也不尽相同。在贴牌代工出口阶段,由于产品是按照国外采购商提供的设计方案和要求生产,国内生产商不与国外市场产生直接接触,文化差异带来的影响比较小。在自主产品出口阶段,产品从设计到生产都是属于原创性的,但生产出来的产品要进入国外市场为国外消费者所接受,产品必须要符合国外市场的需要,比如产品设计、外形包装、产品说明、产品内涵、产品性能及功能必须要尊重国外市场的消费习惯和习俗以及民族文化,因此在自主产品出口阶段,跨国文化差异带来的影响还是比较大的,值得浙商高度关注。在国际化的高级形态阶段,到国外投资办厂或者收购国外企业,都涉及在当地市场直接经营管理,需要利用当地资源和渠道,融入当地市场,文化上的融入是至关重要的,这时候文化差异上带来的冲突更可能给浙商国际化带来最直接的影响。

每个国家、民族在漫长的发展历史过程中,都积累了一套自己独特的文化。由于经济基础和上层建筑的不同,满足人的基本需求的形式和方法也不同,因而造成了文化的千差万别。文化上的差异表现在语言交流方式的差异、思维模式和行为模式的差异、价值观念的差异、审美观差异、宗教信仰差异、民族习俗差异。跨国文化差异对浙商国际化的具体影响体现在:市场需求层面、经营管理层面、外部环境层面。首先,在市场需求层面:消费者的行为方式和行为特征都是基于一定的社会文化背景,受社会价值观的主导,而行为方式和行为特征又引发并最终决定消费者对产品的需求。因此,人们的消费选择不仅以商品的价值和效用函数为基础,更重要的是受制于他们的文化和价值观。由于世界各国之间客观存在着文化差异,所以不同文化的消费者往往具有独特的消费需求,这种独特的需求可能表现为独特的产品,也可能表现为独特的消费方式或独特的消费习俗等。2006年浙江娃哈哈旗下以"中国人自己的可乐"著称的非常可乐品牌在国内市场风生水起的情况下进军国际市场,当它信心满满准备在美国市场与两个可乐巨头(百事可乐、可口可乐)一争高下、平分市场时,可没想到的是最后却水土不服,铩羽而归。究其原因不是产品质量不过关,营销和广告投入不大,而是可口可乐及百事可乐由于其百年的发展在美国人心目中不仅仅是一种产品,更是一种文化,一种固定的消费习惯和产品认同,虽然两者之间时常会你争我斗,想置对方于死地,但对于美国消费者来说这是一种常态现象,当面临另外一种同类产品的挤入时,要改变已经深入美国消费者骨髓的消费选择是很难做到的,因此非常可乐在美国的水土不服也是在情理之中的。其次,在经营管理层面:由于公司员工的工作及处事方式,以及待人接物方面都受特定文化的影响,不同的文化就会表现为员工之间的行为方式不一致,甚至产生对抗和矛盾,尤其是对于公司的经营管理决策,文化上的差异可能会致使决策管理上的难以统一和有效执行,增加公司的经营管理成本,甚至导致公司管理上的混乱和经营上的失败。2010年吉利控股集团以18亿美元正式完成对福特汽车公司旗下沃尔沃轿车公司的全部股权收购,并成为浙商跨国收购成功的典范。之所以成功的原因,一方面是在海外吉利沃尔沃全资公司上任命拥有沃尔沃集团董事会成员身份的汉肯·塞缪尔森担任总裁兼首席执行官,这样既稳定了原有公司管理层架构和决策理念,也尊重并传承沃尔沃集团所拥有的斯堪的纳维亚历史与文化,使得海外沃尔沃汽车公司能够统一高效决策;另一方面,对于沃尔沃海外员工,吉利应当本着"求同存异"的思想,在文化整合过程中正视双方的差异,尊重双方可容忍的差异,不将吉利的发展理念强加于沃尔沃的员工,努力找到一个平衡点,共同促进;同时,还建立积极有效的沟通机制,增进彼此的了解和信任,消除因文化差异带来的冲突,增强凝聚力。可见,尊重对方文化,重视文化差异的冲突,采取有效措施消除文化冲突带来的问题,可以有效保障海外公司的经营管理及决策。再次,在外部环境层面:不同文化造就不同的政治、经济以及法律环境,对于浙商在国际化进程中有着直接的影响,比如政治环境的稳定和清明,是保障浙商对外直接投资的基础,也往往是浙商投资考虑的首要条件,同时,经济体制也决定了东道国对市场的干预程度,制约着浙商直接投资企业的运营发展。另外,法律文化的不同,对于浙商对外直接投资的成本和相关问题的解决都有着最直接的关系。2009年6月29日,俄罗斯又以"违反环境卫生规定"为由,对切尔基佐沃市场进行整顿,打击"灰色清关"走私行为,并临时关闭了该市场,来自温州、浦江、诸暨等地的浙商被扣留的货物高达15亿美元。更为严重的是,被扣押的货物已直接导致在俄经营户销售链断裂,甚至影响到浙江供应链上的企业。仅以温州鞋革行业协会的调查来看,至少400家温州鞋企遭受直接损失,其中有100多家开始走上破产倒闭之路。

正视跨文化带来的冲突,采取适当的跨文化冲突管理策略,这是浙商进一步国际化,尤其是在高级形态国际化进程中必须要积极应对和解决的。由于在不同文化背景下信息理解、沟通形式、管理风格、思维方式、民族个性等方面存在差异,因此跨文化冲突不可避免。在尽量避免跨文化冲突中,浙商可以采取以下策略:第一,文化顺应:尽量学习和效仿东道国文化,并融入东道国文化,化解两种文化之间的冲突,比如雇用当地管理人员,采取适应当地文化的运营管理体系,订立合同时采用对方国家的货币形式等。第二,文化回避:在冲突中总是以对方为主,设身处地为对方着想,这种方式强调要给人留面子,保护对方尊严。当谈判的结果特别重要时,这种方式被使用得最为频繁。第三,文化协作:这是一种创新式的跨文化冲突解决方式,通过构建双方交流的平台,在尊重了双方文化差异的基础上,强调了对有效工作方式的选择。

### 5.2.4 国际投资环境

随着"走出去"战略的深入实施,浙商国际化进程得以加快。但在开展国际化经营活动的同时,也受到对海外政治、经济、法律和商业环境缺乏了解、遭遇当地竞争者排斥攻击等因素困扰,这主要是缺乏对国际投资环境的有效评估。国际投资环境是指以东道国为核心的制约和影响国际投资资本运行的基本条件的总和,包括政治环境、经济环境、法律环境、社会文化环境和自然环境。良好国际投资环境的基本特征是:政府稳定,对市场干预少;经济发展稳定,市场机会多,基础设施完善,配套服务良好;法律稳定,法规健全,歧视性条文少;文化统一程度高,社会各阶层相对融洽,对外接纳程度高;自然资源较丰富,水资源、气候等适合生产需要。

政治环境是指一个国家或地区在一定时期内的政治大背景,比如说政府是否经常换届,政策是否经常变动等。同时,政治环境是各种不同因素的综合反映,诸如国内危机,针对商业的恐怖主义行动,以及国家之间在特殊地区的冲突,这些问题可能偶尔发生,也可能经常发生。政治环境的好坏影响着浙商国际化,尤其是对浙商对外直接投资影响最为直接。2014年5月12—14日,在越南国内发生了涉华游行和打砸抢烧暴力活动,范围覆盖越南平阳、胡志明、同奈、隆安、巴地—头顿、河静、太平等省市。苏泊尔在越南平阳省的生产基地出于人身及资产安全考虑,在此次事件中被迫停产。同样,此次骚乱也影响到杭州鸿雁电器有限公司在越南的产品销售。曾经一批LED照明产品滞留在越南边境,没办法通过当地海关。

经济环境是指企业经营活动所面临的外部社会经济条件,其运行状况和发展趋势会直接或间接对企业国际化经营活动产生影响。比如,最近美国特朗普政府针对中国出口到美国的相关商品加征关税,并且在通关环节上,进口商办理通关手续时,要求其提供非常复杂或难以获得的资料,甚至商业秘密资料,增加通关难度,另外干脆超出WTO规则而直接实施限制或禁止进口的措施。由于欧洲认证机构之间对标准的掌握尺度并不一致,2012年底杭州某企业出口法国的千斤顶在法国LNE实验室的抽查中判其未能通过其所谓的欧盟标准规定的承载测试而被永久拒绝入境法国。当时被退回十几个集装箱,共计货值30万美元左右,损失严重。

法律环境主要是法律意识形态及其与之相适应的法律规范、法律制度、法律组织机构、法律设施所形成的有机整体。企业对外投资既是一种经济行为、又是一种法律行为。由于国际化经营活动都须沿着法律轨迹进行,任何经济目标的现实都需要可靠的法律保障,因此在诸环境中,法律环境尤为重要。中国人在国内习惯于在法律、法规上做交换,因此法律意识淡薄且有误区。一些中国企业去海外发展时,缺乏研究其法律环境的意识,遇到问题也不知道如何通过当地法律来解决。比如,2004年浙江民营企业通领科技与美国莱伏顿公司产生了知识产权纠纷,被要求支付高额专利费来达成和解,所幸,通领科技果断拒绝了,并拿起法律武器,按照美国的法律程序积极应诉,最终获得胜诉。社会文化环境是指在一种社会形态下已形成的信念、价值观念、宗教信仰、道德规范、审美观念以及世代相传的风俗习惯等被社会所公认的各种行为规范。比方说,美国是一个高度宗教性质的国家,信奉的有基督教和天主教、犹太教、东正教、佛教、伊斯兰教、道教等,其他的宗教门派亦有一定的信众教徒,信仰宗教的公民在美国总人口中约占91%,其中以信仰基督教和天主教为主。由于宗教信仰的不同就会直接影响人们的生活方式、行为准则、道德标准,决定着他们的人生观、价值观、审美观等。最终可以反映在对国际贸易或投资行为上。自然环境主要是指企业所在地域的全部自然资源所组成的环境,它包括矿藏资源以及地理与气候等自然条件,像空气、水、自然地界地貌、各种自然灾害等。这些对企业的跨国经营活动有着极大的影响。比如非洲虽是贫穷之地,但也是充满机会之地,那里资源丰富,包括蕴含丰富的矿产以及廉价劳动力。浙商抓住机遇不断扩大对非投资,截至2017年底,浙江累计对非投资额(总投资额)达30.8亿美元(中方投资额为27.2亿美元)。经浙江省商务厅核准或备案的在非浙商企业超过525家,浙商企业积极参与非洲基础设施建设、能源矿产合作开发和制造业发展,已形成以批发零售业、建筑业、采矿业、制造业为主的产业投资布局,投资领域不断扩展。

要想加快国际化进程,浙商就不能回避国际投资环境因素的影响,要努力做到事先认真评估国际投资环境,事中有效利用国际投资环境。一方面,做好事先评估,对出口或投资国家的政治、经济、文化、市场以及自然资源预先调查,弄清楚是否存在出口或者投资的机会,潜在的风险主要体现是什么;另一方面,正视国际投资环境的影响,尊重当地的风俗习惯、社会秩序和宗教信仰,平等对待当地居民,虚心向他们学习,入乡随俗,与其友好相处。同时主动关注所在国法律环境变化,认真了解当地投资、贸易、环保及劳工政策,积极适应并遵守当地的各项规则,充分熟悉当地的社情民意,融入当地社会。

### 5.2.5　本土化策略

本地化是指企业在国际化过程中,为了提高市场竞争力,同时降低成本,将产品的生产、销售等环节按特定国家或地区市场的需要进行组织,使之符合特定区域市场的组织变革过程;是企业力图融入目标市场,努力成为目标市场中的一员所采取的策略。它要求企业不是把自己当成外来的市场入侵者,而是当作目标市场中固有的一员融入当地文化,它强调企业以适应环境来获得更大的发展空间。

本土化是经济全球化发展的必然阶段,以信息技术革命为中心的高新技术迅猛发展不仅冲破了国界,而且缩小了各国和各地的距离,使世界经济越来越融为一体,加速了经济全球化和世界经济增长。在经济全球化的浪潮中,越来越多的企业开始跨出国门,向国际市场进军,把产品和服务拓展到全球各地,走国际化路线。而真正的国际化离不开本地化的支持。也就是说,企业要完全融入当地环境,实现产品本土化,从根本上服务于当地消费者。因此,在国际化过程中,本土化和国际化是不可或缺、相辅相成的。本土化包括产品的本土化、营销方式本土化、人力资源本土化、研究开发本土化。

企业为什么必须一定要实施本土化战略呢?第一,是市场需求。当进入一个新的目标市场,由于各种原因,其目标客群有着不同甚至独特的需求,为满足目标市场不同消费群体的诉求,企业必须进行本土化改造。第二,成本。降低成本,提升产品竞争力和利润是企业国际化的重要诉求。理性的企业在目标市场开展生产经营活动时,最先考虑的也是成本。对于降低成本的追求,直接导致了其在不同国家市场经营。第三,获取当地政府的支持。企业如何在本地化的经营中越来越顺利?取得当地政府的支持是必需。这就需要对当地的经济和税收做出应有的贡献。就业、税收等都是政府绩效的考核目标。第四,更好地融入本土的民族文化。许多企业经营失败的主要原因就是没有更好地融入当地本土的民族文化,没有了解本土的历史进程和渊源。尽管如今世界一体化使得彼此间的差异显得相对次要了一点,但是民族文化的重要性仍然是不容小觑的。

浙商要推进国际化,尤其是在海外投资办厂和并购,都离不开本土化,这是浙商国际化能否走得更长远的关键。采取本土化策略,必须要做到四个方面:第一,产品的本土化。产品的创意设计、生产包装、产品功能、产品宣传、售后服务都应从本土特征和要求出发。只有这样才能抓住本土市场的核心需求,把握潜在的商机。第二,营销本土化。企业进入当地市场,一般还没有自己的营销渠道,又由于当地市场商业生态的差异性,运用自己原来的营销模式肯定会水土不服,因此按照当地的营销渠道和方式,采取本土经营是至关重要的。第三,人力资源本土化。浙商要在本土有所作为,必然需要熟悉并且适合本地各个领域环境的人才,使公司的各种策略符合本土的国情,以保证公司的运营平稳以及制定决策方针能够正确。如浙江正泰集团自2006年和斯里兰卡电力公司CEB合作开始,在斯里兰卡建立了CHINT POWER公司,组建了本土化精英团队和资深电器行业专家队伍,成功走出了一条鲜明的本土化之路。值得一提的是,CHINT POWER公司在斯里兰卡创建了极富特色的"电工俱乐部"。截至2015年4月,"电工俱乐部"会员已经有3000多名,在业内名气响当当。第四,研究开发本土化,是指利用技术引进国的研发机构和研发设备,并利用当地的技术力量,开发出适合当地市场的技术和产品,更好地适应市场需求的过程。研究开发本土化是争抢本土优秀的人才和技术,是十分有战略价值的行为。2016年宁波均胜电子股份有限公司以11亿美元收购了汽车零部件行业巨头——美国的

KSS公司和德国的TechniSat汽车业务。在收购之后，公司把主要精力投入对长期发展上，计划在尊重当地的法律、工会以及文化的基础上，逐步实现人才梯队的本土化培养与管理。

浙江万向集团是浙商国际化的先驱和成功典范，也是在本土化上做得比较成功的榜样。对并购后的企业，万向通常采取"放手"式的完全本土化经营策略。以A123并购案为例，万向在收购时就承诺整体收购且不裁员，提出收购方案可以使公司、职员、股东都获得最大利益，在人员、资本、管理、技术等方面实施本土化经营。万向的本土化管理模式主要是通过在美国注册的万向美国公司来实现，有别于大多数通过中国本土注册的中国籍公司来实施经营管理。要知道，以外来者身份面对新市场的游戏规则，困难不言而喻。而万向看似"放手不管"、实则完全控股的策略，打破了这种局面。万向美国公司的优势不仅仅在于人力资源的本土化，更体现在合作伙伴的选择上，它的主要合作伙伴有花旗银行、美林公司等世界著名金融机构。正是万向这种强大的"消化能力"，使其完美吸收了国外的市场资源、原料资源、人力资源、信息资源以及技术、资金等多种资源，最后再将这些资源有效整合，使万向接收破产的A123后，在短短两年时间内就让它起死回生，现金流由负转正。

当然，除了浙商自身要采取相对应措施来积极应对之外，政府在浙商国际化中也应该扮演重要角色。第一，为浙商国际化行为提供正确引导。目前浙商国际化行为往往缺乏对市场的充分研判，尤其是对对外投资领域的理性思考和分析，有些甚至是基于信息不对称的即兴行为和跟风时尚，这也是导致成功率比较低的重要原因。政府在这方面可以有所作为，可以利用政府行业信息的优势，帮助浙商对出口和投资市场做出更加理性的判断，减少各种国际化行为带来的损伤。另外，也要引导其遵守当地法律和竞争规则，尊重当地的民俗习惯，积极主动地融入当地社会，为当地社会做出贡献，创造稳定和谐的环境发展事业，机遇共享，利益"双赢"。第二，为浙商"抱团出海"提供机会。目前，浙商国际化主要是以自发、零散、"单打独斗式"的走出去现象较为突出，这既不利于浙商自身长远发展，也不利于建立和维护国家的良好形象。政府应该通过其协调和主导作用联合企业和行业协会，有序组织优势产业，使产业链上下游企业"抱团出海"，提高浙商走出去的组织化程度,提升整体竞争力,避免出现浙商间的恶性竞争。在抱团出海中,最好是能有一个龙头企业将整个产业带动起来,形成产业链,减少浙商间的盲目浪费行为,增强浙商整体实力和抗风险能力。第三,提供金融财税支持。一方面,应该落实和完善有关税收优惠政策,对有国际化行为的浙商实行各种税费减免优惠,切实减轻企业负担;另一方面,为实施国际化的浙商提供资金支持,在投融资方面给予更多的便利,增加企业的资金保障。另外,还应该鼓励出口信用保险公司开发面向广大浙商的汇率风险避险产品,以降低因汇率变动给浙商所带来的影响。

## 参考文献

[1]梁能. 公司治理结构,中国的实践与美国的经验[M]. 北京:中国人民大学出版社,1999.

[2]鲁桐. 中国企业跨国经营的思考[J]. 贵州省党校学报,2001(1):12–13.

[3]卢新德. 信息传播全球化与中国企业经营国际化战略[M]. 北京:人民出版社,2002.

[4]杨丽丽,赵进. 国际化程度与企业绩效关系实证研究综述[J]. 外国经济与管理,2009,31(4):15–21.

[5]常婕. 湖北中小企业国际化经营的影响因素研究[J]. 经济论坛,2010(10):118–120.

[6]彭丽莹. 我国中小企业跨国经营进入模式影响因素研究[D]. 长春:吉林大学,2011.

[7]陈劲,吴航,梁靓. 企业国际化程度影响因素及未来研究热点展望[J]. 西安电子科技大学学报(社会科学版),2012,22(6):13–20.

[8]徐江. 我国中小企业国际化影响因素及其对国际化绩效的影响研究[D]. 长春:吉林大学,2012.

[9]胡洪力,尹方敏. 基于IESA分析框架的浙江万向集团国际化成长案例研究[J]. 浙商管理评论,2015(0):67–80.

［10］王琳,王焰婷.企业国际化经营的影响因素研究[J].中小企业管理与科技,2017(6):32-34.

［11］梁红梅.我国家电企业国际化影响因素研究[D].兰州:甘肃政法学院,2017.

［12］MALLICK S, YONG Y. Financing patterns, multinationals and performance: firm-level evidence from 47 countries[M]. International Business and Institutions after the Financial Crisis, 2014.

［13］JOHANSON J, VAHLNE J E. The internationalization process of the firm-A model of knowledge development and increasing foreign market commitments[J]. Journal of International Business Studies, 2008, 8(1): 25-34.

［14］CAVUSGIL S T. On the internationalization process of the firm[J]. European research, 1980(6): 273-281.

［15］RODRíGUEZ A R. Determining factors in entry choice for international expansion. The case of the Spanish hotel industry[J]. Tourism Management, 2002, 23(6): 597-607.

［16］HITT M A, BIERMAN L, SHIMIZU U K. The importance of resources in the internationalization of professional service firms: the good, the bad, and the ugly[J]. The Academy of Management Journal, 2006, 49(6):1137-1157.

［17］KIRCA A H, HULT G T M. A multilevel examination of the drivers of firm multinationality[J]. Journal of Management, 2012, 38(2):502-530.

——— **第6章** ———
# 浙商新征程

## 6.1 浙商源流

社会发展是一条川流不息的绵长之河，历史是它的重要源流。每一代人的生活都不断积淀形成新的文化，为这条永恒之河补充新鲜活水。也唯有如此，历史之河才能激扬奔流，永葆生命之青春。

浙江从传统到现代的转变，包括浙商的兴起和浙商精神的形成，尽管也呈现出了与全国乃至全球其他地区的一致性，但独特的区域历史传统又使其显示了鲜明的区域特征，从而深刻影响了浙江现代化发展的路径模式，也影响了浙江新一代劳动者的文化性格和行为方式。

### 6.1.1　浙商的历史

浙江历史悠久,文化发育较早,拥有河姆渡文化和良渚文化等古老文明。在漫长的历史进程中,浙江因为独特的地理环境和海洋文明,发展出了有别于中原传统重农轻商思想的义利兼容、工商皆本、重商倾向鲜明的地域性文化价值观,具有浓厚的"经世致用""崇尚事功"的创业文化色彩。[1]

"商",最初为原始部落的名字。该部落位于今天河南省商丘南部地区,部落始祖名叫契。契的第十代孙名叫王亥(公元前16世纪),王亥带领商族人用帛和牛当货币,在部落间进行交易。他的第四代孙汤灭了夏,又迁都于殷,故商又称殷。殷人"肇牵牛车而远贾"。周灭殷以后,周公(姬旦)要求殷的遗民继续经商。殷商之人善于经商,周朝人便将从事这种行业的人称为商人。"商人"一词即由此而得名。[3]

从传统的意义理解,"商"就是贸易的说法。"商人"就是以从事贸易或商品经营活动为生计的人。"浙商"就是浙江商人。但是,由于现代经济活动的发展,生产型企业和经营型企业都必须以经营为企业运作的指导,"商"的概念在今天也因此有了更新颖和更宽泛的理解,一般从事企业活动的人都可以成为"商人"。

浙江文化具有浓厚的商业气息和经商传统。这里的浙商,是改革开放以后兴起的,为浙江乃至全国现代化建设做出重大贡献的、且正在不断成长的浙江中小企业家和正在成长为企业家的企业经营者。今天人们所理解的浙商有几个含义:第一,改革开放后成长起来的具有或者基本具有现代企业家精神的浙江企业家;第二,正在向现代企业家嬗变过程中的一般企业管理者;第三,所有的浙江广大企业主、经营者和企业的高层管理者。浙商的历史演进及典型代表如表6-1所示。

表6-1　浙商的历史演进及典型代表

| 时间范围 | 历史时期 | 浙商所处阶段 | 典型代表人物 |
|---|---|---|---|
| 前6世纪—6世纪 | 春秋时期—隋末 | 浙商萌芽和首次高峰期 | 计然、范蠡 |
| 6—10世纪 | 唐初—宋代 | 海外民间和私人自主贸易兴起 | 李邻德、张支信、崔铎等 |

| 时间范围 | 历史时期 | 浙商所处阶段 | 典型代表人物 |
|---|---|---|---|
| 10—14世纪 | 宋代—明初 | 商业童稚期 | 沈万三 |
| 14—19世纪 | 明清时期 | 工商业形成和商帮崛起时期 | 胡雪岩、许春荣、叶澄忠等 |
| 近代 | 民国时期 | 金融业的崛起 | 虞洽卿、朱葆、孔颂馨等 |
| 当代 | 中华人民共和国成立及改革开放时期 | 当代浙商崛起 | 马云、宗庆后等 |

资料来源：根据《浙商通论》相关内容整理。

## 6.1.2 浙江现象

所谓"浙江现象"，简要地说，就是在物质资源、工业基础等条件比较落后，中央的政策没有"偏得"和特殊优惠的情况下，靠浙江人民自身的努力，顽强拼搏，艰苦创业，在不太长的时间内创造了经济发展的奇迹，使浙江经济在发展速度、经济总量、经济结构、区域特色、发展趋势、市场建设以及制度创新等方面获得了异乎寻常的成就，并有可能继续获得较快的发展。[2]

改革开放以来，浙江尤其是浙江东南一带群众较早切入市场，在早期人民生活物质条件艰难和制度安排相对落后的状况下，浙江人民开拓创新，艰苦拼搏，积极进取，取得了骄人的成就。浙江民间创业活动的蓬勃发展，成千上万农民汇集转变成开拓市场发展经济的强大主体，为浙江先声夺人的民营化、市场化改革注入了源源不断的强大动力。体制改革的先发优势，开明政府及其及时提供的宽松的政策环境，反过来为创业精神星火燎原般的扩展，以及大众化创业浪潮的掀起，创造了最适宜的社会土壤。区域文化传统、民间创业精神、制度创新、政府行为、大众化创业，这些推动浙江经济持续快速发展的一系列重要变量之间相互促进、相互转化的良性互动，共同孕育出了浙江经济"爆炸式"或"井喷式"的增长，创造出了国内外关注的经济社会高速发展奇迹的"浙江现象"。[3]

"浙江现象"，最直观的表现就是：持续的快速增长，显著的发展绩效，生机盎然的发展活力。

改革开放这些年,浙江率先推进市场取向改革,率先推动开放型经济蓬勃发展,一以贯之地深入实施"八八战略",极大地解放和发展了社会生产力,极大地解放和增强了社会活力,经济社会发展取得了令人瞩目的巨大成就,成功实现了从资源小省到经济大省的历史性跨越,成功实现了由基本温饱向全面小康的历史性跨越,浙江经济在全国的地位和影响力迅速上升,书写了开放图强的壮丽篇章。

综合实力显著提升,经济大省地位稳固。全省生产总值(GDP)从1978年的124亿元增加至2017年的51768亿元,按可比价格计算增长83.7倍,年均增长12.1%,高于全国同期2.6个百分点,其中,工业增加值从47亿元增加到19701亿元,按可比价格计算增长185.7倍,年均增长14.3%,比GDP年均增速快2.2个百分点。人均GDP从331元增加到92057元(约合13634美元),按可比价格计算增长55.3倍,年均增长10.9%。1978年,在当时的28所有的省市区中,浙江GDP排在第12位,人均GDP列第16位,为当时全国人均GDP381元的87%,是一个居全国中游的省份。到2017年,GDP列广东、山东、江苏之后,居全国第4位;人均GDP为全国59660元的154.3%,即高于全国54.3%,居北京、上海、天津、江苏之后跃升至第5位。财政一般公共预算收入从27.45亿元增加到5803亿元,增长210倍,年均增长14.7%(未扣除价格因素)。财政一般公共预算收入在全国的位次从1978年的第14位跃升至2017年的第5位。

全面开放市场活跃,市场大省地位稳固。外贸进出口总额从1978年的0.7亿美元增加到2017年的3779亿美元,年均增长24.6%,其中出口从0.52亿美元增加到2869亿美元,年均增长24.7%。1978年,进出口和出口总额占全国的比重分别仅为0.3%和0.5%,2017年比重分别升至9.2%和12.7%,出口额居广东和江苏之后,居全国第3位。社会消费品零售总额从1978年的46.9亿元增至2017年的24308亿元,增长517.3倍,年均增长17.4%。1978年,省内商品交易市场有1051个,商品市场成交额仅为8.6亿元。2017年,商品交易实体市场增至3824个,商品市场成交额达2.15万亿元。据省商务厅统计,2017年,网络零售额达13337亿元,仅次于广东居全国第2位。共有淘宝镇78个,淘宝村793个,均居全国第一。拥有全球最大的中小企业电子商务平台、网络零售平台,共有各类活跃网店74.1万家,天猫活跃网店2.5万家。

以人民为中心,富民大省地位稳固。城镇居民人均可支配收入从1978年的332元增加到2017年的51261元,农村居民人均可支配收入从165元增加到24956元,按可比口径计算,名义增速分别达157倍和163倍,年均增长13.9%和14.0%;扣除价格因素,实际分别增长18.8倍和21.9倍,年均增长8.0%和8.4%。1978年,城镇居民人均收入只有全国平均水平的96.2%,农村居民人均收入在全国居第7位。2017年,城镇常住居民人均可支配收入为全国平均水平的140.8%,连续17年居全国第3、省区第1;农村居民人均可支配收入为全国平均水平的185.8%,从2014年起超过北京居全国第2,连续33年居省区第1,2015年全面消除家庭人均收入低于4600元的绝对贫困现象,为全国第一个较高水平完成脱贫攻坚任务的省份。

绿水青山就是金山银山,生态大省地位稳固。据2017年末国家发展改革委、国家统计局、环境保护部、中央组织部发布的生态文明年度评价结果,浙江绿色发展指数仅次于北京、福建,居全国第3位,绿水青山成为浙江最亮丽的名片。2017年,森林覆盖率为61%,稳居全国前列,城市建成区绿化覆盖率达40.8%,人均公园绿地面积为13.5平方米。万元GDP能耗降至0.42吨标准煤,节能降耗水平居全国前列。地表水省控断面Ⅲ类以上水质比例为82.4%,劣Ⅴ类水质断面全面消除,11个设区市环境空气PM2.5浓度平均为39微克/立方米,日空气质量(AQI)优良天数比例为82.7%。城乡生活垃圾分类逐步实现,农村卫生厕所普及率达98.6%。

不仅如此,"浙江现象"最光辉夺目的地方,是浙江人在创造经济发展奇迹的同时,孕育和初步形成了一种新的文化和新的精神——浙商文化和浙商精神。靠着这种文化和精神,浙商在欧洲国际化的进程中,取得了一系列成就。浙商已经站在了我国经济全球化的前沿阵地,浙商全球化的成功对我国的综合实力及国际地位的提高意义重大。浙商全球化战略要素关系图如图6-1所示。

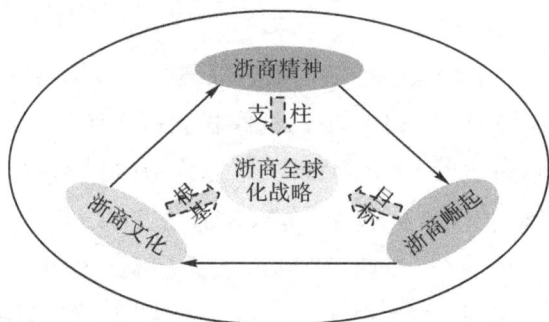

**图6-1 浙商全球化战略要素关系图**

通过前面章节对"一带一路"倡议的分析解读,以及浙商在欧洲发展历程的启示,本章其余内容主要从浙商的独特文化、特殊精神及全球化面临的机遇与挑战来阐述。浙商文化是浙商全球化的战略根基,浙商精神是浙商全球化的战略支柱,浙商崛起是浙商全球化的战略目标。

# 6.2 浙商文化:浙商全球化的战略根基

## 6.2.1 浙商文化的基本脉络

文化,是人们在现实生活中创造的人文成果。文化是主体在现实生活中得以成为人本身的外在表现。就中国哲学精神而言,人与文化是体与用的关系、意与象的关系,也是创造者与被创造者的关系。文化在被人们创造出来并成为一个群体、一个社会的共同智慧时,它就恒久地存在于人们的记忆之中。这一记忆是作为一种社会潜意识或显意识,而在历史之中表现出来的。

文化不仅仅是一种传统,也不仅仅存在于历史记忆之中,它是一种流动于当下的现实的活水。这一活水,带有历史的人文基因,它能够在一个现实机缘下将历史的人文涵养与当下的创造智慧结合起来形成现实的活力与成果。浙江文化对于浙江企业家精神的孕育和促进,是历史的河流在当下的历史机遇下形成的灿烂而多彩的回旋。历史的流与当下的岩共同作用形成了独特的社会现象。

改革开放以来,浙商迅速崛起,不仅创造了大量的物质财富,也创造了丰硕的精神财富——"浙商文化"。浙商文化有着丰富而又深刻的内涵,是浙商发展壮大和浙江经济持续高速发展不可或缺的一个要素。然而面临新形势下的压力和挑战,如何继承发扬和培育优化浙商文化,推动浙商和浙江经济更好更快地发展,值得我们认真地思考和研究。[6]

作为近代世界最著名的社会学家,德国的马克斯·韦伯在其《新教伦理与资本主义精神》一书中阐明了一个关于经济发展与文化支撑的真理性命题,即"任何形态的经济发展都必定内蕴了特定的文化力支撑,缺少这种文化力的支撑,任何形态的经济发展都不可能获得持续的生命力"。马克斯·韦伯的这一命题告诉我们,当代浙江经济发展必定是基于特定的文化力支撑的,毫无疑问,浙学传统才是浙商文化、浙江经济发展的源头活水。[4]

浙学传统的历史演绎告诉我们,区别于其他地域性文化的是,浙学所代表的其实是儒家道统的继承与创新,无论是其学术要旨还是实践精神,浙学传统都意味着中国传统文化创新性发展。

众所周知,宋朝之前,两浙路尚少有在文化史或思想史上有重大影响的学者。但自北宋以来,两浙之地却迅速发展出了浙东学术,并成为近代中国启蒙的最前沿阵地;在现代中国的革命时期,浙江人民则一直是中国力量最杰出的代表之一;当代浙商与浙江经济的发展更是彰显了浙学传统是如何成其为经济发展的文化支撑力要素。

浙学的发展最早始于永嘉之地,即今天的温州。[11]当王开祖在永嘉之地设帐授徒的时候,二程所创之洛学尚未兴起;王开祖开永嘉学术的先河,其后,方有永丰太学九先生等人纷纷北上访学,其人多师从二程,成为洛学的传人。这些人虽然并不像陆九渊、朱熹、王阳明等人是中国思想史上有着重大影响的人,但是,他们在问道洛学之后又或早或晚地回到永嘉之地,在"乡野"开馆授课,设帐布道,成为洛学的重要传人。虽然他们自身在思想史的影响有限,但他们的教学活动既为永嘉培养了一大批优秀的学术后进,也引领了永嘉之地的学术趣向,并因此成就了永嘉学派。在后来的学术研究中,九先生中的周行己就多被视为永嘉学派的创始人。不难看出,九先生的学问多出自程门。九先生之后,永嘉学术曾一度衰微,但郑伯熊、薛季宣等人及时起而复振永嘉学术。需要强调的是,郑伯熊复振永嘉学术是从版刻程氏书籍开始的,而且,从师承关系看,郑伯熊、薛季宣,包括后来的陈傅良、叶适等人都学出儒学一脉。故全祖望说:"永嘉自九先生之后,伊洛学统在焉,其人才极盛。"与永嘉学派鼎足为三的朱子学、象山心学分别代表了儒学与道学、释家的融合发展,其后学的鼎盛也都集中在浙江之地、而不是其学术源头的闽赣二省,三派学术的融汇成就了明清时期浙东史学的空前盛况,也成就了浙学传统独特的文化气质。

### 6.2.2　浙商文化的核心要旨

在当代的中国乃至世界经济格局中,浙商与浙江经济发展都已经蔚然成为一道亮丽的风景。面对浙江经济与浙商发展的盛况局势,我们要思考的问题是:①以浙商为最核心推动力的当代浙江经济发展之背后的深层文化因素何在? ②这种文化因素是否已经确立了某种经济发展的正当性以及可能的持续性? ③以浙商为最核心推动力的当代浙江经济发展中是否内蕴了某种既具地域特色又具普适意义的实践机制? ④从文化交流的维度看,作为当代中国世界化最前潮的地域性商帮,浙商走向世界所代表的只是浙学的文化力量吗? 我们既要在浙商研究中探寻浙商及其发展与浙学、浙江文化的内在关联,彰显文化之于经济发展、商帮发展的意义建构进路;又要在浙江经济不断开放、浙商全面走向世界的进程中,阐明新时期中国文化的世界意义。[4]

浙学传统的文化意义远远超出了浙江的地域局限,局限于狭隘的浙江地域是无法得其内在真谛的。而其精神奠基于浙学传统的浙商传统所秉承的其实是中华传统的伦理精神与道德传统。其核心要旨在于:

第一,以义和利的义利观。人们对永嘉事功学说的认识大多基于朱熹的批判而失之于偏颇,把永嘉事功解读为一种狭隘追求功利的效果主义。然而,一方面,作为一种学术趣向与实践追求,永嘉学术的功利主义始于薛季宣。在此之前,自周行己而至郑伯熊,永嘉学派关于义利观的基本立场从来都不违于儒家传统的义利观。需要强调的是,事功追求其实原本就是儒家本色,孔子就强调"修己以安百姓";子贡曾问孔子:"如有博施于民而能济众,何如? 可谓仁乎?"孔子答曰:"何事于仁,必也圣乎! 尧舜其犹病诸!"(《论语·雍也》)至伊川洛学时代,二程则尤为强调"义为利之和",指出义和利并没有绝对的分别,实在是同一样东西,即所谓的"圣人以义为利,义安处便为利"。另一方面,薛季宣之后,永嘉学术虽然确立事功趣向,但其事功并非以个体功利为目标,并非是道学家所批判的那样是"坐在利欲的胶漆盆中"。永嘉功利所强调的其实是国家民族的社会公利而非私利。在叶适的思想中,"以义和利"所表达的则是"明大义,求公心,图大事,立定论"的"公利主义"精神。

第二,知行合一。这是阳明心学的核心要旨,从其学术发展的角度看,阳明心学承象山心学,又融汇了两宋时期中国学术的激荡情怀,它所代表的其实是浙学的最高成就,也是中国传统文化在近代之前的最高理论成就。作为浙学发展的最重要内容,阳明心学早已内化为浙江精神、浙商传统的文化基因。其知行合一思想,一方面强调知中有行、行中有知,反对把知与行截然二分化。故阳明说:"知是行的主意,行是知的工夫,知是行之始,行是知之成。"另一方面,阳明心学的知行与道德是高度一致的,在四句教中就有"知善知恶是良知,为善去恶是格物"。故此,其知行观内蕴了深刻道德追求。正是这种以知善为善行为取向成就了浙商的儒商向度。

第三,开放包容。浙学之谓,始于朱熹。朱熹以道统自居,指摘永嘉邪僻。鉴于朱熹的学术地位与影响,其论一立,应者无数。故此后世于永嘉之学多有偏见。然而,永嘉学术其实承二程学脉,也是两宋之后二程学脉真正成大气象者。从中国传统文化发展的角度看,两宋以来,浙学绝非只意味着狭隘的地域性文化发展:永嘉学派、金华的婺学代表了儒家文化在浙江的传承与发展;象山心学虽盛于赣,但象山之后心学的最盛况发展却仍在浙江,先有甬上心学承象山衣钵,后有阳明心学气象大成。朱氏闽学源于盛于福建,但朱熹之后,闽学在黄榦之后便转向浙江,黄震是闽学在浙江最具代表性的学者,也是闽学后期最具代表性的学者。由是不难看出,浙学发展完美地体现了创新与融汇乃是成就学术气象的根本。在浙学激荡成长的过程中确立起来的浙江精神、浙商传统也因此而最富于包容与开放的精神。

义利相和,知行合一,创新融汇才是成就新时期"坚忍不拔的创业精神、敢为人先的创新精神、兴业报国的担当精神、开放大气的合作精神、诚信守法的法治精神、追求卓越的奋斗精神"等浙商精神的最深层文化内蕴,而浙商世界化及随之而来的浙商传统、浙江精神的世界化,实质上也表征了中华文化走向世界、中国经验走向世界的文化景象。[4]

正是在这个意义上,习近平总书记说,未来的世界看中国,未来的中国看浙江。这既表明了总书记对浙学传统、浙商精神的全面了解,也充分彰显了总书记对于中华传统文化的自信。

### 6.2.3　浙商文化的战略价值

浙商从草根成长为森林,其成功背后不可或缺的因素就是浙商文化的推动。正是有了浙商文化的支撑,才造就了今日的浙商辉煌和浙江经济奇迹。[10]反过来,浙江经济的快速发展又是浙商文化得以发展的必要条件,经济发展为文化进步创造丰富的物质基础,发挥了不可替代的服务与推动作用。两者是相互影响、相互促进的辩证关系,因此在发展经济的同时,也要充分重视和加强浙商文化建设。

#### 6.2.3.1　缓解文化认知差异

近年来,国内外环境发生了很多变化,对浙商的发展和生存带来了诸多挑战。中欧之间的文化交流和对话成为双方关系的一个重要领域。早在政府间的对话机制建立之前,就有双方文学艺术领域的"中欧文化对话"渠道,中国与欧盟及其成员国也举办过双边的"文化年"活动。但中欧仍存在着巨大的文化认知鸿沟,这种认知缺乏和差异与中国的迅速变化以及欧洲对这种变化的不适应有关。

根据中国学者的研究,以2006年10月出台的欧盟对华政策新文件为标志,欧方一改此前对华"无条件接触"的"温存",转而强调来自中国的竞争压力,要求中国承担更多责任。双方在经贸、政治领域内的摩擦骤然升温,并在2008年北京奥运会火炬在欧洲传递期间达到高峰,伦敦、巴黎等欧洲大城市里甚至出现了较大规模的反华示威活动。欧洲的一些主流媒体也不断用负面方式来报道和诠释中国,使中国在欧洲民众中的整体形象受到严重的扭曲。中欧之间认知鸿沟的扩大是这场政策转向中最大的牺牲品。一些民调数据可以作为中国形象短期内在欧洲急速滑落的佐证。欧盟主要成员国对中国的负面认知比例如图6-2所示。

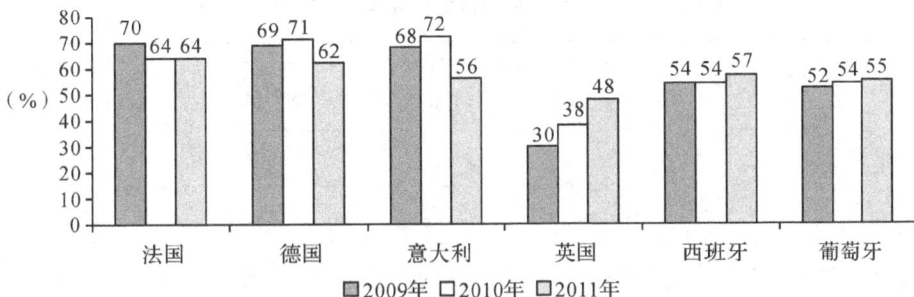

图6-2 欧盟主要成员国对中国的负面认知比例图

欧洲民意对中国的负面消极认知比例之高,与中欧关系的其他领域在这一阶段取得的发展极不协调。同样,尽管根据2011年10月在中国进行的民调显示,中国人对欧盟和欧盟民众有好感的分别为74%和78%,高于中国人对其他国家的好感,但民众对欧盟的认知已发生不可忽视的消极变化,形成了认为欧洲人对华"傲慢而有歧视"的消极印象,并降低了对欧盟的信任和热情。欧盟方面对华态度的改变和在市场经济地位与军售解禁等问题上的"不友好"行为,是造成中国民众意见消极的直接外因。同时,这一变化很大程度上也源于中国民众在中欧摩擦过程中对欧盟产生的"认知不平衡"现象,例如,仅有不到10%的中国民众知道欧盟有27个成员国。

### 6.2.3.2 提升中国文化影响力

为推动汉语加快走向世界,提升中国语言文化影响力,从2004年开始,我国在借鉴英、法、德等国推广本民族语言经验的基础上,探索在海外设立以教授汉语和传播中国文化为宗旨的非营利性教育机构"孔子学院"。

据统计,2017年孔子学院有各类学员210万人。其中,在"一带一路"沿线51个国家共设立135所孔子学院、129个孔子课堂。随着中国经济的发展和国际交往的日益广泛,世界各国对汉语学习的需求急剧增长。截止到2017年,有67个国家通过颁布法令等方式将汉语教学纳入国民教育体系,170多个国家开设汉语课程或汉语专业。孔子学院、孔子课堂数量与国家数量统计如表6-2所示。

表6-2　孔子学院、孔子课堂数量与国家数量统计表

| | 国家数量 | 开设孔子学院的国家 | 孔子学院数量（所） | 开设孔子课堂的国家 | 孔子课堂数量（个） |
|---|---|---|---|---|---|
| 亚洲 | 48 | 33 | 118 | 21 | 101 |
| 非洲 | 56 | 39 | 54 | 15 | 30 |
| 欧洲 | 45 | 41 | 173 | 30 | 307 |
| 美洲 | 35 | 21 | 161 | 9 | 574 |
| 大洋洲 | 14 | 4 | 19 | 4 | 101 |
| 总计 | 198 | 138 | 525 | 79 | 1113 |

资料来源：国家汉办2017年统计资料（http://www.hanban.edu.cn）。

因此，弥补相互认知的缺乏、减少相互认知的差异是浙商全球化的动力所在，也是全球化战略要达到的首要目标。很难想象，对彼此文化不尊重、不了解的贸易伙伴之间能获得持续发展。在着手解决贸易"不平衡"问题的同时，也要着手去解决"认知不平衡"的问题；在忧心于"贸易赤字"的同时，相互间的"认知赤字"更值得忧虑，而对于各大洲文明的共存共荣来说，后者显然比前者更为重要。浙商在欧洲的国际化进程中将浙商文化带到了欧洲，为文化差异问题的解决提供了基础。同样，要实现浙商全球化的战略意图，浙商文化无疑是整个战略的根基所在。

浙商以其独特的创业实践形成了浙商文化。当今社会迈入信息化时代，浙商以其惯有的敏感嗅觉，结合新兴文化中承载的社会价值观和文化想象力，赋予浙商文化以新的内涵。"浙商"已经不再仅仅是一个商业现象，更是上升为一个文化现象。原先的企业家，见面谈得最多的是"缺钱"，后来呼唤的是"缺人"，苦恼的则是"缺文化"。说到底，浙商开始意识到，企业发展的最高境界，最后比拼的就是文化竞争力。[11]

## 6.3 浙商精神:浙商全球化的战略支柱

### 6.3.1 浙商精神的内涵

"敢为人先、勇立潮头"是改革开放以来率先富起来、强起来的"浙商"的典型标签。尽管浙江是"七山二水一分田"的资源小省,但正是在这种时代精神的引领下,浙江经济持续发展成为全国先富大省。[5]回顾浙商发展的历史,无论是近代以来,还是改革开放以来,浙商创造了一个个商业传奇。在这辉煌商业历史的背后,都以浙商所具备的独特精神作为引领和支撑。但不同的历史发展阶段,浙商精神不是一成不变的,而是始终在传承中创新,在审时度势中与时俱进。

恩格斯指出,精神是物质的最高产物。①企业家精神可以视为企业家或其群体经济社会活动的最高产物。对于一个区域社会的经济体而言,企业家精神也是区域经济社会或经济实体的最高产物。黑格尔认为:"一般人区别自然与精神,认为实在性为自然的基本规定,理想性为精神的基本规定,这种看法,并不大错。但须知,自然并不是一个固定的自身完成之物,可以离开精神而独立存在;反之,唯有在精神里自然才达到它的目的和真理。同样,精神这一方面也并不是一超出自然的抽象之物;反之,精神唯有扬弃并包括自然于其内,方可成为真正的精神,方可证实其为精神。"②这意味着,企业家精神是一种具有精神实在性的存在或存在物,也是企业家作为理性经济人在政治、经济、社会、自然和文化的相互影响中,选择最合适的生存博弈、道德博弈规则参与社会交往和经济互动的最高产物。企业家精神是推动经济发展的宝贵资源,是促进社会进步的强大动力,是引领社会文明的重要引擎。[20]

现代文化精神是在实践基础上从传统文化转型而来的。企业家精神具有明显的民族性和区域性,存在于一个个具体的地域性企业家群体身上。

---

① 恩格斯:《路德维希·费尔巴哈和德国古典哲学的终结》,人民出版社1997年版。
② 黑格尔:《小逻辑》,光明日报出版社2009年版。

在中国,浙商是极具代表性的企业家群体,浙商精神是极有典型意义的企业家精神。[20]"浙商"首先是一个地域概念,同时也是一个有着深邃内涵和宽泛外延、在浙江历史发展过程中长期积淀而成的文化概念。在地域维度上,浙商可以被诠释为在浙江的具有某种共同文化和精神特征的创业者、经营者与创新者的集合。改革开放初期,浙江商人便依靠"四千精神",即"走遍千山万水、历经千辛万苦、道尽千言万语、想尽千方百计",闯出了自己的一片天地。[7]浙江省是民营经济大省,在浙商精神的引领下,经济社会持续快速发展,走在了全国的前列。

浙商精神是什么?基于对亚当·斯密、约瑟夫·熊彼特、彼得·德鲁克、麦克莱兰、迈克尔·波特、马克斯·韦伯等的经典文献的回顾与分析,以及现有的关于浙商精神文献的解读,主要基于中国非公经济人士浙江研究基地"浙商精神研究"课题组对浙商精神的定义,我们提出:浙商精神是在浙江这个特定的区域范围内,在自然、地理、经济、文化、历史和社会等众多生态环境因素的综合作用下,浙江企业家群体在长期生产经营和创业创新过程中积累沉淀的知识、经验、能力、意志、道德和情操等的有效集成,主要体现为勤奋务实的创业敬业精神、紧抓市场的创新思变精神、求同存异的抱团合作精神、恪守承诺的诚实守信精神等4种精神。[8]

### 6.3.1.1 勤奋务实的创业敬业精神

浙商非常注重脚踏实地的务实精神,他们总是从市场需求出发。而浙商把自己勤奋务实的创业敬业精神具体体现为"四千精神":走遍千山万水、历经千辛万苦、道尽千言万语、想尽千方百计。

①走遍千山万水。"四千精神"以"走遍千山万水"为首并非偶然,因为浙江人自古以来就善于经商,敢于闯荡江湖,历史上的浙江就出了很多名商大贾。到了现在,外界对浙商更有"东方犹太人"的赞誉,而浙商对此也是当之无愧的。"读万卷书,行万里路""好男儿志在四方""只有跋山涉水方能闯出一片新天地",浙商骨子里就蕴含着这样的精神,他们不搞"窝里斗",却在经济的扩张中不断向外面"攻城略地"。如今的浙江企业家们仍然把"走出去"作为重要的商战策略。

②历经千辛万苦。浙商的出身都比较低,有的出身农民、鞋匠、裁缝、临

时工,并没有祖上的基业,没有家世的护航。"滴自己的汗,吃自己的饭,靠天、靠地、靠祖宗,不是好汉。"陶行知先生的名言堪称对浙商的极佳写照。但是,正是这些出身平凡甚至低微的浙商在历经千辛万苦后取得了令人仰慕的辉煌业绩:福布斯大陆50富,浙商占了9席;全国百强县,浙江独领风骚,占比1/4。低调的浙商不怕吃苦,勇于吃苦,今日吃得苦中苦,明日方为人上人。浙商有"白天当老板,晚上睡地板"的吃苦精神,为了实现创业的目标,浙商什么苦都能吃,苦活、脏活、累活都肯做。[9]

③道尽千言万语。浙商能够苦干、实干,同时更善于巧干。在外人眼里,浙商无疑是精明的代名词,但浙商更具有坚持不懈的韧劲。浙商善于推销自己的执着精神,体现的是浙商那种特有的"嘴功"。好事多磨,浙商能够说尽千言万语求效益,而不是千言万语去欺骗。浙商靠这种特有的韧劲和诚实守信的优质服务打开了市场的大门,结交了天下的商业伙伴。

④想尽千方百计。浙商曾采取"以小博大""借船出海""借鸡生蛋""戴帽穿靴""信誉订单"等各种商战谋略完成了资金的原始积累,赫然走出了一条从无到有、从小到大的发展道路。众多浙江小商人都是从打地铺的家庭作坊或者走街串巷的经营模式起步,而后发展成大规模利用各种资源和营销手段,在制造业、加工业、金融业、地产业等领域自由驰骋的商业巨轮。

### 6.3.1.2 紧抓市场的创新思变精神

从"温州一家人"到"温州两家人"再到"温州三家人",温州私营经济的兴起,经营和政策环境的残酷是外因,创业创新的文化是内因,外因通过内因起作用。没有内因这一变化的根据,外因就不起任何作用。在中国,比改革开放前的温州要落后得多的地区可以找出几十上百个,为什么到了今天它们没有实现创业致富,而温州却率先实现了? 这就证明了穷则未必都会思变,思变除了外因还需要内因这一道理。可以说,如果没有特有的区域文化的影响,没有世代相传的务实和经商的传统以及敢于闯荡市场的气魄,温州的私营经济也就不会率先兴起并首先获得蓬勃发展。

我国经济传统发展方式已到了难以为继、非改不可的关头,必须尽快推进以发展方式转型为主线的第二次改革。如今的浙商已经深悟到产业转型升级已成为必然选择,而更新夕阳产业得以实现的关键是自主创新、技术创新,以打造产品和服务等的异质化而胜出。从不规行矩步的浙商敢于且善于体制机制创新,并与技术创新有机统一。他们摒弃了传统发展模式,坚决、彻底扭转不适应、不符合创新发展的种种体制、机制、观念、思路。

根据"人无我有,人有我优"的原则,通过寻找市场上的各种空隙,凭借自己快速的反应,把自己的劣势变成优势,把别人的优势转化为自己的优势,不断锤炼自己的内功,从市场出发,围绕市场转,在变与不变的辩证法中找到经商的诀窍,一举进入市场,并努力取得成功。

### 6.3.1.3　求同存异的抱团合作精神

浙江商人在市场竞争中的"抱团精神",是最让全国人民感受深刻的。遍布全国各地的温州村、义乌城、浙江街,没有一种"抱团精神"做支撑,是不可想象且难以成功的。浙商相互真诚扶助,同舟共济,大大增强了抵御风险的能力。无论是产业匹配,还是商业联盟,无不是在自主自立主体基础上的精诚联合。"浙江军团"互补互赢,资源共享,同心把市场做大,所到之处必然集结同乡,组织商会。省内的5000多个专业化市场和各具鲜明特色的区域经济,形成了一种传统经济地理学没有的模式:由优势产业、关联产业、上下游协作配套以及大小企业和谐共生的,符合良性经济生态平衡的内部条状、外部块状的产业区域,极具竞争优势。[19]

### 6.3.1.4　恪守承诺的诚实守信精神

商海沉浮,温州人创造了一个又一个的商业神话。温州人赚钱的秘诀很多,使他们永远立于不败之地的一大秘诀是"讲诚实,守信誉"。什么是诚信?诚,即真诚、诚实;信,即守承诺、讲信用。诚信的基本含义是守诺、践约、无欺。通俗地表述,诚信就是说老实话、办老实事、做老实人。人生活在社会中,总要与他人和社会发生关系。处理这种关系必须遵从一定的规则,有章必循,有诺必践;否则,个人就失去立身之本,社会就失去运行之规。

浙商精神的源头是什么?"任何形态的经济发展都必定内蕴了特定的文化力支撑,否则任何形态的经济发展都不可能获得持续的生命力。"浙商研究院院长陈寿灿认为,浙学传统是浙商文化、浙江经济发展的源头活水。[①]

### 6.3.2 浙商精神的与时俱进

1978年改革开放以来,浙江省的民营经济快速发展起来,成为中国经济体制转轨期不可忽视的一股力量。浙江民营企业高速发展的背后折射出浙商的勤劳智慧和审时度势的能力。浙商的蓬勃发展以及浙江民营经济的良好发展,是对浙商文化和浙商精神的肯定。浙商数十年的斐然成就不只是改革洪流中偶然溅起的一朵浪花,更是浙商长期沉淀而来的独特企业家精神的一种必然彰显。

改革开放前期,浙商发扬了"走遍千山万水、吃尽千辛万苦、道尽千言万语、想尽千方百计"的"四千精神",成就了浙江民营经济的辉煌。[9]1978年,浙江省GDP为123.72亿元,居全国第12位,2017年的GDP已经增长到了51768亿元,是1978年的418倍,且多年来浙江省的GDP总量稳居全国第4位。2011—2017年浙江生产总值及增长速度如图6-3所示。

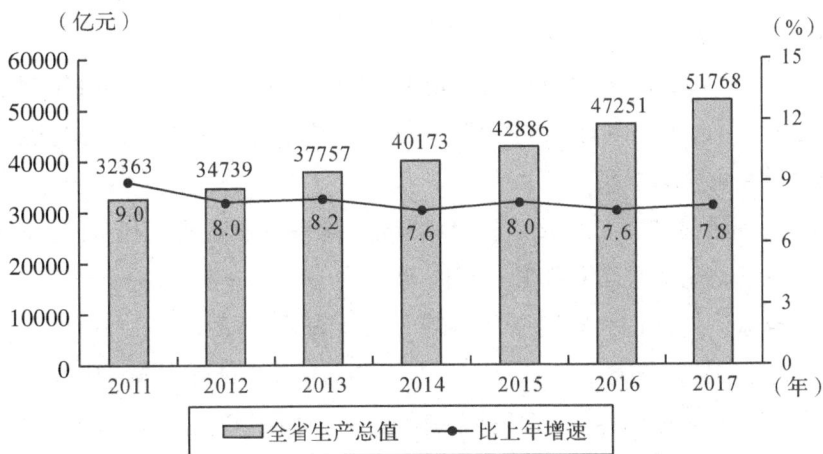

图6-3 2011—2017年浙江生产总值及增长速度图

其中,浙江省的私营经济贡献了将近一半,仅从2018年规模以上工业

---

企业的总产值看,浙江私营企业就达28399.15亿元,占总值68953.40亿元的41%左右。浙江经济的腾飞与民营经济的发展紧密相关,这背后折射出的是浙商在改革开放初期的艰苦创业精神。

然而,进入21世纪,国内外环境发生了显著变化。2008年金融危机以来,这种环境变化更加明显。浙江民营企业的自身局限性变得异常突出,在经济发展中爆发了严重的危机。这些局限性包括:民营企业规模不大,以中小企业为主;企业产品附加值不高,以加工产品为主;高技术产业占比低,以低端产业为主等问题。这些问题都制约了浙江经济的进一步发展。

要解决这些问题,首先要考虑的就是如今的时代背景因素:

第一,是全球化和反全球化。全球化一方面是深入发展、势不可挡;另一方面,也确实引起了强烈的反弹,而且恰恰是在发达国家出现了反全球化思潮。中国是全球化的最大受益者,同时也面临着反全球化思潮的阻力。讨论浙商精神,就要回答怎么样面对全球化的新形势。

第二,是科技革命。新的科技革命中,已经出现了很多颠覆性的变革。新的东西有可能带来新的生活方式的变化,这种革命性的创新与以前的创新相比可能要高一个层次。

第三,是中国地位。中国的国际地位现在是大大提高了,而且走向了世界舞台的中心,参与制定规则。浙商走向世界,代表着中国的形象,应该有一种国际性的全球担当。

第四,是利益共同体的经济。我们现在越来越强调要互利合作,发展共享型的经济。这个方面浙商怎么来体现?

在全球化趋势和科技日新月异的时代背景下,浙商以"千方百计提升品牌,千方百计拓展市场,千方百计自主创新,千方百计改善管理"为内涵的"新四千精神"应运而生。如果说原有的"四千精神"概括了浙商艰苦创业的精神,那么"新四千精神"则是刻画了经济转型升级时浙商不破不立的精神。

新时代,浙商发展面临着前所未有的新变化、新机遇和新挑战,浙商精神也被赋予了新内涵、新特征和新功能。[2]所以,现在只提敢闯敢冒和吃苦耐劳是不够的,必须实现有效的精神转换。富,要变成贵;野,要变成雅;躁,要变成静;巧,要变成信(取巧要变成取信)。现在全球各地有很多人说浙商很富裕,但不承认我们高贵,怎样才能高贵?高贵不是简单的行动,高贵是信仰,不是取决于财富,而是取决于精神。高贵不是单向地被人尊重,而是首先尊重自己。但,浙商精神在不断发展创新的同时,传统的浙商精神也不能抛弃,要在自我中升华。

### 6.3.3 浙商精神的传承代表

#### 6.3.3.1 企业常青树——鲁冠球

鲁冠球的父亲在上海一家医药工厂工作,工资收入微薄,他和母亲在贫苦的乡村,日子过得很艰难。鲁冠球做过打铁的学徒,办过米面加工厂,开过铁匠铺。

1969年,宁围公社的领导找到了鲁冠球,要他带着他的伙伴,去接管"宁围公社农机修配厂"。鲁冠球接手的时候,宁围公社农机修配厂生产的万向节产品大量积压,没有销路,工厂有半年不能按时给职工发工资了。鲁冠球组织30多名业务骨干,到处探听汽车万向节的生产销售情况,周旋于各地汽车零配件公司之间,为产品找销路。

当年全国汽车零部件订货会在山东胶南市召开。得到消息后,鲁冠球租了两辆汽车,带了销售科长,满载万向节产品直奔胶南,进不了场内就在场外摆摊。在鲁冠球的坚持和机智下,自家的产品终于打响了。

但鲁冠球的目光没有停留在这些成绩上,他这时看得更远、谋得更深了。1983年3月,为了获得自主创业、自主经营的权利,鲁冠球以自家自留地里价值2万多元的苗木作抵押,承包了工厂。事实证明,鲁冠球的眼光和气魄没有错,承包的第一年就超额完成154万元,以后的1984年、1985年年年都超额完成。到1993年止,鲁冠球放弃的承包奖金已达300余万元。

鲁冠球认为一个企业要增强竞争力,必须靠人的积极性的充分发挥,按经济规律办事。作为中国最受尊敬的第一代企业领袖之一,鲁冠球还见证了万向集团从一个小工厂发展成国内最大民营企业之一的全过程,只有初中文化的鲁冠球向世人展示了一个农民的传奇故事。浙商精神在他的身上体现得淋漓尽致,这也造就了他"企业常青树"的美誉。2017年10月25日,鲁冠球去世。世间从此少了一个鲁冠球,但浙商精神却会永远传承下去。

### 6.3.3.2 创业教父——马云

阿里巴巴创始人马云的创业之路并非一帆风顺。在创业前期,资金极度短缺。马云曾经对员工说:"在未来12个月,我们不能放松,一口气都不能松。我们从北京回来的时候说,我们要准备打36个月的仗,3年以内我们咬紧牙关,没有工资也要坚持。我们拼3年,这条船也要给我冲出去,冲到纳斯达克。如果3年内挫败了,那我们放弃。今天,我要求大家的是,我们把36个月变为18个月。"当时的马云刚刚做完阑尾炎的手术。

然而,在创办阿里巴巴不到7个月的时候,马云就用6分钟的时间赢得了世界上最大的互联网风险投资商软银公司的总裁孙正义的2000万美元投资。事后,马云描述:"我跟孙正义的那次谈判,我觉得这6分钟真的是蛮有意思的。6分钟内不可能讲,我想要做一个什么样的东西,我还你钱,明天要上市,等等。这些东西都是假的,不可能的事情。我是很自然地讲出,我想做一个世界级的公司,我坚信中国的前景会非常美好。我坚信我们的团队会不断壮大,我很自然地跟人家讲出了我心里的想法。所以孙正义听了以后,也不知道是听傻了,还是我们心有共鸣。"

正是凭着不懈的努力,马云就这样获得了第一笔风险投资。尽管阿里巴巴的创业过程是艰难的,但是,在这个过程中,马云一直勤奋地工作着。他是这样鼓励自己的:"大家都倒下了,我站着就是胜利;如果大家都卧着,我跪着就是胜利。"正是凭着这种顽强的精神,马云和他的阿里巴巴走出了创业的冬天,迎来了喜人的春天。淘宝于2013年11月11日达到了351亿元销售额,这在中国零售业上是绝无先例的。

马云成功了,更多不怕苦的浙商成功了。他们带给世人的不仅仅是一个个白手起家的创业者艰难的创业史,更是一笔用勤奋执着创造的财富,也是对浙商精神的最好诠释。

## 6.4 浙商崛起：浙商全球化的战略目标

### 6.4.1 当代浙商的发展之路

马克思在《资本论》中指出，一个社会不能没有商人，近现代社会更是如此。商人、商品和商业资本是推动社会发展的积极因素。商人可以存在于任何社会微小的缝隙中，为自己开辟出一个活动的大天地，这种顽强的生命力遇到适当的机会便会勃发出旺盛的生机，以至于在一定历史时期，商人可以产生巨大的影响。[14]

山水浙江，商贾风尚源远流长。正像罗马不是一日能够建成的，浙江的财富大厦也不是一日筑成的，浙商的商经也不是一日成就的，浙江有着源远流长的工商传统。[16]立足于对浙商民间传统的考察和浙江工商企业的实践演变，不难发现，当代浙商的前身基本是来自传统的农民或者散落于各地以师傅带徒弟为营生模式的工匠群体。搭乘改革开放之春风，他们纷纷"洗脚上岸"，及时延伸土地承包、劳动力解放和城市管制放松的发展机会，积极开创家庭作坊、乡镇企业，或者离土离乡、进厂进城后累积创业基础，适时创立企业实体，并逐步走向现代企业制度。

在"经世致用""义利兼容""工商皆本"等历史文脉和区域文化的熏陶下，当代浙商在浩瀚的市场里叱咤风云、真正崛起。

当代浙商的发展崛起大致经历了3个阶段[21]。如表6-3所示。

表6-3 当代浙商的发展阶段

| 发展阶段 | 阶段名称 | 时间段 | 主要特征 |
|---|---|---|---|
| 早期阶段 | 货郎游走和创业探索时代 | 20世纪70年代至80年代末 | "三无"起步，积累人力资本存量和创业能力，建立家庭加工企业和贸易企业。大多以经营小商品起家，具有草根特性 |
| 成长阶段 | 蚂蚁雄兵和资本扩张时代 | 20世纪90年代 | 从实际出发，创造了一些独具特色的经济现象，如联合体、挂户经营、乡镇集体企业、股份合作制、配股、专业市场、各种责任制等 |

续　表

| 发展阶段 | 阶段名称 | 时间段 | 主要特征 |
|---|---|---|---|
| 成熟阶段 | 资本社会化、市场化时代 | 21世纪以来 | 完成了资本的原始积累,学会熟练运用现代市场经营手段,从模仿到创新,从分散经营到整合营销 |

第一,货郎游走和创业探索时代(20世纪70年代至80年代末)。这一时期的小商人大多是农民出身——无资金、无技术、无市场——"三无"起步,白手起家,以义乌人鸡毛换糖谋经营、温州人挑担修鞋打铁走四方为集中表现。在这一过程中,他们不断积累人力资本存量和创业能力,并逐步建立家庭加工企业和贸易企业,如在温州的很多地方呈现"家家电灯、户户冒烟"开展村镇企业生产制造的现象。一部分是来自国有企业或集体企业的技术骨干与管理者,他们在完成企业生产实践或管理经验后投身企业承包,实践资本原始积累的创业理想。

这一阶段的浙商大多以经营小商品发家。这一传统在婺商和温州商帮中体现得比较充分:温州商帮不但继承了民间商业传统,而且在发展过程中也在向大商业传统靠拢。著名社会学家费孝通早就认识到温州地区的传统是"八仙过海",手艺人和商贩同居家耕地的农家女相结合,是艺商与农业的结合。在这两种不同的老根基上,浙南冒出来的是家族工业和加工专业市场。婺商则以地而名,指的是金华地区的商人群体。婺商的起源大多为手工艺人走四方进而坐地成商。经营风格为"小处着眼、见缝插针、灵活多变、敢闯敢拼"。其手艺人闯世界的经济发展特色使得金华商人在改革开放以后大多靠制造业起家,行业经济非常发达。义乌从货郎担演变为以小商品为龙头的商贸经济。东阳以"百工之乡"诞生了建筑经济。永康由"钉秤补铜壶"形成了五金经济。婺商的经营大多源于区域性地方化,带有浓厚的地方性标志。金华火腿、东阳木雕、义乌小商品、永康小五金、浦江水晶等,都与当地丰富的自然资源有关。众所周知的义乌"鸡毛换糖",就在于义乌盛产甘蔗而衍生土法制红糖,义乌红糖远近闻名。红糖丰富而生产姜糖,走街串巷的换糖人用糖和针头线脑换取鸡毛掸等小商品的原材料,物物交换的生意往来形成了小商品买卖传统,继而产生出世界上最大的小商品生产与交易市场。[13]这与永康人的打铁铺生意、东阳人的金木水火土十八般建筑武艺有异曲同工之妙。对浙商的描述中常常出现"草根"二字,婺商的传统具备真正的草根特性。

第二,蚂蚁雄兵和资本扩张时代(20世纪90年代)。在完成资本积累阶段后,百万浙商主动内化吸收现代经营理念和管理知识,立足制造业为主体的传统创业经验,以坚忍不拔和敢为人先的进取精神,以千万种小商品在全国各地培植出一个个温州村、一座座义乌城、一条条浙江街;与此同时,积极融入市场经济的前沿,果敢导入股份制等现代企业形式,有效革新企业管理方式,推进各行业往纵深发展。

应该看到,在前两个阶段,根植于浙江传统商人的民间创业传统,当代浙商从实际出发,创造了一些独具特色的经济现象。如联合体、挂户经营、乡镇集体企业、股份合作制、配股、专业市场、各种责任制等。这些企业形态虽然看起来非驴非马,很难用西方经济学来做出明晰的理论解释,但是它们具有很强的内在合理性,具有强大的生命力,极大地丰富了现代制度经济学。这些过渡性的制度形式,仅仅是民间与政府进行制度妥协,在既有体制框架下实现制度均衡的策略性工具,是阶段性的权宜做法。其作用是在计划经济走向市场经济的过程中,在一个以计划经济体制为主体的经济体系中,形成过渡性的制度安排,形成阶段性的兼容局面,从而在稳定的政治社会格局中,取得最佳的经济绩效,快速而渐进地推进制度转型。

第三,鲸游深海和鹤翔天空时代(或称资本社会化、市场化时代,时间为进入21世纪以来至今)。如前所述,民间商业传统,给了当代浙商最初冒头的动力和方式方法,而宁波帮等商业先辈曾经实践成功的商业文明模式,又给了当代浙商发展的底气。凭借这两股商业文化传统,浙商最终成功汇入经济全球化后的富豪行列。他们的经营模式不仅被现代商业文明所影响,也对时下的商业运作产生深远的影响。于是在发展的第三阶段,浙商风云席卷天下。他们已经基本完成资本原始积累,学会了熟练运用贴牌、代理、专利、并购、上市等现代市场经营手段,慢慢从模仿走向自主,从分散经营到整合营销,以积极融入国际贸易的大舞台,推进企业转型升级,练就了在虚拟经济和实体经济交互发展中的商海之道,并在现代经济的舞台上不断增强着市场经济的驾驭能力。

### 6.4.2 浙商全球化的战略价值

浙商的崛起,是浙江人善于追逐市场并在市场中追求利润最大化所取得的。市场,是浙商崛起的大舞台,也是锻炼和成就浙商群体的大熔炉。浙商在全球的崛起将是浙商抢占全球市场的一场战役,这场商战的胜利对于浙商及我国的未来发展都至关重要。

#### 6.4.2.1 开拓浙商视野,走在世界前列

从传统的"四千精神",到"新四千精神"、新时代浙商精神,浙商精神的内涵在传承中创新。浙江大学全球浙商研究院院长吴晓波在浙商博物馆举办的"2018年新时代浙商精神学术研究会"指出,"新时代浙商精神是一种与时俱进的精神,呈现出阶段性的显著特征"。浙商发展研究院副院长郭占恒指出,由改革开放发展而来的新时代浙商精神,继承了红船精神的精神内核,既是对过去浙江精神的传承,又体现出时代浙商发展精神境界更宽的视野与更高追求,切合干在实处、走在前列。因此,浙商全球化会使浙商精神呈现出全球特征,拓宽浙商精神的内核,助力浙商在全球走得更远。

#### 6.4.2.2 弘扬中华文化,促进中华崛起

浙商全球化的进程,是对浙商文化的宣扬,也是中华传统文化的发扬过程。浙江的民营经济非常富有活力,引领了浙江省的经济社会发展,甚至也影响到了全国的经济发展。但是,我们也不得不承认,浙江的文化创意产业还不够强大,许多民营企业还处在草根阶段,或者说刚刚从草根阶段走过来,还缺乏有效的企业文化建设。[12]从传统文化的角度来说,浙商文化是对中华传统文化的传承和创新,全球对浙商文化的肯定和接纳,也就是对中华文化的认可和接受。在未来中国崛起的发展进程中,无论是政治还是经济,都将受益无穷。

除了上述浅显的价值和意义之外,浙商在全球化新形势下的崛起对浙商众多的中小企业,以及浙江企业家也都有着重要的意义,并且我国的经济发展和在全球化形势下的国际地位及话语权也将因浙商全球化的崛起而得到迅速发展和提升。这或许会使我国站在全球化进程的中心位置,而我国

的大国地位和崛起之路也将因此而变得更加顺利。

### 6.4.3 浙商崛起的机遇

2013年11月国家从战略层面提出了"一带一路"的新政策,其实质上是要确立一个以我们国家为主导的投资和贸易的新规则、新格局。历史上,浙江就是海上丝绸之路的重要组成部分,宁波港、舟山港都是始发港之一。浙江丝绸、茶叶、瓷器等通过丝绸之路远销海外。这次浙江省又是"一带一路"规划中的18个重点省份之一。在经济转型的关键期,"一带一路"为浙商跳出浙江布局全球,寻找新经济增长点提供了更大的舞台。[15]

首先,是浙商对外投资的新机遇,"一带一路"有望帮助浙江企业实现产能的转移,开拓更大的市场。

作为出口导向型的省份,出口和外商投资是过去浙江拉动地方经济增长的主要动力。据专业预测,到2020年,亚太地区道路、电力等基础设施市场的资金需求规模将高达8万亿美元。未来5年,中国政府要采购10万亿美元的商品,对外投资超过5000亿美元,是过去中国30年对外投资的总和。

2015年3月底,由中国主导的亚洲基础设施投资银行首发阵容确定,来自五大洲的46个国家报名成为创始成员。大家扎堆加入亚投行正是全球经济中心东移,全球争抢亚洲基础设施投资市场的一个写照。

由此可以预见,今后几年,企业直接对外投资远超境外对内投资将成为经济结构新的常态。这对于缓解国内的过剩产能,加快国内企业在全球布局,促进人民币国际化,更加有效率地使用外汇储备,有着深远的战略意义。

近年来,浙江企业在境外投资非常活跃,对外投资项目数及金额都呈逐年递增态势。其中民营企业已经成为浙江省境外投资的绝对主体和中坚力量。浙江企业在加快"走出去"步伐的同时,发展态势也有了新的变化,主要有几个特点:第一,对外投资正从过去以目标市场为导向的布点式投资,向着以全行业发展为导向的全球性布局的投资转变;第二,从过去以应对贸易壁垒的被动型投资,向占据全球的产业高端、掌控资源要素为主导的投资转变;第三,从过去小规模、探索性的模式,向大规模的兼并、收购转变。部分民企已经提前参与国家"一带一路"建设的"筑梦之旅",比如红狮控股集团在东南亚国家的4个水泥项目、青山钢铁在印尼的钢铁项目、恒逸的文莱石油项目等。

然而,民企在海外投资方面,特别是在新兴国家和地区的投资时,对于国家风险方面的承受力较弱,无法与大型国企和央企相比。对许多浙商来说,最担心的就是怕投资国动荡,怕政局的不稳定对投资人利益的损害,存在不安全感。同时对当地的法律法规、政策不熟,怕运作不规范带来的各种麻烦也是浙商面前无形的"拦路虎"。[17]

在"一带一路"倡议的大背景下,中国与沿线国家将会有许多政策方面的对接、合作与支持,大量基础设施的投入牵涉到股东方各国的利益,必然伴随着整个政治、金融的配套大力跟进,容不得大的闪失,民企参与这场投资盛宴应该会具有更足的底气。在政策层面,为鼓励和引导企业积极开展境外投资,国家不断通过放松外汇管制、成立专项基金、提供贷款贴息等措施给予企业金融支持,贸易项下人民币国际化政策已全面铺开,资本项下政策加快放开。金融机构方面,政策性银行、商业银行等积极开发金融产品,为企业"走出去"提供综合性金融服务。同时将加快完善在沿线国家的机构布局,增强在东南亚、中亚、中东欧、西亚、北非的机构设置,构建金融大动脉通道,实现"一带一路"沿线国家机构和业务的全覆盖。此外,在资金投入、授信额度方面给予保障,2015 年,"一带一路"金融大动脉规划中国银行董事长田国立在年度业绩说明会上表示,该行未来 3 年提供"一带一路"相关的授信支持将达到 1000 亿美元。

当然,对于浙企来说,也可以选择与央企、国企合作,优势互补,借船出海,共担风险,因为央企、国企在技术、品牌等方面有优势,有的已经在国外积累了一定的经验。也可以选择抱团出海,在国外搭建平台、体系,构成完整的产业链,这样也可以很好地化解风险。

其次,"一带一路"倡议为浙企带来了对外贸易的新机遇,有望帮助浙江企业扩大传统商品出口、做强大宗商品、打通跨境电商渠道,拓宽全球市场。

作为"一带一路"的一项成果,2014 年 11 月 18 日,横贯欧亚大陆的"义新欧"(义乌—马德里)货运班列正式开通,运载小商品的首趟列车开往马德里。而运作方也将加快在铁路沿线布点,推动包括义乌在内的浙江产品的贸易量快速提升。

"一带一路"的实施,通过与陆上和海上沿线国家的合作,不但贸易壁垒等会减少甚至消除，通关更加便捷，通关成本也会明显下降。以前义乌制造、浙江制造的许多产品都是通过别人走出去，将来我们的产品自己走出去更为便利，无论是产品价值还是品牌价值都将得到快速的提升。

围绕"一带一路"和长江经济带，浙江的另一个重要任务是打造海洋经济发展示范区，当地政府正在大力推进舟山江海联运服务中心建设和中国（浙江）大宗商品交易中心的申报。浙企在参与原油、成品油等资源能源类商品进口，做大做强大宗商品贸易上存在巨大商机。

浙江还是跨境电商出口的先发优势地区，电子商务交易额居全国首位，同时电商创业创新动力强劲，电商支撑配套体系不断健全。2015年4月，全省有140多万家网店、2000多家专业电商服务商、150多个电商产业园、60多个淘宝村（镇），直接就业200万人。浙江在第三方支付机构跨境业务、跨境电商支付业务、人民币个人跨境业务方面进行了大量的创新和尝试，取得了较好的成果。

2015年3月，经国务院批准，中国首个跨境电子商务综合试验区落户杭州。浙江在跨境电子商务各环节的技术标准、业务流程、监管模式和信息化建设等方面获得了先行先试的机会。相信中国人民银行、国家外汇管理局、海关总署、海关等会出台一系列配套政策，帮助破解跨境电子商务发展中的体制性难题，逐步形成一套适应和引领全球跨境电子商务发展的管理制度和规则。这对于政府推动"电商换市"的目标有极大的促进作用，有利于浙商通过搭建多层次的网络营销体系，着力开拓国内外市场，提高浙货市场占有率和竞争力，真正实现"品质浙货，行销天下"。

此外，通过投资加贸易的组合，"一带一路"倡议还可为浙企在海外竞标、争揽工程上带来更大优势。

服务贸易项下，我们过去做单一的施工承包、机电的成套出口较多，现在正向工程与投资的进一步融合提供系统集成服务转变。浙江省对外承包工程的队伍不断壮大，竞争能力明显增强。在"一带一路"的带领下，浙企参与工程项目涉及的领域将由以往的住房建筑、市政交通进一步加快拓展到电站建设、电网改造、冶金矿产、电子通信等领域。伴随着大量资本的输出，不少企业将由原来的劳务、施工分包逐步发展到以EPC总承包方式承揽工程项目并更多涉足BOT项目。而对外投资以及海外的工程建设所产生巨大的装备、材料、技术等大规模的市场需求,又会带来拓展配套货物贸易的机会。

综上所述,国家推出的"一带一路"倡议从国家层面是中央统筹内政外交、兼顾现实和未来所做出的新一轮的开放工具,对地方政府是加快结构调整、推动体制改革、实现经济持续增长的一个新的动力。对于企业来讲,则意味着加快抢占全球的市场机会、发展新兴产业、实现转型升级的新机遇,而对外投资和贸易则是其中最大的两块蛋糕,相信精明的浙商一定不会错过这个站在风口的机会。[15]

## 参考文献

[1]杨轶清. 浙商通论:认识浙商的基础读本[M]. 杭州:浙江工商大学出版社,2014.

[2]吕福新. 浙商的崛起与挑战[M]. 北京:中国发展出版社,2009.

[3]汪岩桥. 浙商之魂[M]. 北京:中国社会科学出版社,2009.

[4]陈寿灿. 传统中国文化视域下的浙商传统及其世界意义[J]. 浙江社会科学,2018(4):74-75.

[5]吴晓波. 新时代的浙商精神[J]. 浙江社会科学,2018(4):69-70.

[6]王珊. 刍议浙商文化与浙江经济的融合发展[J]. 中国商论,2013(9):158-159.

[7]王洪霞. 从浙商精神看中国传统文化的现代价值[J]. 当代经济,2016(17):120-122.

[8]王晓华. 基于越文化品格的浙商精神[J]. 浙江工商大学学报,2010,1(3):88-92.

[9]李书福. 浙商精神的与时俱进[J]. 浙商,2005(7):44.

[10]王永昌. 浙江是如何传承和发展浙商精神的[J]. 浙商,2016(13):14-19.

[11]柏定国,何蔚萍. 弘扬浙商文化造就文化浙商[J]. 文化产业导刊,2013(3):11-13.

[12]王莉,胡蕾,邵梦梦,等. 浙商价值观的引导与提升——基于904份问卷

调查的实证分析[J]. 浙江经济,2014(8):54-55.

[13]栗子,卢山. 浙商精神的时代记忆——《鸡毛飞上天》再现浙商奋斗史
[J]. 文化交流,2017(6):44-47.

[14]孙丽珍. 浙商文化资源的开发探析[J]. 社会科学战线,2013(8):125-128.

[15]郝文. "新浙商"崛起的商业生态[J]. 企业文化,2016(10):10-11.

[16]白万纲. 打造企业帝国五个奥秘——浙商崛起之道[J]. 浙商,2005
(11):99.

[17]吕福新. 浙商的崛起与挑战——"个众"与公共的展开、冲突和协调
[J]. 管理世界,2009(1):162-167.

[18]支梓桐. 浙商何以崛起[J]. 农经,2016(2):101-102.

[19]邱少明. 浙商精神物质析论[J]. 区域经济,2010(7):81.

[20]花柏乃. 新时代浙商精神的内涵:功能与演进[J]. 统一战线研究,2018
(1):18-87.

[21]周明宝. 浙商崛起及其企业精神传承[J]. 中国国情国力,2011(8):
59-62.

## 附录1

世界浙商大会:以"创业创新闯天下、合心合力强浙江"为主题,以整合发挥浙商资源优势,立足浙江,面向世界,全面深化浙江与世界各地的交流合作,推动浙江经济又好又快发展;为海内外浙商、党政部门、专家学者和社会各界搭建一个联络感情、对话交流、共谋发展的平台;通过大会及其常设机构,以为海内外浙商密切经贸合作、加强文化交流、维护合法权益等提供服务为宗旨。

| 届次 | 会议时间 | 地点 | 会议主题 |
| --- | --- | --- | --- |
| 首届 | 2011年10月22日至10月28日 | 浙江省人民大会堂 | 创业创新闯天下、合心合力强浙江 |
| 第二届 | 2013年10月26日至10月27日 | 浙江省人民大会堂 | 创业创新闯天下、合心合力强浙江 |
| 第三届 | 2015年10月25日至10月27日 | 浙江省人民大会堂 | "经济新常态、浙商新机遇" |
| 第四届 | 2017年11月29日至11月30日 | 杭州国际博览中心 | 聚力拥抱新时代、开发创新立潮头 |

## 附录2

| 世界浙商文化论坛 | | | | |
|---|---|---|---|---|
| 届次 | 会议时间 | 地点 | 会议主题 | 主/协办单位 |
| 首届 | 2013年10月27日 | 之江饭店(上午主论坛);浙商博物馆多功能厅(下午分论坛) | 浙商回归、温州经济困局等 | 主办:浙江工商大学<br>协办单位:浙商博物馆、浙商研究中心 |
| 第二届 | 2015年10月26日 | 浙商博物馆 | 浙商的文化回归和价值升级 | 浙江工商大学主办,浙商博物馆、浙江工商大学浙商研究中心承办。协办:浙江省浙商研究会、中国商帮峰会组委会。中国侨联副主席、浙江省政协副主席、省侨联主席吴晶出席开幕式并致辞。浙江工商大学校长张仁寿,省文化厅副厅长黄健全,省工商联副主席尹健,省侨联副主席张维仁,以及来自海内外知名浙商代表近200人参加了论坛活动。浙江工商大学副校长钱天国主持论坛开幕式 |
| 第三届 | 2017年11月28日 | 浙商博物馆 | 百年商道与新时代浙商精神 | 本次浙商文化论坛由浙江工商大学、浙江省侨联、浙江中华文化学院共同主办,浙商博物馆、浙商研究院(浙商智库)承办 |

# 第7章
# 浙商欧洲国际化典型案例

伴随浙商国际化水平的提高,浙商的国际影响力越来越大。温商作为浙商的主体,被认为是国际化的典型样本。

温州是"一带一路"上的重要节点城市,成千上万的温州人早已凭着独特的闯荡精神,主动走出温州、走出浙江、走出中国,积极融入改革开放的宏伟蓝图中。2018年约有38万人分布在"一带一路"沿线67个国家,参与"一带一路"建设,成为"一带一路"中国"走出去"企业的"引路人"。温商人数之多、比例之高、分布之广、行业之宽,在全国都首屈一指。温商的影响,源于深厚的民间基础和庞大的群体阵容。

欧洲,是温商海外发迹最早的地区之一。至20世纪80年代,大批的温州人背起行囊西行淘金,许多人从开餐馆、办作坊开始,书写了一个个财富故事。温州人在欧洲发展的30年,基本是从零开始的,最早从中国进口产品,然后用最优惠的价格销售到欧洲。在"一带一路"建设中,各位温商成为海外和谐侨社的建设者、弘扬中华文化的推动者,中外友好合作的促进者,

"一带一路"建设的参与者,本章选取在欧温商中的代表性人物和案例,目的是帮助人们了解在欧温商在"一带一路"经济建设中所做的贡献,并从他们成功的经历中学习经验。

## 7.1　"温籍"新温商第一代在欧洲创业的典型代表和案例

关于温商的定义,一般从地域维度、行业维度和文化维度3个方面来理解。[6]地域维度包括"温地"和"温籍"两个方面。所谓"温地",即在温州境内经营的企业家群体,包括非温州本地人。所谓"温籍",即温州籍贯的商人在外地经营,主要是海外经营的温商。[1]行业维度:温商在欧洲从事的行业起初主要包括餐饮业和传统制造业,例如五金、皮包、服装、打火机等各种小商品的制造经营,后来逐步发展到贸易业。文化维度:基于地缘关系,温商形成了鲜明的文化特征,如"敢为人先""低调务实"等。

改革开放初期的温商是新温商的第一代,他们大多出身贫寒、起点低,白手起家打天下,被称为"三无"的一代——"无资本、无技术、无市场"。但他们凭借特有的市场敏感性,创造了一个又一个财富奇迹。温州的丽岙街道是浙江省重点侨乡之一,至2018年,全街道归侨侨眷约1.3万人,海外华侨华人32706人,分布在27个国家和地区,其中法国最多,其次是意大利。海外华侨华人加上街道内归侨侨眷占全镇总人口的93%左右,几乎家家户户都姓"侨"。[5]

温商在欧洲成功创业的故事很多。2009年6月,12家温州企业组成了一支考察团,奔赴意大利马尔凯,就收购、并购、合作等事宜与意大利当地50多个知名鞋业、服饰品牌进行洽谈。这次皮尔·卡丹的收购事宜是由温商洪建巧、孙小飞促成的。2011年4月13日,旅意温商王永加控股10年的欧洲皇室御用奢侈男鞋品牌"财诺"(ZENOBI)宣布联合意大利时尚高端女鞋品牌CASADEI,联手共同拓展中国高端消费市场。2012年初,旅法温商黄学胜一举成为法国《大都市》杂志的封面人物,他以欧洲首家挂牌上市的华商企业欧华集团总裁身份,收购了一家法国的主板上市企业。而就在2012年,美国温商林春平成功收购大西洋银行,正式进军欧美金融业,更是引发了一场温商海外金融追逐。在以下章节我们会选取欧洲各地有代表性的温商的创业和成长故事进行分享,目的是让温商的精神和经历给更多人以启发。

### 7.1.1　温商在欧洲之德国——冯定献和德国冯氏进出口贸易公司

在德国的温商中,冯定献是个年轻的旅德"老"侨领,年纪不大,却总被比他大的侨胞以"兄"尊称。他爱国爱乡、实业报国,是欧洲温商的符号,也是在德温商的旗帜。他拥有很多头衔,德国冯氏进出口贸易公司董事长、德国中国和平统一促进会荣誉会长、全德华侨社团联合会荣誉主席。

冯定献,男,汉族,1962年12月出生于温州市乐清北白象镇项岙村。他从小就是个老实孩子,没读过几年书,12岁就到铁匠铺当了学徒;15岁出师,自己开店做了小老板,售卖自制的镰刀、锄头等农具家什;17岁,开始外出闯荡。小时候村里的一个家境比较好的玩伴,上了中国人民大学,其间,他开始做电器生意,所有的亲戚他都未带,唯独把冯定献带了出去,跟他一起做推销。冯定献向亲戚好友借了900元钱,踏上了从温州到大连的路程。靠着吃苦耐劳和真诚、诚信,他得到了一笔9000多元的订单,开始了事业的起步。1992年,30岁的冯定献已从"十万供销大军"中脱颖而出,创办了多家企业,发展也较为稳定。

在国内事业如日中天时,他没有止步,而是做出了一个令人惊讶的决定:到德国去。凭着多年的创业经验和对市场的预测,他相信国外必将是个潜力无限的大市场。他的计划是:把温州的五金、服装、打火机等各种小商品打进欧洲市场。于是,他把自己折腾到了德国不来梅。初到德国,人生地不熟,语言不通,开车一个城市一个城市地跑,半年时间几乎将德国跑了个遍,并先后参加了20多个各类展销会,终于基本摸清了欧洲市场的情况。后来,他在不来梅注册成立了德国冯氏进出口贸易公司,并在德国一个订货会上租了个摊位,亮出了从中国带来的货物样品。为了让客户满意,让他们信任"中国制造",冯定献严把质量关,宁肯成本高,也要保证产品质量。靠着不怕吃亏的厚道劲儿,冯定献在德国的贸易事业越做越大。

多年零距离接触欧洲市场,让他成为地道的欧洲通。在德国的日子,冯定献不仅不怕自己在贸易事业上的成功被"克隆",他还主动帮助大家从传统的"餐饮业"完美转身到贸易业,从法兰克福到杜塞尔多夫,从共享货源到为同乡提供进货担保,他带动起全德华人的贸易热,大大小小的"中国商城""中国工艺品"店像雨后春笋般冒出,"中国制造"不仅打入德国这个老牌的制造业国家,更是从德国辐射出去,赢来了一大片国际市场。

　　冯定献在温州制造"走出去"和温商回归"走进来"的过程中做出了许多贡献。他认为在海外,要经营好企业,就要深入融入所在国,与当地的企业、政要进一步搞好关系。他不仅公司经营得好,也积极投身侨团建设,积极团结整合海外温商军团。德国侨界也得到过他的奉献资助。汉堡华侨组织"CHINA TIME"大型演出,缺口4000欧元,他掏钱补上;德国华人爱心协会,每年都能收到他的捐款。他组织的"德国华商贵州公益行"始于2017年,以"携手海外统促力量,助力贵州脱贫攻坚"为主题,以资助贵州贫困中小学生、慰问优秀中小学乡村教师、慰问退役军人或军烈属等为主要内容,为期5年,初步项目资金达300万元人民币。2015年10月24日,冯定献当选为浙商总会第一届理事会副会长。理事会的成员如表7-1所示,可见冯定献在浙商中的地位和影响力以及其企业取得的成就。

**表7-1　浙商总会第一届理事会成员名单**

| 序号 | 职务 | 姓名 | 企业名称 |
| --- | --- | --- | --- |
| 1 | 会　长 | 马　云 | 浙江阿里巴巴集团 |
| 2 | 执行会长 | 沈国军 | 中国银泰投资有限公司董事长 |
| 3 | 副会长 | 王建沂 | 富通集团董事长 |
| 4 | 副会长 | 冯亚丽 | 海亮集团董事长 |
| 5 | 副会长 | 冯定献 | 德国冯氏进出口贸易公司董事长 |
| 6 | 副会长 | 李书福 | 吉利控股集团董事长 |
| 7 | 副会长 | 汪力成 | 华立集团董事局主席 |
| 8 | 副会长 | 沈仁康 | 浙商银行董事长 |
| 9 | 副会长 | 郑坚江 | 奥克斯集团董事长 |
| 10 | 副会长 | 郭广昌 | 复星集团董事长 |
| 11 | 副会长 | 詹耀良 | 香港詹氏有限公司董事长 |
| 12 | 副会长 | 廖春荣 | 上海银润控股(集团)有限公司董事长 |

### 7.1.2 温商在欧洲之希腊——徐伟春和希腊万豪集团有限公司

徐伟春是温州鹿城籍商人,现定居希腊,是希腊万豪集团有限公司董事长。他是希腊华商界的"明星",希腊雅典市政府国际事务顾问。2008年,徐伟春当选为希腊华侨华人总商会会长,成为众多温籍海外侨领中最年轻的一位。

徐伟春于1975年出生于温州市鹿城区。1991年,年仅16岁的徐伟春背井离乡,兜里揣着400多元美金,踏上了去往欧洲的"征程",前往德国,出国求学创业。2001年,辗转过意大利、法国、土耳其等国家的徐伟春,最终将自己"投身"在希腊。他从服装贸易生意开始,最终靠女性饰品起家。2004年,在做了一段时间服装进出口贸易后,徐伟春开始做饰品生意。一件件看似不起眼的饰品,让他掘到了初期创业路上最大的一桶金。在发现了希腊女性特别钟爱大型、夸张的饰品后,徐伟春意识到机会来了。"当时,我背着个背包,带着两个设计师回到国内,去广州、义乌专门淘造型别致的饰品。"徐伟春用雨花石项链试探市场,在义乌进了第一批雨花石项链,受到女性的欢迎让他备感意外。他的公司每周要从义乌运20吨的货到希腊。那时候,他推出什么饰品,希腊女士们就戴什么饰品,用"石头换欧元"的小伙也由此得名,他成为希腊华商界一颗耀眼的"新星"。

徐伟春靠着独特的投资眼光和敏锐的商业嗅觉及诚信正直、吃苦耐劳的经营信条,在异国他乡站稳脚跟,声名鹊起,生意越做越大,商业触角遍布旅游业、酒店业、红酒贸易等多个行业。由于2008年开始的金融危机的持续,饰品生意大受影响,经营业绩不断下滑,但是,由于公司聘用了多位当地的华人华侨,为了使他们能维持生计,徐伟春咬咬牙决定坚持下去,一起渡过难关。徐伟春致力于引领会员在不同领域做不同类型的生意,避免在希腊的温商因经营项目单一而产生恶性竞争。他还想出"逆向贸易"的应对之策。他联合商会其他几位温商成立了一个贸易公司,将希腊的红酒、橄榄油等特色产品引进到国内。他一方面守住在希腊的生意,等待欧洲经济复苏;一方面逐步把重心和精力转移到国内,希望找到前景良好的投资创业项目,实现自身的"转型升级",为温州的发展尽一份力量。他还带领在希腊的温州人开展义卖、到当地社会福利院做义工等慈善活动。

2008年3月24日,北京奥运圣火在希腊古奥林匹亚采集。采集仪式上,数百名旅希华侨华人身穿印有"希腊华人:点燃激情,传递梦想"中文字样的T恤衫在现场喝彩助威,并手挽手高唱国歌,表达发自内心的自豪与喜悦。这场活动正是温商徐伟春策划的。2010年,正值中希邦交38周年,希腊华侨华人在雅典最大的中心广场举办大型文化户外活动"和谐之春",作为总策划的徐伟春找到当地市政厅,提出活动举行当日在广场升中国国旗的请求。最终,徐伟春以"表达华侨华人与希腊民众共进退""中国、希腊同为文化底蕴雄厚的国度,文化交流意义重大"等理由说服了当地市政厅。在现场,徐伟春代表华侨华人向雅典市长授以写有"厚德载物、仁政爱侨"的锦旗,感谢他们为华侨华人融入希腊社会做出的努力。

2011年,利比亚撤侨行动让更多人记住了徐伟春的名字。[10]2011年2月利比亚局势动荡,战争一触即发。为保护在外侨胞,中国调动了182架中国民航包机、5艘货轮,动用了4架伊尔－76运输机,租用20余艘次外籍邮轮,发起了中国政府最大规模的一次撤侨行动,把35860名中国公民接回了家。从2月24日登上希腊克里特岛到3月4日陆续离岛,10天的时间里,徐伟春与20多位温商以高效而有序的行动,向转经希腊撤离利比亚的华人展现了海外华人同胞的真情。徐伟春通过"温州式管理模式",把侨民管理得井井有条。当时一艘邮轮最多载3000人,连着11天每天都有邮轮到港,要安排他们入关、吃住、接送。而大使馆只有十几名人员,加上临时抽调过来的驻地武官,也难以应付这么繁重的接待任务。"这些侨民被安排在岛上几十个酒店,到处都是人。由于语言不通,连入住手续都变得极其困难。"他们就想出一套办法,他们将侨民分成50人一大队,设大队长;大队里每10人为一个小队,设小队长。侨民有任何需求都要逐级上报,最终由大队长向志愿者汇报,志愿者上报指挥部再予以执行。几千人的就餐对酒店来说,也是一大挑战。"我们志愿者到酒店后厨,告诉厨师不要做繁复的希腊菜,做简单方便、符合中国人口味的食物。我们还协助大使馆制定就餐制度,各大队分时间分批按顺序就餐,妇女、儿童、老人、伤员可以优先就餐。""侨民送走得太慢,是我们遇到的大难题。因为很多人没有护照,登记手续非常麻烦。"于是,温商又开动脑筋。"我们给所有侨民编号,根据编号提前一天把他的护照信息收集录入航空系统,有几名志愿者一直在航空公司负责输入信息。这样在机场,每个侨民手上贴着一个编号,空姐只要叫个编号,人就能登机了。原来需4个多小时的登机工作,1个多小时就完成了。"13815名同胞成功撤离,是徐伟春和20多位温商爱国爱乡的义举,2011年以温商为主的这群希腊浙商群体获颁"风云浙商"群体奖。[10]

### 7.1.3　温商在欧洲之俄罗斯——虞安林和莫斯科盛安有限公司

虞安林是莫斯科盛安公司、阿塞拜疆巴库中国上海东方贸易股份有限公司、广西玉林弘景房地产开发有限公司、山西瑞阳矿业有限公司等企业的董事长。他还担任着全国侨联青联委员、浙江省归国华侨联合会顾问、俄罗斯中国和平统一促进会会长、俄罗斯华商联合会会长和俄罗斯浙江华侨华人联合会会长等职务。

虞安林,1962年出生于温州莘塍,十几岁时父亲不幸撒手人寰,家里12个兄弟姐妹因为穷困夭亡半数,他15岁时就和两个哥哥一起担负起养家糊口的重任。他先在家乡的一个小厂打工,后来又跟着二哥到四川、陕西、江苏等地跑小买卖。在20世纪80年代初,尚未满20岁时,他就已经成为当时罕见的名副其实的"万元户"。1982年,虞安林喜气洋洋地抱着五六万元钞票回到了家乡,把家里的住房翻盖成一幢三层小楼,并娶回了漂亮贤惠的太太王彩云。

王彩云的到来,为他的经商生涯翻开了新的篇章。她家境殷实,父亲更有一手加工服装的好手艺。结婚之后,夫妇俩开起了仙桥服装厂,王彩云主内,负责服装的生产加工;虞安林主外,跑市场销售。厂子的规模和效益逐年平稳向前发展,固定工人五六十人,每年效益有一两百万元,产品销往全国10多个省、市和自治区。1991年前后,由于市场竞争越来越激烈,虞安林决定改弦更张,生产汽车零部件。事情很顺利,质量上乘的产品,稳定的客户群,使虞安林的生意做得得心应手,渐渐成为当地小有名气的企业家。除了在家乡开服装厂、汽车配件厂,虞安林还在全国十几个省市之间做起了贸易,接着响应国家号召向西北地区投资,投资6000万元成立了广西玉林弘景房地产开发有限公司,投资2800万元成立了山西瑞阳矿业有限公司。

1998年,虞安林开始开辟海外市场,向俄罗斯、乌克兰等地区销售服装、鞋帽、五金、水暖器材,每年为国家创汇2500万美元。2006年,他又带领温州商人开辟新的海外市场,积极筹办了阿塞拜疆"中国商贸城"。由于雄厚的实力和良好的商业信誉,一些厂家竞相争取虞安林的订单,有的厂家甚至主动把货物送到他的手上请他帮助代销。稳定的商品价格加上"有钱大家赚"的心态,使他的公司在俄罗斯聚集了一大批忠诚而稳定的商户。虞安林经营过服装、鞋帽、五金、水暖、礼品等多个行业,从倒买倒卖赚取地区差价的小商贩,一步步发展成为从事国际贸易、身家亿万的著名华商。

虞安林不仅企业做得好,也积极投身提升祖国影响力的活动和华侨工作。2001年,国际奥委会在莫斯科投票决定2008年奥运会的举办城市,虞安林带领温州同乡积极赞助当地华人支持北京申奥的活动;在2003年召开的"全球华人推动中国和平统一"莫斯科大会期间,虞安林更是放下生意,全力以赴做好大会安排的接待工作,得到了民革中央副主席李赣骝等与会代表的高度赞扬;2005年他作为会长带领俄罗斯浙江华侨华人联合会参加了在奥地利召开的欧洲中国和平统一论坛大会,在资金和人员上给予大会巨大支持。

### 7.1.4　温商在欧洲之意大利——胡守近和意大利华侨华人联合总会

胡守近,1937年5月26日出生,温州文成县玉壶镇人,意大利华侨华人联合总会主席,世界温州人联谊总会第二届理事会顾问。因在侨团工作中成绩显著,他被聘为第三届、第四届、第五届、第六届意大利米兰地区华侨华人工商会名誉会长和永远名誉会长。

胡守近青少年时期曾在温州市文成县玉壶镇小学和温州华侨中学受过教育,其父母是华侨,定居在意大利。胡守近因其父母的关系,经香港到了意大利米兰。开始时,他做了一段时间皮革生意,后来离开意大利去了荷兰,改行从事餐饮业,开设了一个"友谊餐馆"。荷兰生意不甚理想,于是他又回到意大利,先后开设了"南京酒家""迎宾酒家""珍宝海鲜大酒店"和"樱桃酒家"。1972年,尼克松访华,中美关系解冻,中国地位在世界上进一步提高,世界各地中餐生意也红火起来。胡守近开的餐馆生意很好,吃饭都要排队,忙得不亦乐乎。

胡守近虽然长期生活在异国他乡,但他始终牢记自己是炎黄子孙,一直十分爱国爱乡。他非常关心家乡的建设,曾捐资帮助文成玉壶的公路建设和青田山口的大桥建设,他还捐资支持温州大学、温州华侨中学、青田中山中学的教育事业,捐资建起了文成县胡守近图书馆。胡守近还十分关心祖国和家乡灾区人民的生活,从大兴安岭火灾、华东地区水灾到温州第17号台风灾害、珊溪水灾,他都积极捐资,并发动侨胞捐资,支援灾区人民恢复生产,重建家园。

1986—1990年,胡守近连续两届被选为米兰华侨华人工商会会长。担任会长期间,他做了大量工作,办了许多实事。他努力为华侨排忧解难;组织联谊活动,开展爱国爱乡教育;举办中文学校,传播中华文化;组团回家乡访问,发展意大利和温州的经贸关系,为引进外资牵线搭桥;团结华侨,维护华侨的合法权益,提高华侨华人在意大利的地位等。在1987年和1988年,他曾两次组织领导米兰地区华侨华人庆祝中国春节,举行了在意大利史无前例的中国传统舞龙舞狮活动,近20万意大利朋友观看了舞龙舞狮的盛况,意大利众议院院长、米兰市长等有关官员和知名人士也出席了这次盛会,并做了重要讲话。近几年来,旅意大利的华侨华人急剧增加,新的华侨社团不断出现。如何把社团联合起来,形成一股合力,是胡守近和许多有识之士都在考虑的一个问题。胡守近扛起了联合意大利侨团的大梁。1999年3月30日,意大利华侨华人联合总会筹备委员会在普拉托市正式成立,经过两年时间的协商和筹备,意大利华侨华人联合总会于2000年1月4日在罗马省督府宣告正式成立。1999年5月30日,意大利华侨华人联合会筹备会第三次会议在米兰香格里拉大酒店召开,胡守近当选为意大利华侨华人联合总会主席。

### 7.1.5 温商在欧洲之法国

中国在新时期下提出的"一带一路"倡议,体现了中国希望与其他国家通过共同制定、共同参与、共同获利的方式共建命运共同体的战略发展思想,已经吸引了包括法国在内的100多个国家和国际组织参与其中。[8]

#### 7.1.5.1 黄品松——荣获法国巴黎市荣誉市民勋章的温商

在浙江侨界,说起黄品松几乎无人不知。他身上的头衔很多:中共党员,浙江省华侨联合会常委,温州市政协委员,法国工商联合会名誉会长。

同时,他也是瓯海区丽岙镇侨联主席。2001年,黄品松被巴黎市政府授以"巴黎市政府2000年荣誉勋章",并被法华工商联合会授予"永远名誉会长"。2002年,花甲之年的他经当地政府和侨联组织的邀请,放弃国外生活毅然回国担任温州丽岙镇侨联主席。2007年、2008年分别获得"全国基层侨务工作先进个人"和"全国基层侨联工作先进个人"的光荣称号。2014年,他还主动配合参与瓯海公安、法院、外侨部门成立"警侨工作室""海外调解员工作室",通过海内外联络点实时互通,让咨询服务、材料预审核等变得更加方便、快捷,实现"不用回国、不需出门、不跨辖区"的目标,在全省率先实现海外版"最多跑一次"改革,赢得社会各界一致好评。

黄品松出生于1943年8月13日,20世纪60年代初,作为华侨子弟,黄品松就读于华侨中学。老华侨倾力助学的义举打动、感染着他。22岁的黄品松第一份工作是丽岙信用社侨汇业务员,结算外汇、上门兑换主动周到,零距离的服务与许多侨胞侨眷建立了深厚的感情。无论在瑞安人民银行侨汇科还是中国银行瑞安支行工作,每户侨眷的家底状况他都悉数掌握,记在心底。知名华侨的来访、政府部门侨务会议都有他的身影,而侨汇业务也更是水涨船高,业绩骄人。

1984年,黄品松带着一包行李开始旅居法国。"当时很多人做皮包生意,设备简陋,只要有活干,我们就很高兴,一天一做就是10多个小时,经常手指被刀子割破、被针刺伤,缠上几圈纱布接着做……"经过几年打拼,他在当地率先投身外贸生意,把温州小商品快销到法国市场。黄品松为中法贸易做出了贡献,曾荣获"法国巴黎市荣誉市民"勋章。

为了把大家聚拢在一起,互帮互助,1993年黄品松参与组建法华工商联合会,定位是旅法温州人的"娘家",加强同法国工商界合作,扩大与中国工商界往来。至2018年,会员近300家,积极参与申办"奥运"和世博会等大型活动,多次为国内救灾捐赠、爱心助学。黄品松紧抓年终、节日等黄金时机,举行各种类型的侨胞团拜会、联谊会、茶话会等活动,从而增进互相了解,激发爱国侨胞为家乡建设出谋划策及建设事业做出贡献的热情。

多年来,黄品松和法华工商联合会为兴建道路、桥梁、老人活动中心、村办公楼、公园、凉亭、学校,开辟芙蓉山大道,改造茶堂西街等建设项目总投入近1.6亿元,为家乡公益事业、新农村建设做出了重要的历史性贡献。由他发起创建的丽岙百年侨史展览厅——"华侨之家",如今成为爱国主义教育基地,每年引来大批的学生、华侨参观学习。在救困解危、爱心公益事业方面,丽岙侨联也是走在前列,成立首期资金380万元的慈善基金会。

### 7.1.5.2　林光武——活跃在法中的国际温商

林光武,男,汉族,温州人,法国法华工商联合会会长,浙江省侨联青年委员会副会长,温州市政协委员,世界华侨华人总会副会长,法国巴黎万利达贸易公司董事长,世界温州人联谊总会第二届理事会副会长。

1984年,林光武辞掉国内的工作,投奔法国巴黎的亲戚,在亲戚的皮包作坊里做工,每天工作近20个小时,第一桶金就是靠这样和别人拼时间挣来的。有了本钱以后,林光武开起了自己的作坊。1990年,林光武发现巴黎华人众多,但是想吃上中国食品却不容易,于是他投资成立了万利达贸易公司,经销以温州特产食品为主的中国食品,之后生意越做越大,成为在巴黎颇有影响力的华人企业,还拿到了法国埃菲尔家族埃菲尔红酒的独家代理权,如今他的中国埃菲酒业有限公司每年要进口十几个货柜的红酒,一个货柜就有红酒13000支。

2005年,林光武带领所在法国法华工商联合会的40多名会员,参加了在韩国召开的第八届世界华商大会,成为巴黎出席该会人数最多的代表团,并且被主办方委任为大会的巴黎召集人。林光武2007年当选为法国法华工商联合会会长。2008年4月初,他组织了一个将近60人的考察团到国内考察投资,他自己的产业也扩大到了房地产、传媒等行业。林光武还带回来一个大项目:苍南家电市场,两年内在苍南县灵溪镇建成一个集批发、零售和电子商务于一体的大型家电市场,总投资达到四五亿元。

随着生意的扩大和参与各项商会活动,林光武的影响力逐步扩大。世界温商大会召开之际,法国驻上海大使馆总领事卢力捷(Emmanuel Lenain)特意到访温州,与林光武等法国侨领见面,他表示希望能在教育、高科技和贸易等领域加强和温州的合作。

### 7.1.5.3　郭智敏——投资法国马赛华人国际商贸城(MIF68)的温商

郭智敏是法华工商联合会名誉会长,马赛华人国际商贸城(MIF68)的主要投资华商之一。中央电视台四套《华人世界》"唐人街"栏目,播出过对郭智敏的专访——让年轻一代不能忘了中国的根,讲述的是他争取华人权益和关注华二代发展成长的故事。法国电视一台和法国著名的新闻周刊《快报》对马赛华人国际商贸城进行过报道,并把这个商城与中国的"一带一路"倡议,密切联系起来。

马赛华人国际商贸城是中国"一带一路"进入欧洲的一个重要站点。马赛因其独特的区位优势必将在"一带一路"倡议中扮演重要角色,国际商贸城项目将成为大区对接中国"一带一路"的重要标志。马赛华人国际商贸城的开业,标志着中法双方在全新领域合作的开始,预示着双方未来在多个新领域内都将有良好的合作机遇。商贸城位于马赛市北部的圣安德烈开发区,三面环山,南朝大海,其南边是繁忙的马赛港码头,北部是马赛沿海购物中心。商贸城占地面积25公顷,总建筑面积为6万平方米,为法国第二大、法国南部最大的华商贸易批发市场。商贸城作为法国南部、西班牙、意大利、东欧以及北非国家中小企业的窗口和平台,与中国开展进出口贸易,也致力于搭建马赛与欧洲、中东、中国各大贸易港的海上运输桥梁。同时,商贸城还架起了马赛与欧洲、中东、中国各大贸易港的海上运输枢纽,是连接旅法华商与南欧和北非地区市场的唯一直接商贸平台。马赛将利用其优越的地理位置与地中海港口优势,促进中国与南欧及北非的商贸连通。

马赛国际华人商贸城是法国华商的"梦想"。从事进出口贸易的商家,都期望将商贸城建在交通发达之地,行车无阻,停车便利,扩大客流。商贸城是马赛市政府重点扶持项目,在金融危机的大背景下,华商面对转型升级的思考,马赛华人国际商贸城这一计划将华商的视野和事业从巴黎延伸到南部,拓展一片新天地。郭智敏说,从这个意义上来说,支持参与这个项目,也就是支持了"一带一路"。他最希望法国华商能够通过这个项目,实现转型升级。

2017年3月,作为法国的华侨代表,郭智敏受邀列席了"两会"。在"两会"上的海外华人建言献策环节,他提出的是关注海外华二代的成长。在法国几十年,他感触最深的是祖国的逐渐强大,让旅法华侨能够扬眉吐气。然而,让他担心的是,现在的华二代、华三代讲着流利的法语,但是对祖籍国的文化却越来越生疏了。对于他来说,留住华人的根很重要。"我觉得最重要的是要培养他们对中国的感情。感情从哪里来呢？第一,要学中文,文字要看得懂;第二,要了解中国优秀的历史和文化;第三,要了解中国最近十来年或以后的经济等各方面的发展趋势。"在"反暴力要安全"等一系列有关华人的活动中,郭智敏鼓励协会中的华二代用他们的语言优势,让更多的人关注华人群体。郭智敏希望通过自己的努力,让这些华二代及其孩子们能够更多地了解中国,做出他们应有的贡献。

### 7.1.5.4　戴安友——从白手起家到贸易遍天下

戴安友,1962年生于温州瑞安,1999年加入法国法华工商联合会,曾担任秘书长、第一副会长,第十二届法国法华工商联合会会长。2017年,应邀出席法国总统府2017春节招待会。

早年在家乡,时值改革开放之初,戴安友在瑞安塘下办厂,做过塑料制品、空分设备、五金阀门等,皆是从零做起,一点一滴建立事业。1989年,27岁时戴安友来到法国,他放下既往成就,再次白手兴业,一边学习法语,一边在土耳其人的制衣工厂打工。当时缝一件衣服,可得二十几法郎。靠打工,他和妻子攒下第一笔钱。1991年下半年,戴安友在巴黎近郊开办自己的制衣工厂,生意越做越好。后来又到葡萄牙创办了副食品进出口公司。此后又在法国、德国等国创办了多家贸易公司。

1994年末,戴安友带着在欧洲积累的经验回到家乡,与家人一起将戴氏印刷机械有限公司做大做强。其间,他不断进取,不断学习,1995年到杭州电子学院攻读工商管理,翌年到上海复旦大学进修工商管理。专业成就事业,戴氏在他的手中不断扩张,1996年第一家分公司开到深圳,专门销售戴氏制造的产品。至2000年,戴氏在广州、杭州、上海、东莞、深圳、佛山等全国各地已开设分公司30余家。2011年在浙江丽水买地建设6万多平方米的工厂园区,公司生产的多种产品获省名优科技产品称号,拥有多项国家专利,为德国西门子、美国爱默生、日本富士等公司提供品牌零部件,客户还包括海尔、金六福、荣事达、凤祥集团等诸多国际知名企业。

中国市场开疆辟土,法国市场也未放弃。2000年,戴安友在巴黎近郊欧拜赫维利耶买下店面做服装批发,一做就是6年,那正是欧拜赫维利耶成长为欧洲最重要华人批发中心的黄金期。2004年,戴安友与温商林光武一道在巴黎第17区开办烟草店,进军这个传统上只有法国人才能进入的行业。近年,戴安友更涉足餐饮业,在大巴黎投资酒楼。

戴安友在法国工作和生活了28年,参与了法华工商联合会的许多重大活动,他鼓励新生代参与政治生活,融入主流社会。他担任会长后,围绕"传承、创新、合作"这3点展开工作。他在巴黎成立一所中文学校,并与法国第19区政府联系,落实学校地址,让中国派老师过去,目的是让法二代更了解中国。他注重为侨界培养新生力量,搭建各类联谊平台,增进社团的活力和凝聚力。希望与全体成员一起,继续高举爱国爱乡的旗帜,做中华文化的传承者、中国创新发展的参与者、"一带一路"的支持者、祖国和平统一的推动者、中法友好往来的促进者和和谐侨社建设的践行者,为共谋侨界福祉、同圆共享"中国梦"谱写新篇章。

第一代温商凭借着自己的吃苦耐劳,从社会的底层逐渐奋斗成为社会的中坚,在商界、传媒乃至政界等诸多领域获得了成功。在欧比较成功和有影响力的温商还有许多,比如,欧洲飞天股份有限公司总裁、葡萄牙投资促进会会长巫旭清与中资公司"蜜蜂快递"合作,在法国开设了"蜜蜂快递"业务,成为首家进入欧洲快递市场的中国快递企业。法华工商联合会名誉会长刘若申,以皮包制作工厂起家,后转战宾馆业,他与中国明宇集团、北京众信旅游签署合作协议,在巴黎打造明宇丽雅酒店。法国忠兴集团董事长、中欧经济文化交流协会秘书长吴忠涉足文化产业,投资6500万欧元在法国建起一所以传统法餐为主的大型美食文化学校——"乔尔·侯布匈国际学院",校址更由当地著名世界物质文化遗产"上帝之家"修道院改造而成等。

## 7.2 在国内创业成功,逐步发展欧洲市场的"温地"温商

### 7.2.1 郑秀康和在法国开设专卖店的首家中国皮鞋企业——康奈集团

郑秀康,康奈集团董事长,康奈企业创始人,具有高级经营师、高级制鞋工艺师职称,兼任中国轻工业联合会副会长、中国质量协会常务理事、中国皮革工业协会副理事长、中国皮鞋旅游鞋专业委员会主任。郑秀康是典型的温州商人,1946年出生于温州,16岁就在机械厂做学徒,19岁成为革委会

副主任,在中国第一个注册人头商标并把专卖店开到了海外,也是第一个自称"中国狼"的人。

当年是因为妻子生病,在家庭的重压之下,郑秀康选择了下海经商。在创业之初,他很能吃苦。1980年,创业之初是最困难的时期,他刚开始学着做鞋,整天把自己关在房间学习。除了一张床,只有不到8平方米的空间里,他开始了自己的制鞋之路。1983年,郑秀康招了5个工人,凑了2000元,正式创办了一个小作坊。他就是典型的"能当老板、能睡地板"的温商。郑秀康不仅能吃苦,还有敢为人先的冒险精神。刚办厂时,缺少资金,他卖掉了自己的手表和自行车,将老婆的嫁妆也卖得干干净净,甚至厚着脸皮从大伯那里借来了老人的"棺材本"。当温州鞋因模仿成风遭到抵制时,郑秀康决定注册自己的商标。1991年春,郑秀康为康奈注册了国内首个人头像商标,含义是"做人要抬起头来,以诚信为本;做事要埋下头去,踏踏实实"。1992年,康奈集团正式成立,1996年为温州鞋业摘下第一个"真皮鞋王"的桂冠,1999年为浙江鞋业赢得了"中国驰名商标"的金牌。如今的康奈拥有近万名员工,固定资产高达5亿元,并相继在俄罗斯、意大利、法国等国开设了康奈皮鞋专卖店,让"中国制造"的皮鞋走向国际市场。

在中国鞋业向国际化进军的过程中,郑秀康成为第一个"吃螃蟹"的人。在郑秀康的带领下,康奈集团率先走出国门,把专卖店开到了国外。2001年1月18日,康奈第一家海外专卖店在世界时尚之都——法国巴黎第19区繁华闹市区开业,这也是中国皮鞋在国外开设的首家专卖店。康奈专卖店在巴黎的开业惊动了当地媒体:"中国狼"来了,要警惕! 该店面积不大,但有一样东西很是醒目:那就是昂首挺胸的康奈商标。店内销售的时尚中档皮鞋,全打上"康奈"商标,产地注名中国温州。开业当天,热闹非凡,众多法国当地人士和华侨华人前来选购。该店的消费者比例构成是:华裔占40%,当地人士占60%。2001年9月19日,康奈第三家海外专卖店在世界鞋都——意大利罗马隆重开业。开业当天,罗马华侨华人贸易总会、意大利华商总会、罗马温州工商总会等旅意侨团负责人,罗马政界官员,新闻界朋友70余人出席典礼,康奈此举在意大利鞋业界引起强烈震动。康奈皮鞋的零售价格保持在60美元以上,基本上与其他国外品牌处于同一水平。康奈凭着高档质量和中档价格一年内就实现了盈利。到2005年底,康奈在意大利、法国、葡萄牙、西班牙、希腊等十几个国家开出专卖店100多家。之后,康奈在欧美国家开设了数百家专卖店,如同"星星之火",催生中国产品创造世界名牌的"燎原之势"。

2003年10月,在"首届世界温州人大会"和"中国国际轻工业博览会"召开前夕,康奈成功举办"康奈全球战略论坛"。郑秀康董事长面对200多位与会的经济专家、媒体记者等各位人士,响亮地宣告:"我们的目标是,世界重要城市的重要位置都要开设康奈专卖店。"为扩大康奈品牌的海外知名度,康奈选择在欧美华人报纸、杂志、公共汽车、路牌灯箱上投放广告。欧盟各国华侨华人、亚裔都是《欧华时报》《欧洲时报》等华文报纸的读者。通过宣传,他们不仅成为康奈皮鞋的忠实消费者,一些精英还发展为康奈加盟商。

康奈不仅在国内有设计队伍,在意大利也有设计中心。公司内外贸皮鞋款式每年达5000多种,康奈皮鞋消费者中各种肤色的人都有,华人消费比例占20%左右。在2015年,康奈10年前的目标"主导产品的销售额要突破100亿元,综合实力在国内鞋业成为领跑者,中高档皮鞋成为全球前20强"早已实现。康奈在不断追求卓越的路上走得很稳,在世界舞台上展现了温商的风采。

### 7.2.2 钱金波和温州红蜻蜓集团的欧洲国际化

温州红蜻蜓集团是在欧洲参展和发展比较成功的企业之一。红蜻蜓是土生土长的温州品牌,集团起步于1995年3月,是一家集制鞋主业、房产置业、百货业、教育产业、金融投资于一体的全国无区域性企业集团。红蜻蜓已不仅仅是一个制造鞋生产鞋的品牌,而是一个有着丰富的产品结构,成熟的、丰富的、国际化的时尚品牌集团。目前红蜻蜓集团已成为国家中型企业、中国民企500强、全国行业10强、浙江省重点民企、浙江省"五个一批"企业,是中国鞋行业的领军品牌和企业。集团产品线已经由原来的制鞋发展到全面的时尚皮具、女装、男装、童鞋童装和配饰,一牌多品的发展路线向着"中国创造"多角度出击。

目前,红蜻蜓已在米兰、巴黎、韩国等时尚都市设立了研发信息中心,在北京、上海、广州建立了品牌工作室、设计工作室、时尚信息转化中心,利用全球的设计信息和资源实现红蜻蜓产品与国际时尚同步。在浙江、广东、上海、重庆布局了产品研发生产基地,终端网点覆盖全国各重点经济城市。

　　钱金波,是红蜻蜓企业及品牌创始人,红蜻蜓集团现任董事长,高级经济师,十届浙江省人大代表,曾获第七届中国青年"五四"奖章,素有"中国鞋文化第一人""文化商人""慈善企业家"等美誉,连续5次进入"胡润中国慈善企业家"排行榜前百名榜单。钱金波出生于1964年,从1987年开始做生意,开始并不顺利,之后在制鞋业突然找到感觉,1995年创立红蜻蜓,2015年红蜻蜓在A股上市。32岁赚到1亿元,20年后更把这一数字改写为43亿元。

　　1995年3月,钱金波回到老家温州永嘉,掏出50万元积蓄,租了500平方米的厂房,创立红蜻蜓。钱金波成立红蜻蜓时,市场机会并不是很好,温州当地已有近5000家鞋类企业,奥康、康奈、吉尔达等都是国内鞋业的知名品牌,从中杀开一条血路,太难了。钱金波首先想到的是要请一位顶级设计师。1996年,钱金波拿着自己厂生产的皮鞋,千里迢迢赶到意大利,请著名皮鞋设计师罗马基为他鉴定。罗马基仔细看过他的皮鞋后,点点头说:"你的皮鞋质量、款式都属上乘,但我只能给它们打90分,那10分就是产品的文化附加值,但我在你的皮鞋上没有感受到。"意大利之行让钱金波深受启发,1999年10月,红蜻蜓第一家鞋文化研究中心成立。2000年,红蜻蜓出版了国内首部鞋文化词典——《中国鞋履文化词典》,成立了国内首家"中国鞋文化博物馆",红蜻蜓的这两项"学术成功"让国内同行肃然起敬。红蜻蜓提出"欧洲设计、中国制造"的理念,投入巨额研发资金,2007年7月,红蜻蜓运动皮鞋研究基地在瓯江畔落成,红蜻蜓在该项目上投入了2亿元,并与比利时著名的艾思康公司合作,在意大利设立了研发中心,重金聘请数位意大利顶尖鞋类时尚设计师参与设计。红蜻蜓后来还从意大利引入先进生产线,产品设计和质量一直在国内处于领先地位。

　　为了吸引更多的职业经理人加盟,钱金波劝退了支持自己10年的亲姐姐,从法国、意大利挖来30多位资深设计师,并从北京、上海招聘200多名大学生,充实到业务岗位。精品意识成了钱金波脑子里根深蒂固的理念,红蜻蜓"从靠数量取胜转变为靠质量取胜"。2007年底,钱金波在法国第五大道吃惊地发现,路易威登店内不仅仅有鞋子、服饰、箱包,竟然还有LV的香水,"买鞋的同时说不定就会有其他需求。"钱金波回国就推出了全国首个集成店,"集合了红蜻蜓品牌的鞋子、皮具、男女装、饰品"。2007年,红蜻蜓第一家集成店在连云港开业,结果当月客流量比普通店面暴增5倍,第二年依旧实现了100%的增长。2014年,红蜻蜓销售额直逼31亿元。2015年6月,红蜻蜓登陆深交所,钱金波的身家也飞涨到43亿元。红蜻蜓凭借自己的营销理念、营销网络和"立足二三级市场并向一级市场逐渐渗透""低价位、大市场""以客户为中心"的战略思路与市场理念在市场角逐中成为赢家。

红蜻蜓又成功探索出了一条进入欧洲主流市场的路径,走主流商业渠道,把自己的专卖店开在国外高端鞋城、商场或商业大街。几年来,陆续在德国、意大利等国家开了10多家专卖店。2009年,红蜻蜓入驻米兰顶级国际鞋展MICAM(世界三大专业鞋展之一),进驻3号精品馆,目标是要做中国的LV。展会上希望与红蜻蜓达成合作的品牌与采购商达46家,现场成交鞋订单3.8万双,成交额超过150万欧元。

MICAM是一个里程碑。红蜻蜓作为中国鞋业品牌实现全球价值梦想做出了榜样。2010年,红蜻蜓与意大利一家拥有百年历史的名牌鞋企洽谈并购事宜,并已签订意向书。并购成功后,红蜻蜓和意大利这家企业共同拥有这个品牌的知识产权,把欧洲品牌的百年历史、品牌故事嫁接到中国制造上来。红蜻蜓集团不仅要并购这个意大利品牌,而且有可能用1—3年时间,推出一个奢侈品品牌。红蜻蜓希望通过并购有较大中国市场拓展空间的国际品牌,提升企业的国际化经营水平,提升集团跨文化的多品牌运作能力。

### 7.2.3　南存辉和正泰集团的欧洲战略

南存辉,全国工商联副主席,正泰集团股份有限公司董事长兼总裁。不凡的经历和业绩,使南存辉成为世人公认的"浙南模式"的积极探索者和杰出代表,被誉为"中国新兴民企代言人",并被《中国青年》杂志评选为"可能影响中国21世纪的中国青年人物"之一。2013年10月是全国工商联60华诞,南存辉被评为"对民族产业贡献卓著的民营功勋企业家";2017年11月27日,当选第十二届全国工商联副主席;2018年3月,当选为政协第十三届全国委员会经济委员会委员;第十一届全国人大代表,第十二届、十三届全国政协常委。[17]

南存辉出生于1963年,浙江温州市乐清市柳市上园人,北京商学院(现北京工商大学)企业管理专业毕业,研究生学历。1978年初中毕业后,南存辉从事修鞋行当。后来南存辉邀约了3位朋友,在被誉为"中国电器之都"的温州柳市街上开起了电器柜台。从低压电器里最简单的信号按钮灯开始做起,每天几乎都要忙到凌晨3点。第一个月下来,4名年轻人总共赚了35元钱。这个结果让其他3位朋友很沮丧。相反,南存辉却很高兴,钱虽不多,但却让他看到了前景和希望。1984年对南存辉来说,是极具历史性意义的一年。这一年,南存辉给家里人特别是父亲做了大量的思想工作,最终靠着父亲把家里的几间老屋抵押贷款5万元钱,和同学合作办起了一家小工厂,也就是正泰的前身——乐清县求精开关厂。

由他率领的正泰集团从一个家庭作坊迅速发展壮大成为大型现代企业集团,被誉为"温州模式的缩影"。正泰集团是中国工业电器行业产销量最大的企业之一,综合实力连续多年名列中国民营企业500强前10位,年利税总额连续3年名列中国民营企业纳税百强前5名。"正泰"商标被认定为中国驰名商标。现正泰集团有员工23000余名,下辖8大专业公司、50余家持股企业、800多家专业协作厂,并在全国各地设有2000多家销售公司和特约经销处。产品覆盖高低压电器、输配电设备、仪器仪表、建筑电器、汽车电器、工业自动化和光伏电池及组件系统等七大产业,100多个系列、5000多个品种、20000多种规格的产品。

南存辉不断开拓国内市场,同时也在海外市场谋篇布局。正泰集团为全球100多个国家和地区提供优质服务,并在20多个国家建起了海外工厂,在国外设立了5家分公司和50多家销售机构。南存辉的梦想是让正泰在国际舞台打响知名度,成为一家有品质、有内涵、有辨识度的企业。

### 7.2.3.1 南存辉:将"正泰大道"写入德国历史

在德国东部的法兰克福,临近奥登河畔有一条名为"正泰"的公路,就是以正泰集团命名的。2014年,正泰开始向德国市场发力,成功收购了法兰克福当地的一家名为CONERGY的光伏企业。为了纪念这次收购,市政府就将该公司附近的公路改称为"正泰大道"。如今,正泰的名字已经在德国妇孺皆知。

2006年,南存辉正式向光伏行业发力。早在2000年左右,德国、西班牙等国就先人一步,大力推动太阳能光伏发电项目,并投入巨额资金作为补贴。2011年,欧盟各国相继取消了对太阳能发电项目的资金补贴。2012年,针对中国光伏产品,欧盟发动反倾销调查,而美国则开始征收关税,中国光伏产业90%的产品主要出口到欧美国家,中国光伏业进入了业内寒冬。南存辉带领公司探索新的商业模式,最终决定用电站带动开发投资,实现产能平衡,带动整条产业链的发展。在正泰的努力下,在意大利等国,一座座太阳城拔地而起,将能量运输到世界的每个角落。正泰处于不同半球与不同经度、维度上的几十个国家建立了上百座"太阳城"。南存辉靠着太阳城走出了寒冬。然而,其他国家政府设置的壁垒仍然存在,要把产于中国的光伏产品销售至世界各国的正泰"太阳城",困难重重。

南存辉找到了一个破除国与国之间"贸易壁垒"的好办法。在德国东部地区的法兰克福奥登市有一家名为柯乐基的组件厂,它曾经是欧洲三大太阳能企业之一,距离德国首都柏林不过120千米,距离波兰边境只有5千米。在恶劣的外部环境和内部企业经营不善的重重困境之下,2013年这家太阳能企业濒临破产边缘。柯乐基拥有国际上遥遥领先的生产设备和尖端技术,并拥有忠诚度很好的稳定客户群体。对于急于打破国际"贸易篱笆"的正泰集团而言,柯乐基各方面条件优越,它曾是正泰集团重要的客户之一。2014年初,正泰收购柯乐基旗下的法兰克福奥登市的组件厂,这是一次中国制造与德国制造的联姻活动。一方面让正泰有效地打破了束缚手脚的"贸易篱笆",另一方面为法兰克福奥登市当地提供了300多个就业机会。当地政府为嘉奖正泰,将组件厂附近的公路命名为"正泰大道",将附近的火车站命名为"正泰火车站"。

### 7.2.3.2　正泰集团的诺雅克欧洲公司

捷克,是正泰在欧洲区域市场拓展的重镇之一。2011年,正泰集团利用捷克"欧洲之心"的独特地理位置优势,以及当地优秀的人才、技术和成本优势,在捷克成立了分公司——诺雅克欧洲公司,并在波兰和罗马尼亚成立分公司,进一步扩大海外版图。诺雅克欧洲公司,主要生产高端智能低压电气产品,发挥着在泛欧市场的中枢作用。各种终端类、控制类低压电器元件等主流产品从这里源源不断地向荷兰、罗马尼亚、德国、法国等30多个欧洲国家输出。

凭借着自身过硬的品质，诺雅克一步步地打开了国际市场。2016年，仅有不足50名员工的诺雅克电器欧洲公司，销售额超过1200万欧元。2017年，正泰海外营收占比约25%，在海外拥有20多家分公司、办事处及投资或并购的公司。至2018年，诺雅克欧洲总部的中心业务覆盖中东欧区域的30多个国家，承担了诺雅克电器面向整个泛欧区域的货物集散、中转、派送功能。在上海生产制造完成的各种诺雅克终端类、控制类低压电器元件，从欧洲仓储中心出发，绝大多数产品可以在72小时之内被送达欧洲客户手中，大大缩短了物流周期，客户满意度也提高了不少。在运营模式上，诺雅克在布拉格建设了仓储中心，建立与国际标准接轨、与当地相适应的管理体系，成功组建了本土化精英团队和资深销售团队，逐步实现研发、生产、销售、物流和服务的全面国际化。设在布拉格的诺雅克欧洲总部，成为正泰在欧洲乃至全球供应链布局中的重要组成部分。诺雅克在捷克近几年走出了一条向上的曲线。"在欧洲主要品牌传统元器件业务仅个位数增长，甚至停滞不前的前提下，诺雅克的增长可谓一枝独秀。自2011年成立以来，诺雅克欧洲的销售增长率平均为30%，利润率也每年保持一定百分比的增长。"如今，捷克Olomouc大学、乌克兰水电站、罗马尼亚歌剧院、保加利亚机场、波兰国家交响乐团、捷克国家幼儿园等，越来越多的欧洲国家重点项目都用上了"诺雅克制造"。

诺雅克欧洲总部近50名员工中，绝大部分公司职员，包括行政、财务、销售、物流运输等，都是从当地招聘的。这栋橙色外墙的小楼虽然是中国公司，但是楼内见到的欧洲面孔远远多于中国人。工作人员除了捷克人，还有斯洛伐克、罗马尼亚、波兰等7个国家的员工。诺雅克在从总部派驻专人的同时，还不断加强对本地团队的培训和指导，把正泰在中国及其他地方的经验辐射延伸到捷克。为了促进双方了解彼此文化，增进彼此感情，在欧洲子公司，除了欧洲的节假日，遇到中国传统节日的时候，当地员工还能收到一些有中国特色的小礼物甚至食品。正是得益于品牌本土化经营战略和中国制造优势，诺雅克已发展成为欧洲低压电器领域排名第一的亚太品牌，在欧洲拥有数百家战略合作伙伴和上万家用户。

正泰还参与了中国中东欧基金，重点围绕电力新能源、高新技术等领域进行开发拓展。在捷克,诺雅克也积极履行在当地的社会责任,并通过资助建设光伏电站,增加中捷交流。2017年,诺雅克为捷克最大的建筑材料制造和运营商DEK捐赠了价值10万欧元的光伏太阳能相关组件和价值1万欧元的光伏太阳能屋顶电站,帮助其在当地建设分布式太阳能电站,为保护地球和气候变化做出中国贡献。南存辉说:"公司成立之初,正泰属于南存辉;企业不断发展,南存辉属于正泰;再后来,正泰属于世界。"

## 7.3　在欧"温籍"新温商(第二代侨胞企业家)的典型代表和案例

从最初的改革开放,到20世纪80年代经济迅速发展,再到繁荣规范的市场经济,温商经历了三代变迁。最终,锻造出了新一代温商。第一代温商大多是农民,为摆脱贫困生活而背井离乡,大多文化程度低,从事低层次的劳动,如苦工、行商和小贩等,少数经营餐饮、批发等行业。新温商通常指第二代侨胞企业家,形成于20世纪80年代,崛起于20世纪90年代,强盛于20世纪90年代末和21世纪初。20世纪80年代,特区的开放改变了中国人的命运,第二代温商是第一批受惠者,他们以80后为主,受过良好的教育,父辈为他们提供了一定的财富积累。

### 7.3.1　在欧"温籍"新温商(第二代侨胞企业家)的特点

美国布鲁克家族企业学院的一项调查显示:约有70%的家族企业未能传到第二代,88%未能传到第三代,只有3%的家族企业在第四代及以后还在经营。四代之内高达97%的淘汰率。正如温州康奈集团副总裁郑莱莉(第一代创始人郑秀康之女)所说:"父亲的成功为我提供了一个很好的平台,我才会有机会在这个平台上挥洒我的聪明才智。他是企业的一代领导,我和我弟弟是第二代,我们的事业是在原来的基础上进行创造性劳动。不能光啃上一代的老本,还要自己努力,做出新的成绩来。""温籍"新温商(第二代侨胞企业家)在欧洲的发展情况如何呢?

新生代温商既传承了老一代温商艰苦创业、敢为天下先的温州精神,在创业中历练成长,与时俱进,不忘初心,也具有父辈们脚踏实地、艰苦奋斗、诚信至上的温商品格和海纳百川的智慧。温商第一代创业之初,大多是采用"家族经营"的方式。第二代温商能顺应时代变革,紧握时代赋予的新机遇,大力推进制度创新、科技创新、营销模式创新,以信息化、智能化加速传统产业迭代升级,以互联网创新思维赋能品牌战略转型,以全球化资源整合搭建共赢生态平台,助力中国智造走向世界。[16]

"世界500强企业,他们的今天可能就是我们的明天。我们一定要寻找差距,我们跟不上的,就把子女送出去学习。"很多第一代温商,正因为有了这样的理念,所以尽可能地为子女提供良好的平台,使温商二代不仅有良好的教育背景,而且大多是国外教育背景。因此,第二代温商普遍文化程度较高。他们具有"高智商、高情商、高财商"和"全球视角""互联网思维",也许他们只需要几年的时间,所创造的财富就会比前辈们努力一生创造的财富还要多。

他们手头的经济类期刊、书籍从不间断,且一些知名高校举办的进修班、金融班是他们隔三岔五要去报到的地方。他们积极学习文化和融入国外的社会生活,或独立创业,或接过老一辈的帅印继续谱写着传奇。除了继承老一代温商的传统生意外,很多人还进入了全新领域,主要从事行业有设计、法律、金融、能源、商业贸易、数理、电脑、建筑、太空、医学及政治、文化领域等。

## 7.3.2　"温籍"新温商(第二代侨胞企业家)在欧洲的代表组织

### 7.3.2.1　法华工商联合会青年委员会

法华工商联合会的青年委员会于2016年9月成立,迄今已有60多名年轻人加入,成为法华工商联合会的青年委员。法华工商联合会名誉会长、温籍侨领郭智敏之子郭显云,至2018年,担任法华工商联合会的青年委员会主任。郭显云表示,"华二代"有着"本土化""国际化"的优势,无论在商界还是政坛,年轻一代还有着"创新精神"。"华二代"应该发挥这种优势,成为中华文化的传承者和各行各业的新型创业者。要积极参加社团活动,展现"华二代"的优势,通过自己的努力,维护华侨华人的利益,提升华人的话语权和社会地位。

侨团年轻化建设是一项重大任务,法华工商联合会的青年委员会非常重视对年轻一代的引导,培养他们对中华文化的感情,加强他们同祖籍国的联系,继承中华民族优良传统,支持他们参政议政,维护旅法华侨华人的权益,为中法文化经济交流担当桥梁作用。[19]青年委员会希望充分利用新一代的优势,通过他们的努力,维护旅法华侨华人的共同利益,提升华人的社会地位和话语权,促使年轻人积极参与侨界活动,承担侨社义务,继承和发挥中法民间使者的作用。

法华工商联合会青年委员会的工作规划如下:组织华商新生代到中国考察和游学,拓展视野、提升修养、学习新知、积累人脉、发掘商机;组织商业聚会,邀商界精英、专业人士与"华二代"交流信息和经验,资源共享、合作共赢;法华工商联合会将用部分会费成立创业基金,为青年委员会成员创业提供无息贷款;在青年委员会内成立互助小组,同行业成员为一组,互相帮助,指导行业新人。青年委员会成员将积极面对华商事业转型和企业传承接班这两大挑战,将事业做大做强,更好地融入发展。

### 7.3.2.2 在意大利米兰由年轻侨胞组成的中意商联

中意商联于2012年在意大利米兰成立,是意大利温籍侨二代组成的青年企业家协会,主要成员涉及制造、服装、法律、金融、能源、商业贸易等行业。协会有会员100多名,成员都是移民的后代,协会主要成员是有良好教育背景的第二代侨胞企业家,以"80后"为主,旨在协助意大利当地华人和意大利社会沟通,维护华人群体的权益与形象。[18]中意商联在发挥自身侨二代优势,积极打造中意两国友好关系,维护侨胞合法权益,弘扬中华优秀文化,促进经贸合作交流方面,凸显出年轻一代敢作敢为的开拓精神。

中意商联自成立以来,在米兰总领事的指导帮助下,在社会各界的关心、支持下,经过全体理事会成员的共同努力,无论是在参与米兰侨界组织的各项重大活动方面,还是在参与米兰市政府开展的一些重要活动方面,都出色地代表中国侨胞参与其中,发挥自身优势,尤其在维护温籍侨胞权益,引导侨胞融入当地社会、协助意大利当地华人和意大利社会沟通,促进中意贸易交流,维护华人群体的权益与形象等方面做出了积极贡献,取得不俗的成绩,赢得了社会各界的好评。在一系列华社活动中,"温籍"新温商(第二代侨胞企业家)凸显出年轻一代敢作敢为的开拓精神,利用自身侨二代优势,发挥打造中意两国友好的桥梁和纽带作用。特别是2013年,中意商联在米兰侨界的支持下,推动米兰市政府撤销了针对华人聚集区歧视性交通限行法令;2017年底,与AMSA(米兰市卫生管理公司)合作,在华人聚集街道设立双语标牌,倡导华人维护社区卫生和秩序,把华人街打造成为米兰城中一道独具中国特色的风景线;2018年,在商会的不懈努力下,米兰市政府批准了意大利历史上第一个以华人名字命名的地点——何凤山小广场。

近年来,中意商联加强与国内的交流合作。2018年5月25日下午,中意商联会长宋胜仲率考察团一行在浙江省侨联访问,希望与省工商联在推动"一带一路"建设方面开展合作;5月27日下午,中意商联宋胜仲会长率考察团一行19人赴正泰集团参观访问;5月28日下午,中意商联会长宋胜仲率考察团一行赴瓯海考察交流;5月28日,中意商联会长宋胜仲、温州侨商会海外青年委员会主席夏光耀一行30余人赴永嘉考察,参观红蜻蜓集团。[18] 参观后,在侨乡贸易回归基地会议室召开座谈会。会上,中意商联和温州海外青年委员会举行缔结友好协会签字仪式。今后,两会将在信息沟通、经验交流、会员企业互访等方面进行深入合作。中意商联的此次回国"寻根·发现"之旅,一是为了更好地了解和传承中华传统文化。二是为了更加全面深入地了解祖籍国,加强理解和实践"一带一路"政策,展现新一代青年华侨的新作为。商联会员作为新侨,十分了解居住国的经济、法律等文化,可以为"一带一路"倡议的实施提供文化支持。

### 7.3.3 在欧"温籍"新温商(第二代侨胞企业家)的代表和典型案例

"青年一代有理想、有本领、有担当,国家就有前途,民族就有希望。"在党的十九大报告中,习近平总书记对广大青年提出了殷切希望。这同样也是对温州青年的鞭策。浙江省委常委、温州市委书记周江勇曾指出,中国特色社会主义进入新时代,温州要坚定扛起"探路者"的使命担当。对此,青年一代更应勇当"探路者"中的先锋。老一辈温商以他们独特的智慧和姿态屹立于中国乃至世界"商界"之林,创造无数传奇。新温商应该具有市场化意识、国际化视野以及信息化、网络化等知识条件,对家庭有责任感,对社会有担当精神,要懂得默默付出和无私奉献。在欧"温籍"新温商带着他们独特的商业理念和商业文化,冲击着欧洲市场。他们既仰望星空,也脚踏实地。

他们传承的不仅是商业基因,更是创业精神。[2]

### 7.3.3.1　叶臻臻——进军英国传媒业的温商二代

叶臻臻是英国普罗派乐卫视CEO。父亲是叶茂西,西京集团董事长,北京温州商会首任会长。作为第二代温商,叶臻臻已旅英创业生活10余年,一直在为大力促进中英文化交流,维护中英文化友好往来而努力。他希望通过在英国打造的电视平台上讲好中国故事,把博大精深的中国文化和思想传递给英国以及欧洲的观众,维护中国在国际主流媒体上的话语权。

普罗派乐卫视是由英国政府投资并启播于2005年的英国本土卫视。在2009年被西京集团全额收购后,英国普罗派乐电视有限公司成为西京集团名下的一个全资子公司。英国普罗派乐卫视是中国唯一进入欧美国家主流且拥有BBC同类电子节目指南的电视频道。卫视是立足欧洲、面向全球的高端全媒体平台,全天24小时播出高质量的中英文双语节目,在英国当地入户数超过1700多万,覆盖欧洲45个国家和地区,受众3000多万户。该电视频道通过传媒大亨默多克旗下天空平台SKY播出,用户可通过SKY-189频道免费收看,用户达1100多万。2018年,普罗派乐卫视共对外传播中国节目达8500多个小时,已成为中、英乃至中、欧之间重要的文化交流桥梁。普罗派乐卫视在保留原有节目特色的基础上,以"把世界连在一起"为宗旨,植入越来越多的中国元素,致力于向全欧洲乃至全世界传播丰富深厚的中国文化和日趋进步的中国经济,从而促进中外经济文化的发展与交流。

伦敦当地时间2016年9月22日,三胞集团旗下英国老牌百货House of Fraser(以下简称HoF)与英国普罗派乐卫视(Propeller TV)举行战略合作签约仪式(HoF与普罗派乐卫视有着共同的背景,都是一家被中国企业收购的英国本土企业)。[11]三胞集团高级副总裁岳雷高度评价这一合作的意义。他表示,当前中英关系发展正处于"黄金时代",中国企业到英国发展需要融入当地文化,同时英国企业来到中国也要适应和融入中国文化,普罗派乐卫视的受众遍布几十个国家和地区,也覆盖了500万中国家庭,既熟悉英国也了解中国,是中英文化交流的一条重要纽带。选择其成为战略合作伙伴,一定能够为双方的发展带来各自的资源和优势,实现合作的预期。普罗派乐卫视董事长叶臻臻说,普罗派乐卫视一直致力于做中英合作的使者,电视是文化交流的重要渠道,希望借助这个窗口,向全欧洲以及全世界传播博大精深的中国文化,并发挥经济桥梁作用,为中国企业打造一个走出去的平台。

### 7.3.3.2　4名"温商二代"在法国巴黎将传统餐饮品牌打造成"温二代"的俱乐部

"阿外楼"是温州著名的餐饮酒店品牌,在温州家喻户晓。新阿外楼大酒店(New Royal)由4名"温二代"(颜益隆、王锋、赵联盟、黄德林)联手打造,4位经营者都是年约30的青年才俊。在法国开办新阿外楼大酒店,寄托着旅法温商对故乡的牵念。[12]

新阿外楼大酒店位于在法国巴黎近郊93省欧拜赫维利耶华人批发商圈的CIFA,位置优越,交通方便,车位充裕,保安24小时监控,让就餐者行停便利,安全无忧。酒店于2014年末开始筹建,装修历时1年,融合法国公司和华人团队的设计理念,水晶吊灯雕镂中国元素,水墨壁画绘出古典风情,楼梯、回廊、地板、天台的简约华丽又尽显欧式风范,整体格调中西合璧,舒适优雅。2015年12月12日,新阿外楼大酒店举办开业庆典,欧拜赫维利耶副市长卡尔曼(Jean-Jacques Karman)、法国国际烹饪协会主席王加清、法国华人进出口商会第一副会长黄小杰以及商界侨界百余嘉宾前往道贺。位于欧拜赫维利耶圣戈班街5号的新阿外楼大酒店总面积达380平方米,共分两层,楼下大厅可容纳150人同时就餐,楼上设有4个豪华包厢,每个包厢的装潢各具特色,都布有10人桌及高级卡拉OK影音设备。酒店聘请的主厨和副厨都是温州人,推出的菜系主打温州特色菜,辅以广受欢迎的融和菜,并会依据食客的口味和不同要求提供创新菜式,在满足客人口腹之欢的基础上,实现餐饮业的新发展。酒店的主要目标客户群是温州人,尤其是温籍二代年轻人。

除了为在周边工作和生活的华人华商提供就餐好去处、为旅法温州人提供家乡好味道之外,他们更希望面向法国"温二代"推出一个年轻化的俱乐部,让大家拥有一处适合聚会和宴请需求的会所,在此平台上联谊沟通、互通有无、交流感情、发展事业。很多年轻人在法国出生和成长,对聚会和宴请的场所有着不同以往的追求,在自身的社交和创业方面也需要一个加强联系、交换信息的平台,新阿外楼大酒店打造的就是这样一个平台。酒店开业当天,著名侨领、法国国际烹饪协会主席王加清协同部分会员到场,为新阿外楼赠送锦旗表达鼓励和祝贺。"希望大家在异国他乡吃到家乡风味,希望打响'温二代'品牌。"颜益隆等4人对酒店的发展充满信心,而这也是身在海外的年轻人对祖籍国和家乡的一份感情和回馈。

### 7.3.3.3　5位"温二代"参与法国总统选举

2017年5月8日,法国总统大选第二轮结果出炉,39岁的埃马纽埃尔·马克龙以超过65%的支持率大幅领先,当选新一任法国总统。5位"温二代"为法国总统竞选立下汗马功劳![13]已经有越来越多在法国出生长大的华人,尤其是华二代开始重视政治对生活带来的影响。

这一次的大选中,在帮助马克龙这位法国历史上最年轻的总统入主爱丽舍宫的竞选团队中,有不少"温二代"在发力。法国华人华侨总会副会长、瑞安籍侨领胡宗源之子胡金瓯,是最早发动鼓励华二代参政议政的华人之一,2017年也是他自己第七次参与选举投票,同时他也是马克龙竞选团队中亚裔支持者的召集人之一。在马克龙的竞选团队中,负责召集亚裔支持者、策划华人主选和见面会活动等工作的,包括胡金瓯在内,还有林飞位、刘慧子、Johnny、Pascal等共5名"温二代",几乎都是法国土生土长的年轻温商,对法国当地国情与文化非常了解,其中最小的一位林飞位当时才22岁。他们希望带动更多华二代参政议政。

为了争取更多的华人选票,林飞位等人也为马克龙竞选团队组织了多场大的竞选活动,其中包括2017年4月20日晚7时在巴黎潮州会馆举行的针对安全和经济议题的华人见面会。这一见面会也被普遍认为给马克龙带来不少新的华人支持。他们参与竞选团队的组织工作,是为了积累更多的经验,让自己更加成熟,也为下一步的华二代参政议政提供一些有用的建议。胡金瓯说:"现在在法温州人更多的是做一些支持选举的工作,但是我相信,5年后、10年后会有更多年轻一代愿意投身政治,为华人发声争取更多权益,而且不仅仅是在法国,还有欧洲其他国家。"

"年轻一代大多在法国出生长大,他们比上一代更了解法国的政治生态,也愿意参与。加上近期在法华人面临不少困境,也让大家开始重视选举。"法国温州商会秘书长陆晓峰说，投票正是最直接也最有效的方法。同样负责此次马克龙竞选团队亚裔支持者召集工作的"温二代"刘慧子说，"年轻时候觉得政治离生活很远，但是为人父母后，考虑到下一代未来的教育、生活，开始意识到参政对于我们在外华人的重要性"。

### 7.3.3.4 周蔚宗——"温二代"荷兰创业记

周蔚宗的手机连锁店gsm-shop旗舰店位于荷兰海牙唐人街街口。周蔚宗在温州出生，他说得最流利的是荷兰语和英语，其次是温州话和广东话，他是荷兰最有影响力的青年华商之一。[14]gsm-shop鼎盛时以销量计算，在同行业中排第4位，而排在前三的都是本土大集团公司。他还创办了荷兰最大的中文报纸《中荷商报》，这也是唯一一份能从荷兰到中国的飞机上看到的中文报纸。他最新的大手笔，是在海牙核心地段买下了大片土地，要建一个亚洲商贸中心ABC。

周继承了中国最具"财商"的温州人基因，他和父辈一样，吃苦耐劳，敢想敢做，精于筹划。与父辈不同的是，他在欧洲商业氛围最浓厚的荷兰成长，接受商学院系统教育，熟悉西方商业规则，具有更大野心，能更开放主动地参与社区活动。他所代表的一代，已不满足于开餐馆或卖皮鞋等生意，而是将真正进入欧洲主流社会的"新温州人"。他的祖父曾经漂泊比利时，父亲于20世纪70年代末来到欧洲，后定居在荷兰海牙。[4]

周蔚宗自幼年起接受荷兰教育，1999年，他尚在海牙大学读商学院时就买了部手机。那时荷兰手机产业刚起步，网络供应商提供的服务非常糟糕，周蔚宗深感不满，决定去投诉卖给他手机的公司。为了投诉，他查阅了该公司大量资料，越查越着迷，后来干脆把投诉这件事给忘了。在荷兰，手机买卖与网络供应商绑定，只要和供应商签订一个话费消费协议，手机通常免费提供。"它和我签订合约后就能赚到200荷兰盾。"周蔚宗觉得自己可以做得更好，"我不要赚那么多，只要赚100荷兰盾就够了。"那时华人中还没有人做手机销售的生意，因为这个生意比较复杂，而华人更习惯于从餐饮、贸易等简单直接的交易中获利。销售手机需要与供应商合作，申请牌照，多数华人望而却步。对华人而言，许多人对手机怎么使用，选择哪种话费标准合算还不懂，更不用说从中赚钱了。

荷兰有Bel Company、The Phone house、T for Telecom等网络供应公司，周蔚宗邀请公司高层分别来到校园，向对方展示PPT，讲解自己的计划，希望能成为代理商。这在中国相当于和中国联通、中国移动、中国电信同时谈判，一个尚未毕业的学生缘何有这种能量？"荷兰人非常商业化，他们只看重在交易中彼此能提供什么。"阿姆斯特丹投资局中国处主管潘文山解释。而周蔚宗手中，恰恰有五大供应商需要的资源，那就是潜在的华人消费群。周蔚宗分析这个群体有三大特点：他们的手机话费都比较高；他们普遍喜欢最新款手机；他们消费信誉非常好，很多本地人欠了一堆电话费不付，但华人不会。"有这3个理由，正在抢客户的供应商会和我合作。"周蔚宗盘算，"他们到达不了这部分客户，而我可以，我有能力成为他们唯一的代理商。"将父辈的商业基因与西方商业规则完美结合，以周蔚宗为代表的"温二代"，已具备迈入西方主流社会的"入门券"。

### 7.3.3.5　欧洲温商二代转型跨境电商

在欧温商从传统贸易转型做跨境电商可以说是水到渠成的事。在欧洲多年的从商经历已经为温商构建了成熟的供应链、销售渠道和网络，当前欧洲经济走下坡路，消费市场急剧缩小；反之，中国对进口商品的需求量在增大，反而提供了转型的机会。[15]温商对国内外供求关系的了解，和对货源、供应链的掌握，都是国内电商平台所不具有的。刘若进、黄小杰搭建中法物流，并集展示、销售于一体；黄学铭、陆晓峰将手中的欧洲大牌引进国内电商；沈平开出欧洲直购实体店为线上平台增进体验与服务。欧洲温商二代在跨境电商领域取得了不俗的成绩。

**（1）欧洲华商理事会理事长、37VIP华人生意公司董事长刘若进**

当欧洲的消费市场日益萧条，传统贸易市场很难拓展时，欧洲华商理事会理事长、37VIP华人生意公司董事长刘若进正在打造自己的跨境电商平台。他在法国创立的麦斯柯汀（Miss Coquines）服装品牌在全法拥有60多家连锁店，于2009年正式开始线上销售后，每年可以吸引近80万客户。凭借欧洲零售及网络双重渠道和经验，刘若进在跨境电商开始了新尝试。他同时创办37VIP跨境电商网和打通中欧物流渠道的37速运，凭借这两大支点与70多家欧洲品牌建立了一级代理关系，更有200多家正在洽谈合作。

"像阿里、京东这些国内平台多数青睐知名欧洲品牌,37VIP着眼的则是全欧洲的中小型企业。"凭借在欧洲多年生活的经验,37VIP对真正"欧洲制造"的熟悉度是国内任何一家电商都不能比的。而随着中国消费者越来越追求精品、品质和个性,走产品差异化的路子对在欧温商来说更具优势。

### (2)法国进口商会副会长黄小杰的逆向贸易

法国进口商会副会长黄小杰过去一直将当地华商的产品包装后放上电商平台,如今他把从中国出口欧洲的传统贸易,改为将欧洲产品进口到中国。黄小杰与刘若进在法国和意大利设置了数十个37速递的投递点,在巴黎和米兰开设了旗舰店,将37VIP和37速运这两大平台以实体店的方式呈现,打造集物流、展示和销售于一体的O2O社区,在欧洲市场占据一席之地。

### (3)法华工商联合会名誉会长、温商黄学铭所代理的ELITE品牌

在由F2C e-solution承办的京东法国招商会上,在众多法国本土企业中,唯一一家成功进驻的华商企业,是由温商黄学铭所代理的ELITE品牌。黄学铭手中还握有法国时装品牌ELLE旗下手提包的欧洲代理权,若ELITE通过京东全球购平台的"跨境"尝试成功,那么他所创办的CARO品牌,以及旗下代理的众多欧洲时尚品牌,也将会以这样对接国内大平台的方式,走进更多国内消费者的视野。

### (4)法国温州商会秘书长陆晓峰涉足跨境电商领域

法国温州商会秘书长陆晓峰所收购的法国百年品牌的Pourchet(宝榭)在唯品会上的销售已经远超预期。法国温商洪晓波回国与同为温州人的沈亚共同创办了唯品会,成就了电商传奇。这一渊源也让陆晓峰在考虑涉足跨境电商时,在众多平台中选择了唯品会。2005年,在法国和意大利做了16年皮具生意的瑞安人陆晓峰,斥巨资收购已历经四代家族Pourchet,这一从1951年就进驻巴黎最顶级商场老佛爷(Lafayette)的法国传统老品牌。2011年,Pourchet在巴黎孚日广场开出全新的品牌形象店,并在广州设置了中国区总部。跨境购物无疑是未来趋势,而目前国内相对成熟的电商平台已经不少,因此陆晓峰暂时的重心还是放在产品本身。

### (5)"我们家海外购"创始人沈平

"我们家海外购"创始人沈平,已着手在跨境电商领域尝试自己的新方向。在意大利已经开了12年超市的沈平认为,无印良品、优衣库甚至名创优

品,这些快消品实体店的扩张速度,都说明了线下店铺仍然有强大的生命力,关键是找对商业模式。2015年底,沈平创办的跨境购物平台"我们家海外购"在上海开出第三家旗舰店,店内提供销售、体验、售后等一系列服务。线上线下同步发展,是沈平在大半年的跨境"尝试"后为自己重新找的一条路,"希望线下体验店不仅能替线上引流客户,更能让消费者愿意到店购物消费。"沈平表示,线上线下是相互依存和促进的作用,而跨境电商的市场很大,只要证明线下体验店的模式可行,借助遍布全国的温商力量,规模化的复制就不是问题。

在欧温商成为对接阿里、京东等国内大的电商平台的桥梁。"如果没有在欧温商和华商,我想国内跨境电商平台也不容易成功。"京东法国招商总代理F2C e-solution创始人刘远说,在法的招商会原先是瞄准了法国本土商家,但接触过程中却发现,不少因国情和文化差异,国内团队和国外商家往往会有谈判困难,反而是一批活跃的在法温商给他们带来了不少惊喜。"无论是在法国还是欧洲其他国家,当地的华商是最了解文化和市场的,同时又能知道中国人的需求,这其中又以温商群体眼光最为长远。"刘远表示,包括阿里、京东等国内大的电商平台,如果想在跨境领域有所突破,找到当地温商合作会更得心应手,不会与当地的商业文化和好产品脱节。

温商精神是温州的金字招牌。无论是温商一代还是二代,在欧洲这片土地上都创造过奇迹,彰显了"灵活而诚信、冒险而务实、创新而低调,既聪明肯吃苦,又敢为人先"的温商精神。第一代温商的创业精神更多地体现在吃苦耐劳、敢为人先以及家国情怀上。第二代温商大多年轻、有知识、有远见,而且极富有创造力和行动力,他们具有比前辈更与潮流接近的事业和知识储备,他们大都怀揣着理想,有着重组商业格局的前沿理念;他们着眼全球,善于整合全球先进资源,同时具有温商代代薪火相传的斗志和精神。

有学者认为第三代温商,即3.0版的温商已经成长起来了(温商三代论以创业时间和创业环境为划分依据。第一代温商是指在中共十一届三中全会前后创业的温商,一般出生在1958年之前;第二代温商是指20世纪80年代中期至中共十四大之间接班或创业的温商,一般出生在1959—1970年;第三代温商指中共十四大之后接班或创业的温商,一般出生在1971—1990年)。[8]第三代温商深受互联网熏陶并受到良好教育,几乎都有海外留学背景,他们拥有第一代温商所没有的商业环境,同时又不需要像第二代温商那样白手起家。与第二代新温商相比,"知识化、年轻化、专业化、国际化和科技化"是他们的典型特点,他们被称为"科技的一代"。他们不再是简单传统的创业者,他们是思想者,他们将传统产业嫁接互联网思维,适应新时代的发展要求,带领行业进步,在促进企业创新升级中的作用日益凸显。第三代温商擅长学习、创新和资源整合。他们有全球视野、全球性企业家的素养与国际交往能力。他们不断改变、不断反思、不断突破,抓住潮流,做别人所不做,创别人所不能。他们以创新模式快速增值,以几何的速度创下了天文数字的财富。他们创造流行,创业领域多在网络与软件业,具有企业家精神、风险投资、纳斯达克上市和现代法人治理成为他们传奇故事的精彩章节。第三代在欧温商中一定会成长起更多有远见、具有创新精神的企业家。我们在后续的研究中,将继续关注第三代温商在欧洲的典型代表和创业案例。

## 参考文献

[1]张仁寿,杨轶清. 浙商:成长背景、群体特征及其未来走向[J]. 商业经济与管理,2006(6):3-7.

[2]张一力. 海外温州商人创业模式研究:基于32个样本的观察[J]. 华侨华人历史研究,2010(3):13-20.

[3]王春光. 温州人在巴黎:一种独特的社会融入模式[J]. 中国社会科学,1999(6):109-116.

[4]王春光. 华侨华人社团的"拟村落化"现象:荷兰华侨华人社团案例调查和研究[J]. 华侨华人历史研究,2010(3):1-12.

[5]伍慧萍,郑朗. 欧洲各国移民融入政策之比较[J]. 上海商学院学报,2011(1):38-43.

[6]刘正刚. 粤商好儒[M]. 广州:中山大学出版社,2016.

[7]吴思,朱斯佳. 第一商帮:可怕的浙商[M]. 北京:现代出版社,2015.

[8]吴晓波,杜建. 浙商全球化:网络与创新[M]. 杭州:浙江大学出版社,2011.

[9]周琳子,吴蕙芳,董利. 乘"一带一路"东风温商再发力[N]. 浙江日报, 2017-05-13.

[10]胡孙敏. 徐伟春——温籍侨界的热血"冷锋"[N]. 温州都市报,2017-08-13.

[11]House of Fraser 与英国普罗派乐卫视正式达成战略合作[N]. 中华网,环球网,2016-09-23.

[12]"温商二代"打造新阿外楼大酒店落户巴黎[N].中国新闻网,2015-12-16.

[13]刘海丹. 法国新总统出炉,这五位温(州)二代立下汗马功劳![N]. 温州商报,2017-05-10.

[14]何伊凡."温二代"荷兰创业记[J].中国企业家,2011-06-04.

[15]俞健. 欧洲温商纷纷转型跨境电商[N]. 温州财经网,温州商报.2016-01-04.

[16]子航. 新浙商[M]. 北京:时事出版社,2017.

[17]温州市外侨办. 中意商联2018"寻根一发现"考察团走进乐清正泰 [N]. 温州市人民政府外侨事务办公室网站,2018-05-29.

[18]陈佳妮. 中意商联访问团来浙江省侨联访问[N]. 浙江侨联公众号,2018-05-29.

[19]中国侨网. 法华工商联合会庆中秋"华二代"登场唱"主角"[N]. 广东侨网,2016-09-06.

<br/>

——— 第8章 ———
# "一带一路"与温商欧洲国际化启示

温商作为浙商的主体,是改革开放初期的第一代商人,在建立海外销售渠道和海外商业网络方面积极主动,因具有独特的商业基因被喻为"东方的犹太人"。温商历代传承,不断在新时期创造新的辉煌。

"一带一路"建设是一项系统工程。"一带",指的是"丝绸之路经济带",是在陆地。它有3个走向,从中国出发,一是经中亚、俄罗斯到达欧洲;二是经中亚、西亚至波斯湾、地中海;三是从中国到东南亚、南亚、印度洋。"一路",指的是"21世纪海上丝绸之路",重点方向是两条,一是从中国沿海港口过南海到印度洋,延伸至欧洲;二是从中国沿海港口过南海到南太平洋。[6]推进"丝绸之路经济带"和"21世纪海上丝绸之路"(即"一带一路")建设,是党和国家根据全球形势变化,统筹国际国内两个大局而做出的重大战略决策。共建"一带一路"旨在促进经济要素有序自由流动、资源高效配置和市场深度融合,推动沿线各国实现经济政策协调,普惠的区域经济合作架构。推进"一带一路"建设,既是中国扩大和深化对外开放的需要,也是加强亚欧非及世界各国合作互利的需要。[8]

"一带一路"贯穿亚欧非大陆,一头是活跃的东亚经济圈,一头是发达的欧洲经济圈,中间广大腹地国家经济发展潜力巨大。据统计,"一带一路"沿线国家共涉及71个国家。其中,亚洲国家41个,欧洲国家20个,原独联体国家7个,非洲国家3个。

丝绸之路经济带重点畅通中国经中亚、俄罗斯至欧洲;21世纪海上丝绸之路重点方向是从中国沿海港口过南海到印度洋,延伸至欧洲。可见,欧洲在"一带一路"建设中的重要地位。[2]温州是全国重点侨乡之一,侨力资源十分丰富,法国、西班牙、意大利、加拿大、苏里南、立陶宛、澳大利亚……从北半球到南半球,从欧洲到非洲,都有温商的足迹。而海外温商以旅居欧洲为多,截至2016年底,中国企业在欧洲43个国家和地区设立了境外机构,覆盖率达87.8%,仅次于亚洲。在欧洲设立的境外企业4100多家,占境外企业总数的11.3%,主要分布在俄罗斯、德国、英国、荷兰、法国、意大利等国家。[3]

## 8.1 温商参与"一带一路"建设的基本情况

温州是重点侨乡。改革开放之前,海外温州人只有5万余人。改革开放后,温商通过多种途径远赴海外并在当地取得永久居留权或拥有住在国国籍。据统计,截至2018年,温州有华侨华人、港澳同胞68.8万人,分布在131个国家和地区,在海外有规模、有活力、有影响的温籍侨团有304个。[7]在"一带一路"沿线国家中,据估算,截至2017年,温籍侨胞约37.7万人,占温州市海外温籍侨胞总数的一半多。[14]这其中在24个国家共成立了135个温籍侨团,分布在意大利、德国、荷兰、俄罗斯、希腊、柬埔寨、马来西亚、阿联酋、新加坡、土耳其、越南、匈牙利、罗马尼亚、塞尔维亚、捷克、波兰、乌克兰、坦桑尼亚等国。温州籍华侨华人在海外呈现"全球分布,地区积聚"的空间分布特点,以欧美为主,欧洲、美国的华侨华人占80%左右。

### 8.1.1 区位优势

温州是历史上海上丝绸之路重要一站,是东南沿海重要交通枢纽,是我国对外开放重要城市,区位独特,特色明显,在建设"21世纪海上丝绸之路"中具有重要地位。据史料记载,唐代时期温州港已成为中国对外贸易重要港口之一,南宋时期温州设立市舶司,实行对外开放,1685年清朝设立温州海关分口,温州港正式对外开放。1876年,《中英烟台条约》增辟温州为通商口岸。次年4月,英国领事进驻温州。1894年领事馆设立,此后温州同外界联系交往更加紧密。温州市海岸线总长1031千米,规划港口岸线189.3千米,温州港是国家综合运输体系的重要枢纽,是全国25个沿海主要港口和集装箱支线港之一。温州借助浙江向东直面"海上丝路",向西通达"陆上丝路"的区位优势,建起一个个"引进来"和"走出去"的新平台。

## 8.1.2 贸易情况

温州与发达国家交流合作,着力改善对外开放条件,坚持进口贸易、转口贸易、出口贸易一起上,促进"走出去"和"引进来"互动,以积极扩大对外开放赢得区域发展竞争的主动权,不断提升温州国际化水平。从国别看,主要出口印度、阿联酋、波兰、土耳其、伊朗、泰国、越南、巴基斯坦、马来西亚、沙特阿拉伯、埃及等国家。主要进口国为印度尼西亚、菲律宾、哈萨克斯坦、沙特阿拉伯、卡塔尔、泰国、俄罗斯等国家。从行业看,出口主要涉及鞋类、电气、纺织品、服装、汽摩配、阀门、钢材、旅行箱包、眼镜等产品;进口主要涉及铁合金、液化石油气及其他烃类气、矿产品、合成橡胶(包括乳胶)、初级形状的塑料、牛皮革及马皮革等产品。

2016年温州全市累计进出口1228.89亿元,同比增长0.3%。其中对"一带一路"沿线国家进出口407.02亿元,同比增长3.7%,增速超过全市3.4个百分点,占全市进出口额的比例为33.1%。对"一带一路"沿线国家出口为371.1亿元,同比增长1.1%,超过全市出口增速(不含浙江一达通)1.2个百分点,占比为35%。进口35.92亿元,同比增长41.6%,占比27.1%。[5]2018年1—4月,温州市对"一带一路"沿线国家出口115亿元,同比增长11.6%;进口17亿元,同比增长76.9%。温州对"一带一路"沿线国家出口增长迅速,7大类传统制造产品出口破500亿元。2017年温州市出口7大类传统劳动密集型产品共计500.12亿元,比2016年同期增长5.78%,占同期温州市外贸出口总值的43.19%。2017年一年,温州市鞋类出口值为267.75亿元,增长5.53%,占全年全市传统劳动密集型产品出口总值的53.54%。同期,温州市7大类传统劳动密集型产品中除家具外,其余产品出口同比均保持正增长,其中箱包、玩具出口增幅高于同期温州市出口平均增幅,实现两位数增长,出口值分别为40.34亿元和4.74亿元。根据从温州海关获悉的情况,2018年上半年,浙江温州海关签发出口国为"一带一路"国家的各类原产地证书共计24288份,签证金额8.3亿美元,同比分别上涨13.83%和35.66%,其中自贸区优惠原产地证书15379份,签证金额5.2亿美元,同比分别上涨24.75%和63.58%,产品涵盖鞋类、低压电气、汽摩配、阀门、箱包等,可为企业带来进口国关税减免超4000万美元。[12]

### 8.1.3　经贸合作区情况

温商在"一带一路"沿线区域,建成了俄罗斯乌苏里斯克境外经贸合作区、越南龙江工业园区、乌兹别克斯坦鹏盛工业园等3个国家级境外经贸合作区和1个省级境外经贸合作区,成为全国拥有国家级境外园区最多的地级市。据初步统计,至2018年底,温商在海外拥有18个境外商品专业市场,4个国家级、省级境外经贸合作区(工业园),列浙江省各地市首位。4个境外经贸合作区总建设面积近10平方千米,入驻中国企业228家,年产值约22亿美元,带动出口8.8亿美元,为推进传统优势产业发展搭建了国际产能合作平台。

2006年,温州制鞋企业康奈集团和东宁吉信集团共同投资20亿元人民币,建设并运营俄罗斯乌苏里斯克经济贸易合作区。俄罗斯乌苏里斯克境外经贸合作区于2006年8月设立,位于俄罗斯远东乌苏里斯克,规划面积2.28平方千米,园区建设已投入资金2.07亿美元,入驻企业26家(温州16家),引进企业投资额2.2亿美元,2013年销售额9亿美元,带动出口2亿美元,稳居俄罗斯远东地区首位。越南龙江工业园区于2007年设立,位于越南前江省,规划面积6平方千米,园区建设已投入资金近4000万美元,入驻企业20家(温州3家),引进企业投资额1亿美元。越南龙江工业园区作为先进典型案例,被写入了国家主席习近平访问越南时发表的《中越联合声明》。乌兹别克斯坦鹏盛工业园于2009年设立,位于乌兹别克斯坦锡尔河州,规划面积0.37平方千米,园区建设投入资金4156万美元,入驻企业7家

(温州3家),涉及瓷砖生产、皮革制造、水龙头阀门生产、宠物食品生产等行业,为当地政府创造了1000个就业岗位,园区税收已占锡尔河州税收的五分之一,鹏盛工业园成为乌兹别克斯坦工业的一面旗帜。企业借助近距离优势,产品在占据东道国市场的基础上向中亚各国辐射。俄罗斯远东经贸合作区,主要由温籍侨胞、俄罗斯远东温州商会会长蔡建林经营管理。园区目前发展状况良好,而且潜力巨大。温商正在印度积极创建"印度浙商工业园""印度温州轻工产业园"等。

习近平主席曾给予温商充分肯定,他对越南和乌兹别克斯坦进行国事访问时,分别对温州两个经贸合作区建设给予高度评价,并希望温州加快"走出去"步伐,不但成为"本土的温州""全国的温州",更要发展成为"世界的温州"。

### 8.1.4 境外投资情况

近年来,温商加大了在境外投资的力度,从原材料开采延伸到商贸物流等领域,并由早年的"投资数量多、规模小",发展到"投资规模大、品牌企业参与多"的格局。"一带一路"背景下,"温州制造"疾步直销海外,温州工厂纷纷落地海外。温州中小企业促进会数据显示,至2018年底,温州人在喀麦隆、俄罗斯、荷兰、芬兰等众多国家已经有15个境外"中国商品城",有400多家温州民营企业进场经营。由温籍侨胞投资开设的波兰华沙中国城是全欧洲最大的商城,分为服装区、鞋帽区、首饰区、箱包区、小商品等专业区域,配备有银行、国家邮局、酒店、海关、仓储、物流、律师事务所、会计师事务所、翻译中心等。

截至2017年5月,温州市在境外新设营销网络17个、境外生产基地17个,总投资额近10亿美元,在"一带一路"建立了7个海外仓,形成较为完善的产品展销中心、仓储物流服务和OTO跨境批发电商平台,新上了67个项目,如青山控股集团2015年在印尼投资7.7亿美元,建立100万吨镍铁冶炼和不锈钢生产线,陆续增资后投资规模将达18亿美元。塞尔维亚贝尔麦克物流商贸园是由商品贸易展示、电商平台和保税物流构成的商贸物流合作区,位于巴尔干地区最大的中心城市塞尔维亚首都贝尔格莱德,于2014年设立。项目一期占地面积55000平方米,建筑面积36981平方米,入驻商户

116家,年贸易额近3亿美元。

### 8.1.5　友好城市发展情况

自1984年与日本石卷市缔结第一个友好城市以来,温州国际友好城市建设稳步发展。至2018年底,已"联姻"的30个友好城市或友好交流关系城市,亚洲6个、欧洲15个、大洋洲1个、北美4个、南美1个、非洲3个,包括韩国仁川广域市中区、美国尤宁郡、澳大利亚伊普斯维奇、意大利普拉托等,友好城市中欧洲占了一半。在保持现有友好城市交流互访的同时,温州积极开拓新的友好交往渠道,如与保加利亚驻华旅游投资促进局签署合作意向,拟与该国现任总统故乡的布拉戈耶夫格勒市建立友城关系,并与美国纽约布鲁克林区、旧金山市、毛里求斯路易港市、希腊第二大城市塞萨洛尼基、加拿大汉密尔顿市、法国巴黎第20区等进行联系,寻求新的城市结好。

作为沿海开放城市之一,温州还与"一带一路"沿线国家的省、城市加强政府间的交流,并与意大利那不勒斯市、意大利普拉托省、德国吉森市、俄罗斯圣彼得堡市、马来西亚霹雳州怡宝市、荷兰海牙市等6座城市正式缔结了友好关系。结好以来,温州与上述城市在政府间经贸、教育、文化、卫生等领域积极开展交流与合作,友好交流取得丰硕成果。

## 8.2　温商在欧洲的发展情况

欧洲,是温商海外发迹最早的地区之一。宋至晚清,就有零星的温州人走向域外。早期的温州海外移民基本上是孤立行为。有不少温州民众被招到欧洲战场担任后勤任务,他们把赚钱作为出国的唯一目的。1929—1939年的温州第二波出国潮中,温州人的出洋地转向欧洲,产生了旅居欧洲的温州海外移民家族的第一代。至20世纪80年代,大批温州人背起行囊西行淘金。1984—1994年的10年是温州人出国的鼎盛时期。[17]如今,具备家族条件的温商以旅居欧美者居多,并从原来的欧美逐步扩展到东欧和独联体国家,形成了"温州人足迹遍天下"的态势。

### 8.2.1 温商在欧洲的人口、年龄、性别和地域结构

从全球分布情况看,海外温籍侨胞分布在六大洲,集中在欧美,呈现出"全球分布,地区集聚"的空间分布特点。其中,欧洲约占80%,北美约占10%,亚洲、南美洲、非洲和大洋洲的人数比重较小。"温州人走世界"栏目采访了101位温商,除旅居北美的10位外,其余均集居欧洲,特别是法国、意大利、荷兰、西班牙和奥地利等国。据胡太玉先生2002年出版的《温州商人》一书中说:"仅以巴黎而言,在20世纪80年代前,只有2000—3000名温州侨民,但现在,已取得居住权的合法侨民就有10万人之多,还有几万名打黑工者。"另据王春光教授2000年出版的《巴黎的温州人》一书中统计,"汇总法国内政部、巴黎警察署、巴黎第10区和第3区政府、温州人协会等的估计,以及实地观察,我估计巴黎有13万左右温州人。"据中国驻佛罗伦萨领事馆透露,在佛华人约1万,绝大部分为温州人。由于部分是黑工,不在统计范畴,实际人数可能超万。据《温州商人》一书中说:"目前在意大利,温州籍的华侨华商约7万人,他们大都是近20年通过家庭团聚或偷渡到这里的。"另外,还有一些温州人分布在欧洲的西班牙、葡萄牙,美洲的美国、巴西等国家。

从出国时间看,温籍侨胞主要以新侨为主,1949年之前出国的统计只有几千人,部分原因是早期出国人员叶落归根回国,或者出国年代久远、国内已无法联系等原因造成无法统计。而1978年后出国的新移民已经成为温州市海外侨胞的主要群体。特别是2000年以后,海外温籍侨胞人员数量大幅度上升,占各时间段出国人数总量的50%多。在温州的海外移民史上,永嘉人移居海外的历史最为悠久。

从性别分布来看,前往"一带一路"国家经商游学的温州人以男性为主,占比接近70%;从年龄结构来看,主要集中在30—49岁的精壮劳动力人口,占比高达63%。在李明欢教授调查的文成县一个村庄里,"该村留在国内的人口大约是700人,而在欧洲的人口也有700人,其中85%以上是20世纪80年代后通过种种途径出去的"。[16]1999年王春光教授到七都镇调查,"发现全镇6个行政村17个自然村,几乎见不到青壮年,只见一些孩子在嬉笑,一些老人在聊天,许多房子空荡荡,不见人踪。问老人为什么见不到青壮

年,他们回答说:'都出国赚钱去了。'据该镇政府统计,1998年全镇3100户,11000人,有8189人旅居法国、意大利、中国香港等24个国家和地区"。2012年10月21日,在现已划归鹿城区的七都街道侨联提供的资料上看到,海外的七都人已达15180人,分布在28个国家和地区。而该街道的常住人口只有9232人,"自1994年以来,七都岛上的人口就一直呈递减趋势。这里90%以上的家庭都有直系亲属在国外"。在出国人员较多的其他地方,如永嘉县的桥头镇和乌牛镇,瑞安市的丽岙镇和塘下镇,文成县玉壶镇以及温州市区,还有原属温州的青田县阜山、油竹和山口等乡镇,也都存在这种人去楼空,村里只剩下老人孩子的情况。

从户籍分布来看,比例最高的为瑞安人,达到21.9%,其次为苍南、鹿城、乐清人,占比均超过10%,泰顺、洞头人较少。如图8-2所示。丽岙作为全国知名侨乡和浙江省最美侨乡,有32076名华侨在世界27个国家和地区发展创业。[1]

### 8.2.2　温商在欧洲的投资情况

温商通过境外营销网络向海外寻找投资建厂发展的时机,从而实现产业链的海外布局延伸,提升产品在"一带一路"沿线国家的竞争力。英国本土卫星电视台被温商收购;4位温州商人联手入股皮尔·卡丹在中国的业务;13名温商组团前往欧洲洽购50个知名意大利品牌;在法国,温商们在中法服装实业商会的带领下,集体出击,将原先由犹太人占据的著名童装大街圣·马尔丹大街,演变成了"温州街";在意大利普拉托省,温州话几乎"通行无阻";在波兰,以温州人之名打造的华沙中国商城,成了欧洲最大的商城……

温州康奈集团联合黑龙江东宁吉信集团共建了乌苏里斯克经济贸易合作区;温州正泰集团在西班牙加利西亚投资1.2亿欧元,建设一座欧洲最大的太阳能发电厂。2009年7月9日,俄罗斯最大的电网公司——俄罗斯电网股份公司将进行电网改造,整个工程将持续10年,涉及金额高达近千亿美元,正泰集团击败欧洲名企,拿到了俄罗斯两个110kv和两个350kv共4个变电站改造工程项目,所需约3500万元的电力设备。

### 8.2.3 温商在欧洲的社团发展情况

据2014年侨情普查,温州市有华侨华人、港澳同胞68.8万人,占浙江省三分之一多,另有归侨侨眷34.4万人,在海外规模大、有活力、有影响的温籍侨团有304个。由温籍侨胞担任社团主要负责人、会员主要是温州人或冠以温州名、与家乡联系密切的海外华侨华人社团(简称"温籍侨团")共有350个,分布在58个国家和地区。温籍侨团最多的国家是意大利和法国。

法国华侨华人会、旅荷华侨总会、意大利米兰华侨华人工商会都是成立于中华人民共和国成立之前的海外社团,它们是温州人在欧洲发展历史图标中被凝固的一抹浓重色彩。在米兰设立全省首个海外公证联络点,通过为侨办事"代替跑"、海外公证"线上跑"、司法调解"平台跑",全面提升为侨办事效率,解决海外华侨办事往返跑、成本高等问题。旅荷温商王寿松为了成立欧洲温州华人华侨联合会,不惜放下生意,用两年时间自费100多万元人民币,跑遍欧洲21个国家;为了团结各个侨团,实现用一个声音与侨居国对话。旅欧的林德华、胡志光和梅旭华等多个家族的侨领,历时数年,奔波于全欧,协调华社、争取欧盟,最终成功组建欧洲最大、全球唯一的一个跨国洲际华人社团组织——欧洲华侨华人社团联合会。2008年"10·18"特大凶杀案发生后,西班牙温州同乡会负责人吴镇忠和刘亚平召集当地华侨华人社团,成立"保障生存权"集会委员会,通过合法途径向政府和社会发出华人正义呼声。2010年6月,在陈胜武等人担任会长的5个温籍侨团的组织领导下,3万华侨华人开展上街游行反对暴力,成为法国和欧美华侨史上规模最大的一次维权大游行。旅匈温商张曼新则是一位高举"反独促统"旗帜,令民族敬仰和百姓歌颂的民族斗士。1999年他发起创立海外第一个中国和平统一促进会——欧洲中国和平统一促进会,次年8月又以个人声望和力量在柏林召开"全球华侨华人推进中国和平统一大会",打响了全球华侨华人反独促统第一枪。他还放弃自己的实业,专职担任欧洲中国和平统一促进会主席,并在北京设立办事处,费用全部由个人支付,成为全球唯一的一个专职反独促统斗士。

温州的仙岩派出所专门成立警侨工作室,在巴黎、米兰、罗马、佛罗伦萨设立了4个联络点,专业对口受理各类办件诉求,把涉侨司法服务阵地从国内延伸到海外。丽岙派出所建立"警侨之家",先后在巴黎、米兰、普拉托、罗马设立海外联络点,联合区法院在侨联和杨宅村设立"侨乡法驿""侨村法驿",推进警务服务进侨联。

### 8.2.4 温商在欧洲的社会地位

在欧温商以前大多是在欧洲某个城市的一个区域内,从事最累、报酬最低的工作,但现在是"花开四处,其香各异"。温商群体的身份,在近30年间,悄然地发生了变化。温商的形象也从只会赚钱的中国"犹太人",开始变得越来越多元化。以巴黎的温州人为例,起初,他们开办的商店、餐馆、皮革加工厂一般是集中在巴黎第3区这个范围内。但随着越来越多的温州人加入法国社会,巴黎第3区的温州商业街已经无法容纳更多的温州人进行经济活动。20世纪90年代开始,温州人把经济活动区域向巴黎的东北角延伸,在巴黎的美丽城大街开辟了新的经济活动区。

温商的地位比起以前提高了很多。最初的外来移民,逐渐在商贸、专业领域乃至政界崭露头角,以精英身份融入当地主流社会,代表华人发声。在欧洲,温商已经以全新的方式融入异国他乡。[18]以巴黎为例,温商聚居区第13区走入爱丽舍宫,逐步走进法国商界高层。以意大利为例,从普托拉,到米兰、罗马、那不勒斯,均活跃着温商的身影。温商积极融入欧洲主流社会,通过参政议政来提升形象,利用自身资源搭建民间外交平台,在中外交流和扩大中国国际影响力方面扮演了极其重要的角色。1997年的意大利市议员选举,意大利温籍侨领季志海成功地当选为意大利弗利市的外籍议员,首开欧洲先例。从2010年开始,萨科奇连续三年春节邀请巴黎各侨团侨领到爱丽舍宫庆祝,而巴黎华侨华人社团举行换届活动,都会有部长级别的官员主动出席。[18]

## 8.3 温商在欧洲生存和投资的特点

"一带一路"市场资本布局存在两种基本模式:一是重大工程项目的输出;二是开发满足当地消费者需求的产品。在欧温商充分利用海外温州人的网络,创立专业市场。他们相继在俄罗斯、乌克兰、德国、英国、西班牙和荷兰等国创办专业市场,带动了温州产品的出口。

### 8.3.1 家庭团聚和亲友间的互相引带是温商移民欧洲的主要方式

胡太玉先生的《温州商人》一书中说:"'家庭团聚'向来为温州人移居他国的主要方式,当某个温州人在异国立足,加入了该国国籍之后,他总是千方百计让国内的妻子儿女前来团聚,并且视入籍国的具体情况,让更多的亲戚前来,哪怕采用'偷渡'的方式。"20世纪初,一个12岁的温州少年随父亲撑船运货到上海,偷偷爬上外国大轮船去玩,因而被载到法国马赛,流浪街头。后来被一个好心的法国人收养,带到巴黎接受教育,成为著名的古董商。以后,他把国内的兄弟姐妹和一些亲戚都带到了法国。叶清元是1917年应募去法国参加"一战"的14万赴欧华工成员之一,战后他留在巴黎,和堂兄弟合开一家餐馆。1920年,他回家乡结婚,并先后把妻子、两个哥哥和一个弟弟也带到巴黎。陈学普有个姐夫在法国,1936年,他在姐夫的帮助下前往法国。

早期温州人的出国,靠的是亲友间的互相引带,现在的情况也是如此。温州人大批迁徙巴黎是从20世纪80年代开始的。温州乐清人叶兴秋的舅舅在法国,1980年,他以探亲的名义到达巴黎,第二年就遇上密特朗总统颁发大赦令,获得长期居留身份。以后,他就帮弟弟、妹妹也移民到法国。张成的父亲是20世纪30年代前往法国的老华侨。1979年他在父亲的帮助下,以探亲的名义前往巴黎。后来,他把自家侄儿、外甥,他妻子娘家的兄弟姐妹,还有他好朋友的孩子都先后引带出去。他帮每个好朋友带一个孩子出去,大多是女孩,因为女孩比较好找工作。据他说,经他带到法国的不下100人。而他妻子娘家的兄弟姐妹,也都把各自的许多亲友引带出去。据他估计,与他父亲直接或间接有关而到法国的不下三四百人。而另一个叫葛林飞的温州人,也有200多名同家族的人在巴黎,这些人都是他叔叔和他带出去的。张家和葛家也成为温州人在法国的两个最大家族。其他在法国的温州人,也各自都有数量不等的亲友。

### 8.3.2 改革开放之后是温商移民的高峰期

出国,对近代温州农村的许多人来说,实为生活所迫而寻找的一条求生之路。但即便如此,至中华人民共和国成立,温州海外移民总量也不过3万左右,真正规模化、群体性、连锁型的海外移民现象,产生在改革开放以后。1984年温州被确立为首批沿海开放城市,温州地区再度掀起出国热潮,11个县(市、区)都有人走出国门,文成、瑞安和瓯海成为重点侨乡。

### 8.3.3 在欧第一代温商多从"三无""五低"起步

在欧洲发展的第一代温商多是草根出身,他们从"三无""五低"起步,"三无"指"无资金、无技术、无市场","五低"指"起点低、知名度低、文化程度低、企业组织形式低、产业层次低"。很多温商来欧洲之前是没有工作和从商经历的,即使有工作也与后面从事的行业无关。他们到欧洲后,语言不通,也无工作技能,开始在亲戚或朋友的工厂里打工,从诸如装拉链、剪线头等简单的手工劳动开始,慢慢学会踩缝纫机等技能;然后开始涉足相关行业自己开创企业,通过努力在欧洲开拓出一片属于自己的天地。

### 8.3.4 投资项目从传统经济、基础设施建设拓展到新经济领域

温州被称为"中国电器之都""中国鞋都""中国皮都"。一代温商在海外发展的起家行业基本都是纺织、服装、鞋、皮革和工艺品、玩具、箱包、眼镜,以及日用品等专业化程度不高的行业。从行业分布状况看,从事制造业、住宿和餐饮业以及批发和零售业的占了绝大多数。餐饮、服装、皮革是三大传统产业。20世纪80年代开始,温商通过各种渠道甚至全球大部分一线皮包品牌市场进行生产。佛罗伦萨Cattani区集聚着100多家温州移民,经过多年打拼,他们已成为当地制包产业集群的主力军。据佛罗伦萨当地华人协会透露,温州人所经营的中小型制包企业超过1000家。[23]

温商通过跨国并购、股权置换、境外上市、联合重组、品牌合作等方式，在"一带一路"开展价值链整合、营销网拓展；有效利用现有的工业园区和物流园区，实现生产链向销售前端转移。温州的服装贸易代表相继在世界的时尚之都——意大利罗马和马尔凯大区设立办事处。俄罗斯的康吉工业园、乌兹别克斯坦的鹏盛工业园，以温州人为法人（投资人）的海外工业园区相继建成。已有正泰、飞雕等一批电器、光伏、汽车零部件企业收购境外知名企业，在新经济领域谱写传奇。森马、奥康等鞋服企业并购海外的跨境电商平台，引导企业布局线上线下物流。近年来，海外留学人员和新生代因受教育程度相对较高，行业分布在教育和科学研究、信息传输、计算机和软件业等领域较多。

### 8.3.5 利用全球资源配置产生的"乘数效应"抱团出海

在欧洲的纳维亚半岛，岛上有一种蚁群，每当过海过河时，总是抱成一团，维护着整体的生存。温州商人及他们的经营方式形成了喜欢抱团的"蚂蚁效应"。温商坚持"进口贸易、转口贸易、出口贸易"一起上，引导温州民营企业抱团出海。温州已形成了"100万人从事国际贸易，100万人从事国内贸易，100万人在故乡从事生产组织"的跨国经营体系。集群企业之间存在协同关系，使得集群内企业获得知识更容易，集群成员之间的知识共享，形成知识的"乘数效应"，能大大加快集群内知识的孵化和创新，提高集群内温商的学习效率和质量，降低了创业的社会总成本，提高了创业成功率。"借力"只是手段，"共赢"才是目标。利用乘数效应抱团出海，可以实现商业的共赢。

### 8.3.6 以"小狗经济"为主，逐步发展部分"老虎经济"

以国有经济为主要经济支撑的模式被称为"老虎经济"。温州当地以中小民营企业为主要经济支撑，这种经济模式被称为"小狗经济"。当"小狗经济"和"老虎经济"相结合时，才能被称为较为理想的企业生态和状态。尽管温商不断寻找与政治官员有关的社会关系，但是民间社会关系网络是他们的立身之本。温商做生意厉害，不在于他们有多少大企业大人物，而是有深厚的民间基础和庞大的群体阵容。尽管在欧温商开始走规模化、连锁化、标准化、品牌化之路,但其经济模式还是以"小狗经济"为主。温商要想在欧洲国际化中取得更好的成绩,迫切需要在众多"小狗"中成长出几只勇猛的"老虎"。这里"老虎"的含义不是国有经济,而是规模化、品牌化的大企业集团。

### 8.3.7 从事的行业开始发生变化,由"草根"向"树根"华丽转身

第一代温商出国谋生是无奈之举,最初到欧洲的温商多从开餐馆、办作坊开始,主要从事制包、皮包或皮鞋进出口贸易、皮革批发等工作。大部分产品光靠一双手就能完成,这些产品对科技水平和资金投入的要求比较低,但却是人们生活中必不可少的东西,在市场里很有竞争力。第二代温商出国是一种潮流。他们一般有一定的海外关系和较好的文化水平、知识技术。学有所成后,从传统贸易转向高科技和文化产业,从依赖劳动密集型产业中彻底抽身,多从事新兴行业,如到电气、通用设备、交通设备、金属制品和电子行业等。

2018年全国政协会议,共有35位海外华侨特邀列席大会,其中温籍华侨占了7位。在第九次全国侨代会上聘请的446名海外委员中,有67人为温籍侨胞,可见温商在国内外政商界的影响力。温商参政议政的比例逐步提高。

## 8.4 温商欧洲国际化的原因

温商作为浙商的主体,是改革开放初期的第一代商人,在建立海外销售渠道和海外商业网络方面积极主动,他们在全国、世界各地建立了众多的温州城、温州街、温州村、温州店,因具有独特的商业基因被喻为"东方犹太人"。[4]有人说"世界上凡鸟儿能飞到的地方,便有温商的足迹"。根据邓宁的理论,有4种动机驱动企业进行全球化经营,即"寻求市场、寻求资源、寻求效率和寻求战略资产"。

### 8.4.1 温州的地理位置、气候条件和资源禀赋导致经济发展不平衡

温商欧洲国际化的过程中,地理位置、气候条件、资源禀赋、人文历史环境等因素都起到了一定程度的影响。[15]温州位于浙江省东南部,瓯江下游南岸。吉林省浙江商会会长缪明伟说,"很久以前,从温州到杭州要坐10多个小时的车。有一次他过年外出,在路上遇到大雪堵车,一堵就是3天4夜,就是因为那时温州经济不发达,路况不好。温州处于台风重灾区,遭受频率高,受灾区域甚广。艰山海阻的地理条件限制了温州的发展。

温州素有"八山一水一分田"之说,温州全市陆域面积11612.94平方千米,海域面积约11000平方千米,地域小,人口多,人均耕地低至0.37亩。如果单靠种地,一家人都吃不饱饭。资源稀缺,除渔业资源较丰富外,农业、矿产资源都有限,不利的自然条件限制了温州经济的发展。文成、瑞安、瓯海和永嘉等著名侨乡在20世纪80年代仍属经济欠发达地区。

温州离台湾较近,国家不可能有大量投资。国家对温州的投资少,温州的国有企业也就少,再加上外商投资不多,经济发展缺乏自然资源的支撑和外部力量的推动。尽管改革开放多年,温州的经济总体获得发展,但是较之西方国家,仍有较大差距,特别是在生活质量、社会环境等方面。一些山区农村,经济收入更是微薄。早年的温州人正是为了摆脱此般恶劣的生存环境而冲出山林,闯荡海外。相比其他地区,几乎没有什么优势可言。

Madsen和Servais认为,相对于国内市场空间很大的国家而言,国内市场空间狭小会导致新创企业积极拓展国际市场。穷则思变,穷走天下,贫瘠的土地和资源激发了温商要求生存创业的冲动和经商意识,促使温商迫切地想改变,外出谋生存。尤其是那些生活在教育资源贫乏的农村或山区,没有正式工作、学历层次低的非精英群体温商,急于渴望出国以改变其生活状态。可以说,温州人到欧洲是被"逼"出来的。

### 8.4.2 温商优越的人文土壤和重商主义文化

温州有优越的人文土壤和重商主义文化,温商文化是缔造企业家的文化土壤和孕育企业家群体的温床。宋代的永嘉事功学派,明代的王阳明心学,到清代浙东实学派,重商思想一以贯之且已渗透到温州人的血液。其

中,温州的永嘉文化使人具有较强的创业意识和打拼精神。温州地域文化的核心是商业文化,这种文化带给老百姓的是重商价值观,言"商"而不言"官"、不言"权"。

温商总能看到商业机会,2004年有媒体发表《向温州人学习》一文,肯定了温州人捕捉商机的本领。当别人还在犹豫的时候,他们已经在行动;当别人开始行动的时候,他们已有成就。温州人的发展欲望特别强烈,形成了特殊的文化环境,一个人如果不追求发展,在温州人的世界就会变得很难为情。即使是市场上卖菜的年轻人,也从未把自己看作是谋生活费的小贩。他们认为自己是在经商,有名片、有手机。温商敢于冒险,敢想敢干,不断进取;积极向上,目光长远,步步领先,这些都是他们欧洲国际化的文化基因。

### 8.4.3 由"血缘、亲缘、地缘、业缘和行缘"五缘编织而成的社会关系网络

社会网络的连接方式大致可以用"五缘"来概括,即"血缘""地缘""亲缘""业缘"和"行缘"。[1]地缘是指人们在区域地理上的因缘关系;血缘则是指人们在血统上的因缘关系。在欧温商所形成的社会关系网络,是一个以单个温州人为节点、以亲朋好友关系为边而形成的关系网络。这个关系网络是温州人移民的关系基础。

温州人的海外移民,基本上是依靠地缘、血缘关系,由亲友互相引带出去的。由于这样的互相引带,致使一些温州人整个家庭,乃至整个家族全都移民到海外。温州普遍存在着一村一姓,大家都是同一祖宗衍传的子孙后裔这种现象,人们思想意识里的地缘、血缘观念更为浓厚。在这种观念的作用下,人们一旦有机会在海外定居,就会想方设法把自己的家族成员、宗亲、乡亲和亲戚朋友等关系亲近的人,接二连三地引带到自己所在的地方。而这些被引带出去的人,同样也会重复这样的行为,从而形成一条不断延伸的移民链,使海外有地缘、血缘关系的人越变越多。所以,中国传统文化中的地缘、血缘观念,在温商的对外移民中发挥了很大的助力作用。

出生于温州市区的管光建,外公和舅舅早年就到了法国。1979年,他以舅舅儿子的名义,申请前往法国探亲。1981年密特朗总统颁布的大赦令,也使他拿到了居留证。他妻子的爷爷、叔叔也在法国,通过过继给叔叔当女儿,他妻子也得以移民法国。此后,在他的多方努力帮助下,他的4个兄弟姐

妹,也都先后移民到欧洲,大哥在西班牙,大姐在意大利,弟弟和妹妹在巴黎。由于当地政府的大赦,他们也都先后拿到居留证,并且都把全家接到各自所在的国家。最终,他们的父母也前往法国与子女团聚。目前,他的3个儿女都已加入法国国籍。像这样的情况还有赖友兴家族。他伯父1932年到上海花200块大洋,买一本护照和一张船票,乘船到了法国马赛。1962年,他父母在伯父的帮助下,途经香港也到了法国,兄弟俩都开皮包店。1978年,他也在父亲的帮助下前往巴黎,并在1981年加入法国国籍,他的3个兄弟随后也都到了法国。以后他回温州结婚,婚后把妻子带到法国,并把妻子的两个姐妹也分别引带到西班牙和奥地利。靠偷渡、非法滞留或劳工签证等途径来此的温州人,都是通过亲戚朋友关系。也正因为有这样的海外关系,才会有数量颇大的温州人敢于来到一个完全陌生的国度重新开始生活。

### 8.4.4 移民政策的宽松和全球化影响

近些年,欧洲社会人口老龄化以及出生率低下的现象日益严重,欧盟各国先后拓宽了合法工作移民的渠道以满足劳动力市场对各种层次人才的需求。这几年欧洲的移民政策也因此有所放松,宽松的移民链是移民新高潮的基本载体。欧洲国家的"大赦",推动非法移民合法化措施,温州人更易以劳工身份合法来此工作或从商,对温州人出国潮起到助推的作用。如法国的劳工输入、家庭团聚移民准入政策。改革开放带来了宽松的"海外关系"氛围。

全球化激发了温州广大乡村的劳动力,使温州农村劳动力沿袭传统渠道和历史惯性自发地进入国际劳动力市场,尤其是温商移民的主要聚居地——欧洲。

### 8.4.5 通过实现原产地多元化,降低成本,规避反倾销

温商通过实现原产地多元化,把在国内取得的成功经验移植到国外,开始建商城、办工业园区,将一部分技术含量较低的产能转移,达到当地政府颁发原产地证明的条件。

由于原材料进出口均为免税,以正规通关计算,一双半成品皮鞋出口关

税仅5%,成品鞋关税高达15%,如果以"灰色清关"的方式进入俄罗斯,从温州到圣彼得堡要3个月以上,而且还可能会被税警强制拉货。可如果企业将半成品鞋在海外工业园区内完成组装,就可以打上"Made In Russia",安全地在俄罗斯和欧盟各主要市场销售,不必担心"反倾销"。这样一双鞋销往俄罗斯的关税成本最少可降低70%。这也是很多温商在欧洲投资建厂的重要原因之一。

### 8.4.6 政府的政策支持

自提出"一带一路"倡议以来,"敢为天下先"的温州商人从中嗅到巨大商机。如何更好地贯彻落实"一带一路"国家战略,温州市委、市政府高度重视,将融入"一带一路"建设作为温州发展新的契机和中心工作。在"一带一路"倡议指引下,温州市引导和服务海内外温商的发展,助力温州建设现代化经济体系,市政府出台了一系列鼓励扶持民营企业"走出去"的政策措施。从1999—2008年,国家开始鼓励对外投资。2009年3月16日,商务部出台了《境外投资管理办法》。根据该办法,商务部仅保留对少数重大的境外投资的核准权限,而且对绝大部分境外投资企业只需递交一张申请表,即可在3个工作日内获得投资证书。温州市政府出台了《促进民营企业"走出去"的意见》,加强对民营企业"走出去"的规划指导,加大支持力度,营造更好的环境,提供全面服务,以加快温州民营企业"走出去"的步伐。对于境外收购,设立研发中心,建立营销网点、专卖店等,温州政府将有5000元—15万元不等的奖励。

2004年,温州市政府赋予50多个温籍海外侨团对外招商引资工作职能,增挂招商引资联络处的牌子。至2018年6月,已在法国南方华人总商会、意大利罗马温州工商总会等63家温籍侨团增挂了温州海外投资促进联络处的牌子,共分布在39个国家和地区。经政府批准走向海外的温州企业和机构达428家。为继续拓展和"一带一路"沿线国家的贸易,温州市在设定年度重点支持国际性展会时,对其进行重点倾斜。2017年温州市重点支持国际性展会共51个,其中境外展40个,境内展11个,"一带一路"沿线国家展会10个,占到境外展数量的四分之一,主要分布国家有伊朗、土耳其、沙特阿拉伯、印度、孟加拉、印度尼西亚、俄罗斯。在温州市政府的政策指引下,有38万人分布在"一带一路"沿线67个国家,参与"一带一路"建设,成为"一带一路"后续中国走出去企业的"引路人"。

## 8.5 温商欧洲国际化成功的启示

温州是一块有灵性的土地,被称为国内民营企业的"黄埔军校"。温商是一个爱国、敬业、团结、勤劳的群体。一些温商早在"二战"前就来到了欧洲,"一带一路"倡议提出以后,温商重点在"一带一路"沿线国家加强布局,增进所在国与温州的经贸往来,打造"世界温州"的"海外码头"。温州改革开放40年走过的路,就是一条以商业网络整合全球经济资源,以人员流动置换生存空间的发展之路。[11]温商拓展全球营销渠道,将温商卖"温州货"的温商营销网络升级为温商卖"中国货"到世界、卖"世界货"到中国的国际营销网络。温商在欧洲的成功,是温商勇于突破自我、超越自我的结果。温商在欧洲的成长规律、文化基因、国际化的举措都带给我们很多启发。

### 8.5.1 温商在欧洲的成长规律

著名社会学家费孝通堪称是温州模式的代言人,"温州模式"就是由他提出来的。他将温州模式总结为3个关键性阶段:①小商品、大市场:1986—1994年;②家底实、创新业;1994—1998年;③1998年开始,筑码头、闯天下。[21]温商在欧洲的成长,主要是从1998年之后开始的,他们从最初的家庭作坊、沿街摆摊、开店设厂到股份合作、企业集团、资产经营、网络贸易。这个过程也是中国市场经济从萌芽到逐渐与国际经济接轨的一个完整过程。

#### 8.5.1.1 从"传统产业"跨界到"新经济领域"

在欧温商最初大多以技术含量和资本门槛较低的传统制造业为主要进入产业,在欧洲期初经营的行业多是传统手工业和餐饮业。手工制成方式最先出现,它的鲜明特征是工艺好、可定制、产量少。温州前两次移民潮的主体人员来自农村的贫苦农民和手工业者,他们迫于生计而远走他乡。他们没有资金也没有技术,只能从事体力劳动或餐饮业等低档服务行业。

改革开放后向海外移民的温州人以创业者居多,文化素质普遍较高,因此开始出现企业家、专业技术人员等。他们凭借积累的资金或专业技能,到达欧洲后不仅能把父辈的传统产业办得有声有色,而且不断扩大经营范围,投资实业或者从事专业性的工作。创业、办公司、进入主流社会成为他们移民的目的和追求的目标。2001年中国加入世贸组织后,全世界范围内的华侨华人企业成为中国商品打入国际市场的重要桥梁,尤其是华人较为集中的欧洲,国际贸易往来更是频繁。在这种有利的背景下,不少温商在老一辈华侨的帮助或自己的努力下,逐渐实现产业转型升级。贸易业、互联网、智能制造、新能源在内的新经济产业开始成为经济增长点。林宇算是其中的一个代表。他7岁前往德国,如今在欧洲第二大港口汉堡开办了自己的律师事务所,专做国际商务领域的法律事务。

### 8.5.1.2 从"做别人不愿意做的事"—"做别人不敢做的事"—"做别人没有实力做的事"

温商具有"久、多、广、新、强、大"六大特点。久是指"历史久"。据史料记载,最早追溯到北宋真宗咸平元年(998),周伫放洋北去,到达高丽,后结识当地人并被举荐到高丽王朝而重用,弃商入仕,官至礼部尚书。此外,还有"数量多、分布广、结构新、实力强和影响大"等特点。

20世纪70年代末至90年代初,温商在外做别人不愿意做的事,如修鞋、弹棉花以及走街串巷、小商小贩。到90年代,开始做别人不敢做的事,在欧洲创办"温州村"和各种商城。2000年后,开始"做别人没有实力做的事",带着资本、品牌、理念进行大规模的投资,实现从商贸流通、商品生产向品牌经营、资本运作的新跨越。

### 8.5.1.3 从家庭工业的"单兵出击"到扎堆模式的"蚂蚁经济"

早期的温州海外移民基本上是孤立行为,像周伫、王德用等人出国后并没有带动大批的温州人移民海外,移居区域也较分散。移民在那时并非一种很自由的选择,只有官方派遣下的侨居和经商才是被允许的。任何形式的出国都会遭到家族的反对,人们害怕离乡背井、流离失所,大多数人还是不愿到别的地方去建造新的家园。在竞争风潮的影响下,温商积极开展联合作战,塑造了独具温州特色的集约型经济格局。由粗放的分工到有效的协调,这种小区域产业链引起的联动效应在纺织、制鞋、印刷、包装、低压电器等产业获得了前所未有的成功。温州海外移民开始呈现连锁性、群体性现象。

产业集群是温商打天下的"拳头"。产业集群的原理就是在一定的地理区域内,通过价值链完成生产要素在企业之间的整合,用市场取代产权控制和内部管理,使企业趋于专业化和小型化。产业集群有两大明显优势:第一,一定程度上避免某些小企业因势单力薄过于虚弱,难以在市场上生存下去;第二,能有效避免某些大企业因结构冗余而迟钝臃肿。温州模式研究专家周德文教授介绍说:"一旦这种集群经济给温州人带来了甜头,他们就会积极主动地发挥想象力和创造力,比如正泰、人民电器、德力西等企业,通过积极展开集群合作,已成为低压电器领域内的上游企业。"以正泰电器为例,正泰本厂只负责生产10%的主要零部件,其余90%的零部件则向600多家协作厂进行公开招标。温州的打火机行业,处于金字塔尖上的是600多家成品厂,而它下面还有2000多家工厂负责为其提供打火机零部件。那些成品厂往往只负责生产50%的零部件,其余的零部件直接从下面的2000多家协作厂拿货。在周德文看来,这种集群经济可以生动地称为"蚂蚁经济"。"一只只蚂蚁看上去很渺小,但工作上却有明确的分工,这大大提供了它们的工作效率。温州的个体企业同样很渺小,但一旦联合起来,就能成就一番大事业。"

### 8.5.1.4 由群蜂现象的"群体仿效"逐步走向"群体创新"

温商有让人震惊的模仿能力,一种好的产品、好的技艺常常会在温州人群中迅速传播。温商脑子活,肯钻研,别人的东西拿来琢磨一番,就可以自己画图纸,做模具,模仿得惟妙惟肖,像纽扣、皮鞋、服装和打火机,最初都是模仿来的。他们从别人那里买回畅销的眼镜、低压电器、打火机等小物件,拆开后重新组装起来,很快就能模仿生产出毫无差别的产品。法国巴黎时装的最新款式和色彩,不出10多天就会出现在温州企业家的服装生产线下。温商在没有资金、技术和资源作为支持的条件下,靠着一遍遍的模仿在激烈的市场竞争中开拓了一片天地,积累了原始资本和一些基本技术。有学者将温商的"群体仿效"的行为模式称为"群蜂现象"。

超强的模仿能力成就了温商的辉煌,同时也让温商陷于阴霾之中。温商在20世纪80年代面临前所未有的困境,让他们意识到光靠模仿是走不远的,要在拿来主义的基础上追求创新,走出一条不寻常的道路。有胆识的温商总是不断尝试着打破过去的条条框框,寻求新的突破。温商由产品模仿阶段走向产品创新的新阶段,组织模式的创新、企业投资模式创新和企业生产模式和营销模式创新的阶段。小企业靠创新长大,大企业靠创新做强。创新开始成为温商的生存之路、发展之路、希望之路。

### 8.5.1.5 从"不差钱"到"不差文化"

温商是非常善于学习的一大群体。知识可以形成生产力。第一代温商通过不断地学习,提升了自身的专业、人文和生活素养。家族企业是温州民营企业的主要形式,温商常见的家族企业类型有:以父子关系为核心的家族,以夫妻关系为核心的家族,以兄弟关系为核心的家族。温商过去的在欧形象是"不差钱",但文化程度不高,文化素养较差。新温商多受过良好的教育,有较好的教育背景和文化素养,他们在企业管理中,注重引入科学管理和人才,经济实力和各项事业都显著提升。温商二代正在蜕变,从"不差钱"到"既不差钱,也不差文化"。

### 8.5.1.6 从"温州模式"到"新温州模式"

温州模式就是在家庭工业的基础上发展起来的经济格局。家族的影子遍布每家温州企业。温州企业的组织结构里,总伴随着与亲朋好友的千丝万缕的关系。正如康奈集团副总裁郑莱莉所说,"家族企业的优势很明显,决策灵活、沟通方便、彼此信任。但是,我们必须在家族企业的发展过程中建立起适当的现代企业管理制度,以更健康的方式实现企业的持续发展。要尽量避免传统的家族式管理,建立一系列符合企业实际管理情况的现代化企业制度。"

红杉资本中国基金董事周逵说:"好的模式是寻求优秀创业者的根本。"而"温州模式"的特色在于根本没有固定模式。

温州模式缔造了温州速度,但只有与时俱进,温州模式才能与温州经济齐头并进。所谓"新温州模式",就是温州企业通过二次创业打造出属于温州的知名品牌,突破传统家族制的局限性,完成现代化企业转型,走上资本经营与品牌经营相结合的发展道路,在由现代智慧和理性思维的企业家的带领下走向更广阔的国际化市场。温州正泰集团董事长南存辉成立了"败家子"基金来表明对接班人的态度,他说:"未来企业会交给职业经理人管理,他是不是家族成员并不重要,职业经理人不是终身制的,你干得好就继续,干不好就走人。持有股份的高管的子女念完书不要急着进正泰,而应该去外面的世界打拼,正泰会在这个过程中观察并考验他们。如果他们有资质,集团董事会聘请他们来集团工作;如果他们不符合集团要求,是败家子,那么公司的原始股东就用败家子基金来养他们。"温商要顺应时代,实现转型,就必须引入更多的人才,打破小规模的扁平化管理模式,让有现代企业思想的人来管理企业,突破企业所面临的发展瓶颈。实现所有权和经营权相分离,实现企业的可持续发展。"新温州模式"的本质就是在营销上实现网络化,在管理上实现科学化,在发展上实现创新化,在企业规模上实现集团化。

### 8.5.1.7 从"同乡经济"到"同学经济"

"同学经济"是基于相同的教育背景和类似的文化背景而建立起来的一种合作模式,其核心内涵在于互信互利、高效共赢。"同学经济"这一概念由浙商俞飞跃首次在自己的论文里提出。过去温商实现联合常从身边最熟悉、最信赖的人入手,最典型的就是基于地缘关系所形成的"同乡圈子"或基于血缘关系形成的"家族圈子"。这种圈子存在的弱点是产业在一定空间内高度密集,辐射范围有限,拓展空间局限。基于同学关系而打造的"同学经济"弥补了"圈子经济"的不足,在"同学经济"的促进下,"圈子"不再受限于地域或行业,原来单一的链条逐渐交织在一起,形成了错综复杂的网络,不同行业之间有了相互交流的平台。

大量研究表明,企业家社会关系网络是其创业机会的主要来源。企业家们通过正式或非正式关系维持的社会关系网络可以增加商业机会。在同学经济的基础上,班里志同道合的同学一起合作,成立投资公司,利用股东人脉投资公司介绍业务,投资公司又反过来服务于各大股东。基于同学情谊,抱团出击,更容易达成信赖的合作关系。同学经济也是各行各业精英人士的大融合。曾经共同学习的经历,让彼此之间的信任感增强,如有人违规,整个同学圈子都会知道,违约成本太高。同学经济是"资本"邂逅"智本"的全新商业模式。

### 8.5.1.8　从"温州经济"到"温州人经济"

温州经济之所以得以如此规模的发展,温州籍华侨华人有不可忽略的作用。大量的温州海外移民给温州本土经济带来了很大程度上的质的变化,使"温州经济"不断走向"温州人经济"。企业家的资源禀赋包括经济资本、人力资本和社会资本,温商的社会资本存量积聚丰厚,且社会资本筹集成本较低。[24]过去,温商扎堆做事业是为了生存下去,结构松散,而且仅限于亲友或同乡之间。现在,温州企业已从扎堆模式升级为团队模式,聪明而灵活的温商已经意识到,在市场中靠单打独斗是很难占竞争优势的,集约整合的联盟发展之路是最佳选择。他们有意识地联合出击,成为市场竞争中的无冕王者。在欧温商通过商会拓展全球营销渠道服务,实现温州人卖"温州货"的温商营销网络转型,升级为温州人卖"中国货"到世界、卖"世界货"到中国,以及全球的国际营销网络,进而使"温州经济"发展为"温州人经济"。[10]

### 8.5.2　温商欧洲国际化及成功的文化基因

温州人素有经商的传统和商业基因。他们敢想敢闯,敢为天下先,吃苦耐劳、能征善战而又灵活多变,日益得到信任与欢迎。温商历代传承,不断在新时期创造新的辉煌。人们经常用"贾而好儒"和"儒而好贾"表达商人具有文化内涵。我们可以通过"语言—观念—态度—行为"的逻辑体系,来了解温商的文化基因和精神。

### 8.5.2.1　重商主义文化

温商之所以能闻名世界,与其富饶的文化沃土息息相关。庞大的温商群体的形成,离不开温州的重商主义文化。很多对温州不了解的人认为,温州是"经济的森林,文化的沙漠"。事实上,经济发展必须以文化为驱动力,根植于骨子里的文化根基塑造了温商的思考方式和行为模式。温州的重商主义文化,导致全民皆商。在很多地方还鄙视商人时,温商由于重商主义文化浓厚,很多人乐意放弃被认为既有保障又被社会崇尚的职业,义无反顾地选择创业和经商。20世纪七八十年代,温商就开始了"个体户""私营业主""小商贩"的时代。温商文化中最强有力的是重商价值观。无论是老一代温商还是新生代温商,都具备重商的优良品质。从价值取向上看,在温州,多数有高学历、家境好的年轻人把从商当成自己人生发展的首选。他们认为"商海是最自由的大海,经商是最好的游泳方式"。在温商的圈子里,平时老乡聚到一起,谈得最多的是有些什么机会,做什么好赚钱。重商主义文化是温商大面积活跃的最主要的深层次文化基因。

### 8.5.2.2 具有开放的海洋型思维

内陆型思维和海洋型思维是地缘经济学的一个观点。根据一国处理对外经济关系是开放还是保守,可以把它分为海洋型思维或内陆型思维。海洋国家受惠于温和的气候和适量的降雨,很容易与世界上其他被地理条件屏蔽的国家接触,他们更易参与国际分工,更具开放性。

温州地处东南沿海和瓯江下游,面向海洋,自古以来就在海上谋生,与大海有着深层次的联系。温州人很早就开始了频繁的海外交流,北宋时期,温州成为一个工商业繁荣、海上交通和贸易发达的城市。北宋末年,温州造船每年约达600艘,居全国首位。这种情况提供了温州人漂洋过海的方便,一些温州商人随贸易商船去国外经商,有的则客居在那里。对温州人来说,漂洋过海讨生活是一件再寻常不过的事情。他们很早就开始了频繁的海外交流。

据有关史料记载,早在1000年前的北宋时期就有温州人移居海外了。20世纪二三十年代,温州人纷纷漂洋过海到日本、东南亚、欧洲诸国谋生,在中华人民共和国成立前就有3.8万人。

温州人对海洋非但不畏惧,还有一种与生俱来的亲切感。波涛汹涌的海洋造就了温商的开放型海洋思维。"生猛海鲜式"的海洋饮食生活使温商具有豪放性和无畏性。温州文化很大程度上是一种海洋文化。这种文化具有开放性特征,走向世界的观念更新,使他们与生俱来喜欢潮起潮落,追求走得更远,去拥抱属于他们的广阔天地。

### 8.5.2.3 聚群抱团的合作文化

聚群成为温商的特色。温州人出了名地爱扎堆做生意,市场中经常会看到一批经营项目类似的温商,他们不仅不会为此争吵,往往还互相调货、互相帮忙。[9]他们有朴素的道理:一个人做事不赚钱,大家一起做事才赚钱,有钱大家一起赚。他们每到一处就互相扎堆。通常是一个人做一个行业有利可图,赶紧让亲朋好友一起做,一个人在一个地方好挣钱,立即招呼亲朋同往。温州村遍布法国、意大利等欧洲国家和地区,营造了一个强大的商业、信息网络。温州人之间的交往非常简单,大家一见面,觉得项目好,谈好各自利益就行,不用像其他那样经过一系列复杂的论证、谈判、法律程序。这背后有一个强大的合作文化。合作文化使温州人互相学,为他们在异域经营事业提供了便利。如2006年,在米兰举办的眼镜展会上,温商组团参展,80多个展位被安排在好的位置,一举拿到4000万美元的订单,让同去参展的江苏人很是羡慕,希望下次能编入温州战团。在欧洲的巴黎,温州人把在家乡的民间力量和行为方式搬到巴黎,形成了一个在巴黎有相当影响的华人社区——温州街。他们靠民间社会力量在法国生存下去,还有不少人积累了不薄的资产。

大多数温商个体未必拥有强大的实力,但如果他们抱团行动,就会成为中国最富有的群体之一。温商抱团的经营模式可以概括为"两个分享,一个担当",一是利润分享,二是分享信息、人才、技术等各种资源,实现资源的优化配置;一个分担是指分担风险。在"蚂蚁精神"的影响下,温商的投资模式也颇具特色,他们经常将一个大项目分成若干股份,再在企业协会内部分给那些有实力的企业,如果某家企业获得了20%的股份,却不足以将其彻底消化,就会进一步将这部分股份细分,寻找新的股东加入。温商把自己最长的一块木板拿出来,联手建造新木桶,集聚优势,离散劣势,结成合作共生体,在互补中共同提高。

温商合作文化的产生,与温州的地理特征有关。温州夏天台风多,要是一人盖一间屋,肯定不如十几个人紧紧挨起来盖一排楼更牢靠。抱团抵御灾难的习惯行为和心理特质早已嵌入温州人的血液中。温商基本是"草根",他们没有什么背景,外出没有什么靠山,只有抱团才能生存,加上小农经济和宗法社会的影响,才促使相互抱团的合作文化形成。20世纪80年代,部分温商挑着货郎担就到外面闯荡,他们背井离乡,只能依靠三人成伙、五人成团的团队抵御当地很多势力的欺负。后来的发展中,他们把这种抱团精神发挥得淋漓尽致,使得他们迅速积累起巨额财富。当一个产业在某个地域形成规模时,这个区域就会成为该产业的重要基地。因此,温商认为同行不是敌人,而是合作伙伴。

温商的抱团精神,还体现在商人之间的产业链配套及相互之间的资金拆借上。温州打火机行业之所以能够打败日本、韩国的同类企业,靠的就是优质廉价。而这一点就是靠无数家相关企业的专业分工、产业配套、互信合作。正是温商的抱团精神,有效地利用了来自民间强大的金融支持,从而创造了一个又一个财富神话。温州人不是生来就有钱的,创业初期,温州人比很多地方的人都要贫穷,他们到外面跑生意,订单拿回来了,没有钱生产,怎么办?温州人很早就明白,只有先把一个人搞上去,大家才能都有饭吃。兄弟姐妹、亲朋好友便主动凑钱,帮助他尽快安排生产。这是温州最初民间融资非常有效也很普遍的方式。温商正泰集团董事长南存辉曾介绍过一个民间融资的案例。几个温州乐清商人在外地考察时,发现一个旧城改造项目,投资前景非常好。不过,需要6.8亿元的巨额投资。尽管资金数额较大,但是温州乐清商人通过民间借贷渠道,仅仅3天时间就筹集到了6.8亿元的项目资金。南存辉在他的演讲"推进民营金融建设势在必行"中说,温州民营经济发展,民间金融功不可没。

商会也是聚群抱团文化的产物。在国内和海外,温商借助商会、行业协会抱团,群体合作织成一个无所不在的商业网络,这种网络就像人体的细胞或毛细血管,遍布市场的每个角落。团队精神为温州人在商海搏击中打造了一艘方舟。抱团文化有着深厚而独特的文化内涵,除了"血缘""亲缘""乡缘""义字当头"等共性外,温商的抱团不是唯"缘"为是,更不会以"义"为大,不讲商业原则;相反,他们在"缘""义"的基础上,更多的是考虑"利"。"利"字当头,"缘"和"义"只是在其中而已。极具"抱团精神"的商"帮"是"温商"的特色,也是他们崛起的重要秘诀。

#### 8.5.2.4 喜欢四海为家的外向型基因和远渡重洋的移民文化

温州有上千年的移民史,温州人素有"喜流动、好迁徙"的传统,跑码头、闯天下、四海为家、足行天下。早在三国时期,温州就是吴国的流放之地。南宋以来,衣冠南渡,隐居瓯越,又有大批人员移入温州或迁出。温州逐渐成了中原文化与地域文化的交会之地。温商有四海为家的秉性,且这种秉性不分年龄。温州有750万人口,其中230万在外创业。每4个温州人里就有1个远离家乡,在外打拼,其中有50万人在海外寻求发展。在温州,男女没有什么区别,却要出去闯,四海为家,哪里有钱挣去哪里。在温州,如果20岁还不出去闯,会被认为没出息,被人家看不起。

温州海上交通发达,使温州人有更多外出谋生的机会,较早走出国门,商贸活动基本遵循"对外"的营销方向,在不同的社会和法律环境开辟市场。再加上地理位置远离封建政治中心,温商具有强烈的对外性,较少依附政治权力,避免了晋商、徽商在政治、经济环境巨变时迅速消亡的厄运,也逐渐造就了温州人四海为家、喜欢闯荡的个性。移民文化最大的特征就是动态的、碰撞的、交融的。移民文化塑造了温州人合作抱团、独立进取、敢闯敢拼的地缘人格和机动灵活、适应力强的特点。

#### 8.5.2.5 温商精神——"四千精神""四自精神"和"两板精神"

温州有著名的"四千精神",即"历经千辛万苦、走遍千山万水、想边千方百计、说尽千言万语"。"两板精神"是指"白天当老板、晚上睡地板"。"四自精神"是指"自强不息、自谋出路、自主革新、自担风险"。

忍耐与吃苦,是温商创富的基因。在欧温商不在乎居住条件的简陋和办厂设备的简单,他们认为"商机往往在能吃别人吃不了的苦,能做别人不愿做的事的地方,哪里艰苦就到哪里发财"。中国社科院社会研究所王春光研究员曾经讲述他在法国的见闻:"一次,出差到法国,几名法国学者告诉我,对于温州人,有一点尤其令他们佩服——那就是吃苦精神。这些温州人来了,什么技术都没有,甚至连法语都不懂。就凭着那种勤劳、孜孜不倦地干活、赚钱,不断积累财富,攒够了第一桶金他们就自己开店。他们都觉得自己要当老板,不甘心打工。就这样,他们竟然在法国能够成为百万、千万富翁。"正是这种温商精神,使温商成为世界闻名的商人。

### 8.5.2.6 商业嗅觉敏锐,关注政策导向

温商向来商业嗅觉灵敏,哪个地方的商机刚冒出小苗的时候,温商就能捕捉到,并和当地的有识之士共同哺育,将小苗培育成参天大树。"哪里有温商,哪里就有市场"指的是温商具有敏锐的商业意识。在一次企业家论坛上,有浙商曾举例"商机就像飘在天上的白云,它在每个人的眼前飘过,只有敏锐的慧眼才会注意它、盯住它。以深刻而敏锐的眼力或洞察力去发现商机,才是企业家精神的本质"。

温商紧盯国家政策,洞察力强,对宏观形势判断准确,对情报敏感,行动快速。温商有坚持看CCTV1《新闻联播》的习惯。他们认为"要想把握经济命脉,必须关注政策,《新闻联播》图文并茂,是商人的最佳晴雨表。看《新闻联播》是最快捷了解国家政策导向的方式,一名成功的商人要研究政策,读懂政策,而且要走在政策前面,必须要找到一个了解政策走向的权威渠道,这个渠道就是《新闻联播》"。温商认为从《新闻联播》中寻找商机,是一名商人看《新闻联播》的最高境界。

### 8.5.2.7 敢想敢干的变革精神和不怕输的冒险精神

温商敢想敢干,不为自己设限。冒险精神是温商创富的一个重要"基因"。著名经济学家吴敬琏说:"浙江是一个具有炽烈企业家精神的地方,浙商既聪明又肯吃苦,敢冒风险,让人佩服。"温商敢于冒险,敢闯敢试,敢为天下先。他们认为机会和风险是叠合在一起的,要抓住机会,就得冒一点风险。已经成为中国民营经济发展史上重要一页的温州"八大王"事件,集中体现了温商敢闯、敢干、敢为人先的创业精神。柳市镇的"八大王"——五金大王胡金林、螺丝大王刘大源、目录大王叶建华、线圈大王郑祥青、矿灯大王程步青、供销大王李方平、翻砂大王吴师濂、旧货大王王迈仟,在1982年的严打活动中,受到了批评或关押;但从一个侧面反映了温商敢想敢干的变革精神。温州的章华妹是改革开放后从工商行政管理局领取"个体工商营业执照"的第一人,温州的方培林是改革开放后第一家私人钱庄的创办人,杨嘉兴是改革开放后第一家私人银行的创办人。这些"第一"都充分反映了温

商敢想敢干的文化基因。

正如美国通用集团前任CEO杰克·韦尔奇所说,"胆识是优秀商人的第一品质。"温商之所以能成功,不是因为他们做得最好,而是因为他们是第一个这么做的。在温商的意识中,商业机会面前不敢冒险就只能求稳求妥,犹豫不决往往会白白错失良机。温州原市委书记董朝林认为,温州人看到有生意可做,第二天就弄台机器先干起来,机器可以放在家里或朋友仓库,行了,再盖厂房,做大了才请管理人员,这要是在其他地方半年也论证不下来。温商就是善于在"高度不确定的市场情形"里做决策、争取利润的人。正如经济学家茅于轼对浙商的评价:"当其他人还在踌躇犹豫时,他们已经付诸行动了;其他人行动起来时,他们早已成功了。"温商不仅有胆,而且有识。他们认为有理智的勇敢是冒险,无理智的勇敢是冒进。温商把冒险和冒进分得很清楚,只有天时地利人和,才会大胆冒险。

温州人的性格里,有一种输得起的精神,无论是个体还是集体。认准了一个方向,就要走下去,再苦再难都不放弃。这与温州的沿山靠海的地缘特征有一定关系。温商既有大海般开阔的眼界,思维活跃;又有大山般意志坚强,从不言败。金辉著的《可怕的温州人》中所说,温州人"脸皮厚",不管你怎么看他和折腾她,死咬一个目标不放弃——我要赚你的钱。温州人的经验告诉我们,市场经济没有捷径,成功的道路只有一条——一分耕耘、一分收获,上天总是眷顾勤奋而坚定的人。

### 8.5.2.8　"小商品、大市场"和"微利是图"的观念

温商用小商品创造了大市场,当美国人用他们的高科技支配世界时,他们身上穿的是温州人做的衣服,使用的是温州人做的半导体,早晨唤醒他们的是温州人做的闹钟,吸烟时用的是温州人做的打火机,脸上戴的是温州人做的眼镜。大多数温商靠做不起眼的小商品制造业起家,依靠"菜刀、剪刀、皮刀、剃刀、螺刀"5把小刀,从小厨师、小裁缝、补鞋匠、理发师、修理工,变成了腰缠万贯的富翁。

在温商的意识中,"利不在多,有点就行"。很多温商都奉行"钱,一厘厘地赚;事,踏踏实实地做"的观点。他们懂得从小生意中取得大利润,只要能挣钱,他们每一分都挣。他们不嫌小,不拒小,坚持薄利多销,不以利小而不

为。他们从一盘松紧带中赚几角钱,从一条拉链中挣几分钱,从一个纽扣中赚几厘钱,靠着微利,他们获得了第一桶金。

### 8.5.2.9 "独立低调,谦虚好学"的企业家禀赋

温商相当独立,从不"等、靠、要",只注重自我行为的实现。温商深知"地低成海,人低成王"。由于历史原因,有些企业家认为,过于高调会影响企业经营,甚至遭到某些竞争对手的正面竞争。因此,很多温商尽管是千万富翁或亿万富翁,但却非常低调,从不炫耀。有些温商不喜欢见记者,不喜欢在公众面前曝光年销售额,不愿意扬名立万。在区域经济研究青年学者傅白水看来,正因为低调才造就了温商的辉煌成就。傅白水说:"低调产生的客观效应,是使人们更关注温商民企的整体,而不是个人老板与富豪。"

温商"自豪而不自满,昂扬而不张扬",不断向别人虚心求教,以开放的心态向有能力的人才虚心学习。温商都是实干家,他们不喜欢吹嘘,踏实肯干。著名经济学家茅于轼曾说:"与其他沿海省份相比,浙江人能吃苦;与内地人相比,浙江人很灵活。"温商就是这种典型的特点。他们很少拘泥于条条框框,强烈的自主意识和谋利赚钱的动机,调动起他们大脑里的每一根神经,冲破了束缚手脚的各种僵化观念和思维定势。他们不断调整思路和策略,开辟新的发展领域。温商的创业活力和效率来自两个方面:一是他们特殊的禀赋;二是他们特殊的学习机制。

经济是形,文化是神。创业的关键在于行而不在于知。温商的行动力、创造力和灵活性,是温商区别于其他商帮的鲜明特征。[20]温商之所以能闯天下,正是在文化的驱动下,拥有天生的国际化基因和"知易行难"的知行观。温商的民本性——民间、民营、民有、民富、民本突出且有超强的适应能力,无论面临如何恶劣的生存环境,他们都会用强悍的生命力和无穷的潜力去征服它们。当前,随着温商教育程度的提升,温商正从"草根温商"转向"人文温商",从"精明温商"转向"智慧温商",从"驱利温商"转向"责任温商"。[19]

### 8.5.3 温商欧洲国际化成功的措施和启示

#### 8.5.3.1 通过产业集群模式,降低成本

产业集群是温商打天下的"双拳"之一。产业集群的原理就是在一定地理区域内,通过价值链完成生产要素的企业间组合,用市场交易代替产权控制和内部管理,使企业小型化、专业化。产业集群具有两大功能——在一定程度上避免势力单薄的小企业虚弱症和臃肿迟钝的大企业病。目前世界500强企业,平均每个企业拥有90个合作者,它们通过URP的应用,诞生了沃尔玛、IBM、戴尔、雀巢这样世界顶级的企业。

温州一个地区同一行业非常集中,这种分工协作关系,使行业成为一个巨型的生产企业。奥康、红蜻蜓、步森皮鞋都是产业集群企业的典范,通过集约整合的联盟发展之路——联盟体资源计划 URP(Union Resource Planning)实现联盟体的资源共享和协同商务。例如,一双鞋有20多道工序,细化到一个鞋帮、鞋底都是由配套厂家进行生产的,每个产业都形成了一条完整的联合产业群,精细分工,发挥各自优势的运作模式。

#### 8.5.3.2 通过商会,加强与海内外企业的交流合作

在海外,要经营好企业,就要深入融入住在国,与当地的企业、政要搞好关系。温商的合作文化传统,产生了各种各样的商会。商会可以整合资源,让温商更好地团结在一起,互通商机。温商商会遍布全球,在欧温商借助商会的网络优势和国家"一带一路"倡议,进一步密切与沿线国家各地方政府、当地商会、企业的合作,推动温州产品和中国产品进入当地市场,进而提升温商在当地经济社会发展中的作用,实现"温商、温州、所在国家、地方政府、企业"多赢的局面。

至2018年6月,"一带一路"沿线国家共建有135个温籍侨团,打造起联系海内外合作的纽带、促进合作发展的桥梁。1923年,为寻求同乡的团结与互助,及谋求同乡的福利,金天放、陈岳书等人发起创办了"温州同乡会"。此后的90多年间,法国华侨华人会、法华工商联合会、荷兰中国商会、意大利罗马工商总会、智利浙江商会、加纳中国温州商会……247个温籍乡贤牵头

创办的侨团,遍布五大洲55个国家和地区,其中86个侨团则以商务、商贸之名聚集。这些社团是温商群体的一个缩影。温商就是利用商会网络,架起了与海内外交流合作的桥梁。借助与国际品牌的合作,增加产品的附加值。例如,温州著名西服企业"夏梦",通过与世界著名服饰企业杰尼克亚公司合作,迅速提升了"夏梦"品牌,每套西服价格从原来的3000多元飙升到1万多元。2016世界温州人大会期间签约项目50个,总投资583亿元。与俄罗斯等"一带一路"沿线温州商会签订贸易回归协议,签订贸易回归总额达1290亿元。

### 8.5.3.3　海外开办中文学校和海外华文媒体,通过传播中华文化,提升群体影响力

温州人积极在海外开办中文学校,在意大利、荷兰、德国、希腊等"一带一路"国家设立了50多家中文学校,开展中文教育,传承传播中华优秀文化。创办海外华文媒体44家,其中《欧华时报》作为意大利第一张华文媒体,在13个国家设有分社或记者站。温商积极发动温籍侨团宣传"一带一路"倡议,组织开展"万家海外中餐馆·同讲中国好故事"活动。同时,组织开展海外乡贤故乡行、"寻根之旅"夏令营、华文媒体看温州等活动,广泛邀请海外温籍华侨华人、华裔新生代、华文媒体代表来温访问交流,增进家乡认同度和归属感。

### 8.5.3.4　通过后发优势,提升竞争力

后发优势论是由美国经济史学家Alexander Gerschenkron创立的,本质是"由后发者地位所致的、与经济的相对落后性共生的、来自落后本身的优势,是先发者没有、后发者也不能通过自身努力创造出来的"。后发优势来源于3个方面:①经济势差带来的学习和模仿创新的优势;②市场经济规律带来的后发优势;③心理压力形成的优势。后发优势的运作机制就是模仿和创新。温商在欧洲能取得成功,与其通过后发优势,不断提升竞争力有重要关系。

### 8.5.3.5 向价值链两端转移核心竞争力

企业的竞争很大程度上取决于价值链的竞争。温商凭借大规模、低成本和高劳动密集的制造优势,在欧洲形成一定的竞争力。随着知识经济的到来,研发、工艺、营销、品牌和服务等价值环节相对于制造环节变得越来越关键。随着人力成本和原材料成本的上升,温商的制造竞争力正逐渐消失。温商开始向价值链两端转移核心竞争力的战略转型。这也是其在欧洲能够取得成功的重要原因之一。

### 8.5.3.6 通过ODI(对外直接投资)方式从海外获取先进技术

随着市场竞争越来越激烈以及欧美产业转移潮的到来,一些欧美老牌企业在经营上出现了不同程度的问题,一些温商借着这样的机会成功进行了一些跨国并购,在获取专利、技术的同时,还获取了大量国外知名品牌和销售网络,为在海外拓展市场奠定了坚实的基础。尤其是在2008年北京奥运会过后,中国的国家形象提高,并且中国企业在金融危机中的坚挺,也为其全球发展提供了一个良好的基础。有业内人士指出:"由于受国际金融危机影响,海外股市大幅缩水,一些公司为渡过难关,选择'贱卖'公司资产或控股权,这为温商创造了潜在机会。"2009年初,在温家宝总理访英期间,北京温州商会会长、西京集团董事长叶茂西随中国经贸代表团出访英国,他了解到了PROPELLER(螺旋桨)电视台已经不能再获得政府的资助,急需引进战略投资人。叶茂西以西京集团的名义与该电视台达成初步收购意向。经过近半年的努力,2009年6月,西京集团完成了对该电视台的收购。

### 8.5.3.7 国际化过程中,企业主动出击

温商国际化几乎完全由国内私有企业主导。经济全球化过程中,国内企业的推动力较大,主动"走出去"与海外市场对接的意愿较强,对海外市场变化敏感性更强。产品出口是经济融入全球化的开端,与其他地区通过外商直接投资来拉动对外出口不同,温商是通过本土企业"走出去"来促进出口的。海外温商通过长期积累,对当地政策、法律和社会文化更加熟悉。

通过在海外建立销售市场,主动收集产品需求信息和技术信息,主动出

击帮助温商根据海外需求变化快速地调整生产。

### 8.5.3.8 政府积极扩大对外宣传推介,布局建设温州"海外码头"

温州市充分利用温州本地媒体以及海外华文媒体,重点在"一带一路"沿线国家加强布局,积极宣传"一带一路"倡议,市委、市政府相关工作部署以及温籍侨胞参与"一带一路"建设的有关情况。通过宣传、引导、服务和支持,充分发挥温州海外合作交流联络处的作用,增进所在国与温州的贸易往来,成为建设"世界温州"的"海外码头"。

温州市委、市政府成立"一带一路"建设战略领导小组,市委统战部、市府办、市发改委、市公安局、市商务局、市外侨办、市招商局(经合办)、市侨联、市国税局、温州海关、市检验检疫局等单位为成员单位,履行各自职能,制定和完善政策体系,共同推进战略实施。

从政策、法规、融资、外汇,到税收、人才、信息和舆论方面,都给予了支持。市政府对原分布在各国的70家温州海外投资促进联络处进行调整,赋予其招商引资、贸易回归、人文交流、友城交往等工作任务;组织开展海外乡贤故乡行、世界温州人新生代家乡行、寻根之旅夏令营、华文媒体看温州等活动,广泛邀请海外温籍华侨华人、华裔新生代、华文媒体代表来温访问交流,有效增进海外侨胞、新生代温商、侨胞子女对家乡的认知度和归属感。这一系列举措都有利于温商国际化的成功。

温州市政府全面推进经济、科技、文化、旅游、教育、人才、城市功能国际化,加快形成经贸畅通、人文相通、设施联通的全方位对外开放新格局,努力建设"一带一路"节点城市、世界温州人家园和时尚之都,使温州成为具有一定知名度和影响力的国际化城市。

### 8.5.3.9 企业重视专业团队建设,提升跨国管理能力和经营水平

第一代温商习惯家庭作坊的管理模式。如果夫妻俩或加上孩子能完成工作,他们一般不会请外人。正如温商巴黎飞天公司总经理张远亮所说,"在巴黎,温州人做几百万的生意易,做上千万的生意就困难了。企业做到一定程度,就出现了成长瓶颈,企业制度结构、企业家素质以及领导体制,都成了做大的障碍。""一带一路"上的投资不可能一蹴而就,温商在国际化过

程中处于相对落后的位置,通过加强专业团队建设,提升跨国管理能力和国际市场经营水平。在投资战略方面,企业应放眼长远,要有规划。

### 8.5.3.10　充分利用海内外温商网络,搭建各类对接平台,发挥温商的资金、技术和人脉优势

世界温州人大会的经验和已有的平台充分发挥温商独有的信息网、资金网、供销网、商会网和乡情网优势。随着在欧温商经济实力的增强和社会地位的提高,对亲人眷属和祖籍地的感情却越来越浓厚。他们通过回国回乡投资兴业、捐资助学、参与城市建设、兴办社会公益、助推新农村建设和扶助弱势群体等方式,改造乡村的生存环境,改善乡民的经济条件,改变家乡的社会面貌,为家乡的各项建设贡献力量。这不仅推动了当地经济的发展,解决了地方就业压力,也给投资者本身带来了丰厚的利润。

意大利侨胞胡邵洪先生捐资30万元给永安乡政府造"永安桥"。旅居荷兰的潘世景先生捐资9万元帮助兴建"南坑溪桥",以免除家乡中小学生雨天涉水过溪之苦。[22]德国侨领杨益盈先生给桂峰乡捐资9万元作为"均路桥"的基建费。1994年第17号台风正面袭击温州,旅法华侨俱乐部共向灾区捐款120万法郎,并派慰问团慰问灾民;西班牙温州同乡会首批捐款180万比塞塔;旅法华侨文成联谊会首批募捐13万余法郎。1998年华东地区发生特大水灾时,旅荷华侨华人社团组织成立"全荷赈灾委员会",筹款16万荷兰盾;旅意中区(波伦亚地区)华人华侨联谊会将1240万里拉救灾款委托中国领事馆转交灾区人民;部分温籍旅法华侨捐款14.05万法郎。温商虽然身处欧洲,但祖国人民受灾时,他们第一时间行动起来捐款,使海内外中国人结成统一的命运共同体。

捐资扩建学校是海外侨胞支持家乡教育事业的一种直接而重要的形式。温州大学里,有旅法侨领任岩松先生捐资外汇人民币54万元兴建的"任岩松礼堂",旅法侨领林昌衡先生捐资人民币33万元、法郎20万建"林昌衡楼"等。

邓小平曾说:"我们欢迎海外华侨、华人都回来走走,一是了解我们的国家;二是看看有什么事情可以参与,可以尽力。"温州全球独有的信息网、资金网、供销网、商会网和乡情网,能最快响应"一带一路"倡议并受益。温商

和温商网络凭借独特的优势,参与国内建设的种种举措提升了温商的形象和影响力,反过来促进了温商在欧洲的发展。

温商是跨地域、跨文化、全球化生存的典型商帮,具有典型的草根性、功利性、务实性、行动力、创造力和变通力。2012年,香港著名经济学家张五常教授曾赴温州实地考察,事后感慨道:如今温商不仅在中国有名,在全球也很有名,现在全世界的目光都聚焦在浙江。[13]

"一带一路"倡议打开了筑梦的海陆新空间,带来了改变发展格局的历史性机遇。在中国经济融入全球化浪潮中,温商又一次站在了中国企业国际化经营的潮头,为中国企业"走出去"战略和"一带一路"倡议做贡献。"一带一路"带动温州的商品、产业和资本向沿线国家,形成了广阔的经济建设空间,为有意愿和有能力的企业实现成功转型升级提供了重要舞台。通过对温商这样一个富有创业精神的群体在欧洲国际化过程中经验的研究,系统归纳和总结温商的成功经验,可以为温商乃至其他商帮未来的发展提供借鉴和经验,对于推动现代商帮和民营经济研究,具有重要的意义和积极的推动作用。

## 参考文献

[1]刘莹. 移民网络与侨乡跨国移民分析——以青田人移民欧洲为例[J]. 华侨华人历史研究,2009(2):27–35.

[2]宋全成. 欧洲的中国新移民:规模及特征的社会学分析[J]. 山东大学学报(哲学社会科学版),2011(2):144–150.

[3]赵力平. 浙江人在欧洲——欧洲散记之一[J]. 观察与思考,1997(8):44–45.

[4]徐淑华. 基于海外闽商比较视角下的海外浙商发展路径研究[J]. 商业经济与管理,2013(10):32–39.

[5]周柳军,等. 中国对外投资合作发展报告2016[R]. 北京:中华人民共和国商务部,2016:147–151.

[6]于立新. 国家战略:"一带一路"政策与投资——沿线若干国家案例分析

[M].杭州:浙江大学出版社,2016.

[7]温州:38万温商分布在"一带一路"沿线国家[N].温州日报,2017-06-14
(N).

[8]财新传媒编辑部."一带一路"引领中国[M].北京:中国文史出版社,
2015.

[9]李卫斌.简析现代浙商成功之道:抱团作战诚信为本[N].中国产经新
闻,2010-07-29.

[10]孙良珠.温州人:赚大钱成大事的16条商规[M].武汉:华中科技大学
出版社,2010.

[11]吴思,朱斯佳.第一商帮:可怕的浙商[M].北京:现代出版社,2015.

[12]张玫.上半年温州海关签发"一带一路"国家原产地证书达24288份
[N],经济日报,2018-07-23.

[13]子航.新浙商[M].北京:时事出版社,2017.

[14]"一带一路"上的温州人:每3人出国就有1人在沿线国家[ED/OL].
[2017-11-06].新蓝网·浙江网络广播电视台.http://n.cztv.com/
news/12723665.html.

[15]黄英湖.地缘、血缘观念与温州人的海外移民[J].八桂侨刊,2012(4):
15-20.

[16]唯敏.温州市基本侨情调查:文成县华侨人数居全市之首[N].温州日
报,2015-01-08.

[17]温州人欧洲白手起家[EB/OL].亚洲周刊.[2007-11-13]http://
www.china.com.cn/international/txt/2007-11/13/content_
9220064.htm.

[18]李文冰.当代浙商媒介形象呈现研究[M].北京:科学出版社,2018.

[19]周鸣阳.浙江企业形象人格化研究[M].杭州:浙江工商大学出版社,
2015.

[20]范宸.犹太人凭什么[M].北京:中华工商联合出版社,2016.

[21]杨轶清.浙商通论[M].杭州:浙江工商大学出版社,2016.

[22]徐华炳.温州海外移民与侨乡慈善公益[M].北京:中国社会科学出版
社,2016.

[23]周欢怀,章一力. 海外温商的群体特征及未来走向分析——以佛罗伦萨制包企业中的温商为例[J]. 温州大学学报(社会科学版),2014(1):48-55.

[24]周锡冰. 浙江教你成功创业[M]. 北京:中国纺织出版社,2015.